Schritte PLUS NEU 2 Österreich

Niveau A1.2

Deutsch als Zweitsprache

Kursbuch und Arbeitsbuch mit Audios online

Daniela Niebisch
Sylvette Penning-Hiemstra
Franz Specht
Monika Bovermann
Angela Pude

Lukas Mayrhofer

Hueber Verlag

Für die hilfreichen Hinweise danken wir:
PD Dr. Marion Grein, Johannes Gutenberg-Universität Mainz
sowie allen Teilnehmerinnen und Teilnehmern an den Kursleiter-Workshops

Foto-Hörgeschichte:
Darsteller: Constanze Fennel, Gerhard Herzberger, Philip Krause,
Mirjam Luttenberger, Paula Miessen u. a.
Fotograf: Matthias Kraus, München

Audiodateien zum Arbeitsbuch
Produktion: Tonstudio tonetown, Wien
Sprecherinnen und Sprecher: Gabriela Hütter, Karola Niederhuber, Aimie Rehburg,
Helmut Berger, Lukas Mayrhofer, Peter Strauß

Die Audio- und Videodateien finden Sie in der *Hueber Media*-App.
Die Audiodateien stehen zusätzlich auch unter
www.hueber.de/schritte-plus-neu/at zur Verfügung.

5. 4. 3. | Die letzten Ziffern
2027 26 25 24 23 | bezeichnen Zahl und Jahr des Druckes.
Alle Drucke dieser Auflage können, da unverändert,
nebeneinander benutzt werden.
1. Auflage

Umschlaggestaltung: Sieveking · Agentur für Kommunikation, München
Gestaltung und Satz: Sieveking · Agentur für Kommunikation, München
Druck und Bindung: F&W Druck- und Mediencenter GmbH, Kienberg
Printed in Germany
ISBN 978-3-19-081080-2

Art. 530_28582_001_03

Aufbau

Symbole und Piktogramme

Kursbuch

1 🔊 9 Hörtext

Foto-Hörgeschichte als Slide-Show

Aktivität im Kurs

Einsatz mobiler Geräte (fakultativ)

ÜG Verweis auf Schritte Neu Grammatik (ISBN 978-3-19-011081-0)

Grammatik:

Sie dürfen in der EU Auto fahren.

Hinweis:

EU = ● die Europäische Union

Kommunikation:

Gibt es da / in der Nähe ...?
Und wo finde ich ...?

Arbeitsbuch

🔊 12 Hörtext

B2 Verweis ins Kursbuch

◇ Vertiefungsübung zum binnendifferenzierenden Arbeiten

❖ Erweiterungsübung zum binnendifferenzierenden Arbeiten

Inhaltsverzeichnis **Kursbuch**

D	E	Wortfelder	Grammatik
Jobinserate · Jobinserate verstehen · Telefongespräch: Informationen zu einem Stellenangebot erfragen · ein Stellengesuch schreiben		· Berufe · Arbeit	· Wortbildung Nomen: *der Fahrer →* *die Fahrerin, der Hausmann → die Hausfrau* · lokale Präposition *bei*: *Ich arbeite bei …* · modale Präposition *als*: *Ich arbeite als …* · temporale Präpositionen *vor, seit, für*: *vor einem Jahr* · Präteritum *sein, haben*: *war, hatte*
Meldezettel · einen Meldezettel ausfüllen · um Erklärungen und Verständnishilfen bitten	**Einreise nach Österreich** · Abläufe auf dem Amt verstehen	· Amt · Regeln in Verkehr und Umwelt · Meldezettel	· Modalverben *müssen, dürfen* · Satzklammer: *Sie müssen einen Antrag ausfüllen.* · Pronomen *man* · Imperativ: *Warten Sie bitte!* · Verbkonjugation: *helfen*
Krankmeldung · sich telefonisch und schriftlich krankmelden	**Anruf beim Arzt / Notruf** · einen Termin ausmachen · einen Notfall melden	· Körperteile · Krankheiten · Brief	· Possessivartikel: *dein, sein, ihr, unser, …* · Modalverb *sollen* · Satzklammer: *Sie sollen zu Hause bleiben.*
Wir gehen zu Walter und holen das Auto. · Orte und Richtungen angeben	**Am Bahnhof** · Durchsagen verstehen · am Schalter: um Auskunft bitten · Fahrplänen Informationen entnehmen	· Einrichtungen und Orte in der Stadt · Verkehrsmittel	· Präposition *mit*: *Wir fahren mit dem Auto.* · lokale Präpositionen *an, auf, bei, hinter, in, neben, über, unter, vor, zwischen*: *Wo …? – Auf dem Parkplatz.* · lokale Präpositionen *zu, nach, in*: *Wohin …? – Zum Arzt.*
Telefonansagen · Telefonansagen verstehen und formulieren	**Hilfe im Alltag** · Service-Anzeigen verstehen · eine Gebrauchsanweisung verstehen · Telefongespräch: Kundenservice	· Kundenservice · Telekommunikation	· temporale Präpositionen *vor, nach, bei, in, bis, ab*: *Wann …? – In einer Stunde. Ab wann …? – Ab morgen.* · Konjunktiv II: *würde, könnte* · Satzklammer: *Könnten Sie mir bitte helfen?* · Verben mit verschiedenen Präfixen: *ein-, ausschalten; auf-, zumachen*
Welche meinst du? – Na, diese. · Vorlieben erfragen · eine Auswahl treffen	**Im Kaufhaus** · um Hilfe/Rat bitten	· Kleidung und Gegenstände · Landschaften	· Demonstrativpronomen *der, das, die, dies-*: *die Jacke → Die ist gut! Dieses Hemd gefällt mir.* · Frageartikel *welch-*: *Welches Hemd?* · Personalpronomen im Dativ: *mir, dir, …* · Verben mit Dativ: *gefallen, gehören, passen, …* · Komparation *gut, gern, viel* · Verbkonjugation: *mögen*
Einladungen · Einladungen verstehen und schreiben	**Feste und Glückwünsche** · Feste nennen · Texte über Feste verstehen · Glückwünsche formulieren	· Monate · Feste · Glückwünsche	· Ordinalzahlen: *der erste, …* · Personalpronomen im Akkusativ: *mich, dich, …* · Konjunktion *denn*: *Wir feiern Abschied, denn Lara und Tim fahren heim.* · Verbkonjugation: *werden*

Inhaltsverzeichnis **Arbeitsbuch**

Vorwort

Liebe Leserinnen, liebe Leser,

mit *Schritte plus Neu Österreich* legen wir Ihnen ein komplett neu bearbeitetes Lehrwerk vor, mit dem wir das jahrelang bewährte und erprobte Konzept von *Schritte plus* noch verbessern und erweitern konnten. Erfahrene Kursleiterinnen und Kursleiter haben uns bei der Neubearbeitung beraten, um *Schritte plus Neu Österreich* zu einem noch passgenaueren Lehrwerk für die Erfordernisse Ihres Unterrichts zu machen. Wir geben Ihnen im Folgenden einen Überblick über Neues und Altbewährtes im Lehrwerk und wünschen Ihnen viel Freude in Ihrem Unterricht.

Schritte plus Neu Österreich …

- führt Lernende ohne Vorkenntnisse in 6 Bänden zu den Sprachniveaus A1, A2 und B1.
- orientiert sich an den Vorgaben des Gemeinsamen Europäischen Referenzrahmens und bereitet auf alle gängigen Prüfungsformate vor.
- ist speziell für Kurse in Österreich erstellt: enthält gängigen österreichischen Wortschatz, sämtliche Hörtexte sind in österreichischem Standarddeutsch aufgenommen.
- bereitet die Lernenden auf Alltag und Beruf vor.
- eignet sich besonders für den Unterricht mit heterogenen Lerngruppen.
- ermöglicht zeitgemäßen Medieneinsatz: die Audios zum Kurs- und Arbeitsbuch sind im Internetservice und auch über die *Hueber Media*-App abrufbar.

Der Aufbau von Schritte plus Neu Österreich

Kursbuch (sieben Lektionen)

Lektionsaufbau:

- Einstiegsdoppelseite mit einer rundum neuen Foto-Hörgeschichte als thematischer und sprachlicher Rahmen der Lektion (verfügbar als Audio oder Slide-Show mit Audio).
- Lernschritte A–C: schrittweise Einführung des Stoffs in abgeschlossenen Einheiten mit einer klaren Struktur
- Lernschritte D+E: Trainieren der vier Fertigkeiten Hören, Lesen, Sprechen und Schreiben in authentischen Alltagssituationen und systematische Erweiterung des Stoffs der Lernschritte A–C
- Übersichtsseite Grammatik und Kommunikation mit Möglichkeiten zum Festigen und Weiterlernen, sowie eine Übersicht über die Lernziele
- eine Doppelseite „Für zwischendurch …" mit spannenden fakultativen Unterrichtsangeboten wie Projekten, Spielen, Liedern etc. und vielen Möglichkeiten zur Binnendifferenzierung

Arbeitsbuch (sieben Lektionen)

Lektionsaufbau:

- abwechslungsreiche Übungen zu den Lernschritten A–E des Kursbuchs
- Übungsangebot in verschiedenen Schwierigkeitsgraden, zum binnendifferenzierten Üben
- ein systematisches Phonetik-Training
- ein systematisches Schreibtraining
- Aufgaben zum Selbstentdecken grammatischer Strukturen (Grammatik entdecken)
- Aufgaben zur Prüfungsvorbereitung
- Selbsttests am Ende jeder Lektion zur Kontrolle des eigenen Lernerfolgs der Teilnehmer
- fakultative Fokusseiten zu den Themen Alltag, Beruf und Familie

Anhang:

- Lernwortschatzseiten mit Lerntipps, Beispielsätzen und illustrierten Wortfeldern
- Grammatikübersicht

Außerdem finden Sie im Lehrwerkservice zu *Schritte plus Neu Österreich* die Audios sowie vielfältige Zusatzmaterialien für den Unterricht und zum Weiterlernen.

Viel Spaß beim Lehren und Lernen mit *Schritte plus Neu Österreich* wünschen Ihnen

Autoren und Verlag

Die erste Stunde im Kurs

Hallo! Ich bin Lara Nowak.
Ich bin zwanzig Jahre alt und komme aus Polen. Im Moment lebe ich aber in Salzburg. Hier gefällt es mir sehr gut. Ich gehe in eine Sprachschule und lerne Deutsch. Ich wohne bei Sofia und Lili. Das ist richtig schön.

Servus! Mein Name ist Tim Wilson. Ich komme aus Ottawa. Ottawa ist die Hauptstadt von Kanada. Zurzeit lebe ich in Salzburg und lerne Deutsch. Das macht total Spaß! Lara kenne ich aus der Sprachschule. Sie macht auch einen Deutschkurs dort.

Hallo, ich heiße Sofia Baumann.
Ich bin nicht verheiratet und habe eine Tochter. Sie heißt Lili. Von Montag bis Freitag habe ich leider nicht viel Zeit für Lili. Ich bin nämlich Physiotherapeutin. Ich gehe jeden Morgen schon früh in die Ordination und komme spät am Abend heim.

Hallo, ich heiße Lili.
Ich bin neun und gehe schon ganz lange in die Schule, ungefähr vier Jahre. Seit ein paar Monaten wohnt Lara bei uns. Das gefällt mir. Ich mag sie nämlich sehr gern. Nein: sehr, sehr, sehr gern! ... Ach ja, noch was: Meine Hobbys sind Essen und Lachen.

Grüß Gott! Ich bin Walter Baumann. Ich bin der Vater von Sofia, und Lili ist meine Enkelin. Ich wohne auch in Salzburg, aber allein, nicht zusammen mit Sofia, Lili und Lara.

Lesen Sie die Texte. Stellen Sie sich dann vor.

- ◆ Wie heißen Sie?
- ○ Ich heiße Andrea Kovács.
- ◆ Woher kommen Sie?
- ○ Ich komme aus Ungarn.
- ◆ Aha, interessant. Und wo haben Sie dort gewohnt?
- ○ In Pécs. Das ist in Südungarn. ...

Wie ...?	*Ich heiße ...*
Woher ...? / Wo?	*Ich komme aus / wohne in ...*
Haben Sie / Hast du Kinder?	*Ich habe keine/... Kinder.*
Was sprechen Sie / sprichst du?	*Ich spreche ...*
Was sind Ihre/deine Hobbys?	*Meine Hobbys sind ...*
Was machen Sie / machst du in der Freizeit?	*Ich ... gern ...*

Beruf und Arbeit

Folge 8: Total fotogen

1

2

5

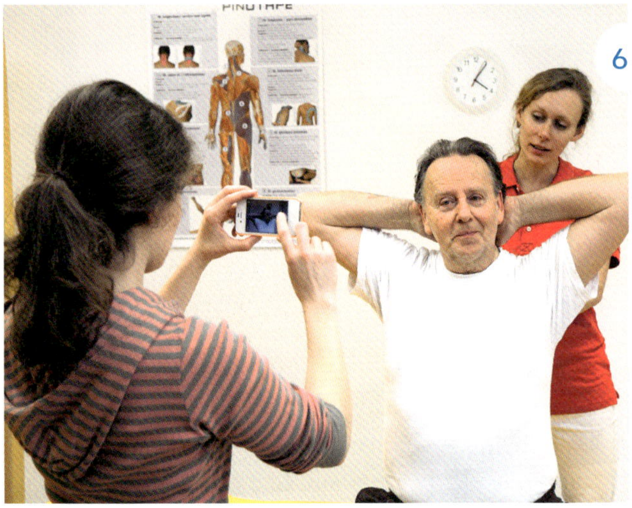
6

1 Schauen Sie die Fotos an. Was meinen Sie? Was ist richtig? Kreuzen Sie an.

a Wo spielt die Geschichte?
- ○ in Sofias Ordination
- ○ im Krankenhaus

b Was machen Lara und Tim?
- ○ ein Interview für den Deutschkurs
- ○ ein Interview für eine Zeitung oder das Fernsehen

c Sie sprechen mit Sofia über ...
- ○ Ausbildung und Beruf.
- ○ Familie und Beruf.

d Wer ist der Mann auf Foto 1?

- ○ Sofias Chef
- ○ Sofias Patient

e Was ist der Mann von Beruf?

- ○ Journalist
- ○ Hausmeister

1 ◀)) 1–8 **2 Hören Sie und vergleichen Sie.**

1 ◀)) 1–8 **3 Hören Sie noch einmal und ordnen Sie zu.**

Physiotherapeutin Patient Hausmeister Chef Ordination Beruf Journalisten ~~Deutschkurs~~ 35

- der Hausmeister = der Hausbesorger
- die Hausmeisterin = die Hausbesorgerin

a Lara will ein Interview für den Deutschkurs machen. Das Thema ist „Arbeit und ______“.
b Herr Koch ist ______ von Beruf. Er kommt auch zum Interview.
c Sofia ist ______ von Beruf. Sie hat eine Ausbildung gemacht.
d Sofia hat zuerst drei Jahre in einer ______ gearbeitet.
e Sofias ______ war sehr gut. Aber nun hat Sofia eine eigene Ordination.
f Herr Koch ist der ______ von Sofia.
g Herr Koch arbeitet seit ______ Jahren als Hausmeister.
h Herr Koch denkt, Lara und Tim sind ______ bei einer Zeitung.

A Ich bin **Physiotherapeutin**.

A1 Wer ist was von Beruf? Ordnen Sie zu.

Hausmeister ~~Physiotherapeutin~~ Ordinationshilfe

Ich arbeite	als Hausmeister.
	bei TerraMax.

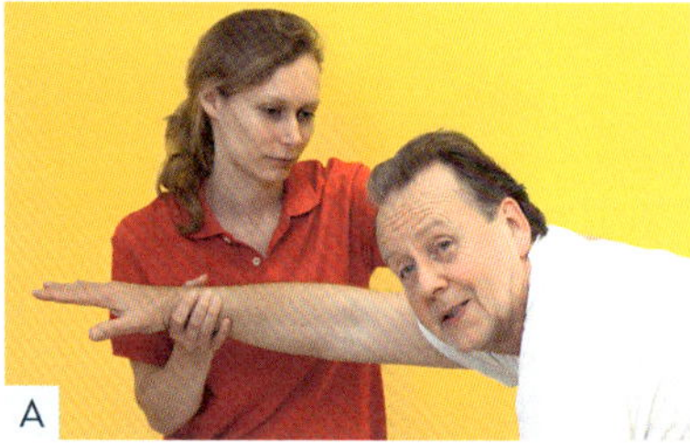

A

B

C

Ich bin Physiotherapeutin.

Ich bin .... von Beruf.

Ich arbeite als .... bei „TerraMaxImmobilien“.

A2 Berufe

a Ordnen Sie zu und ergänzen Sie die Tabelle.

A
• Ärztin

B
• Mechatroniker

C
• Hausfrau

D

• Polizistin

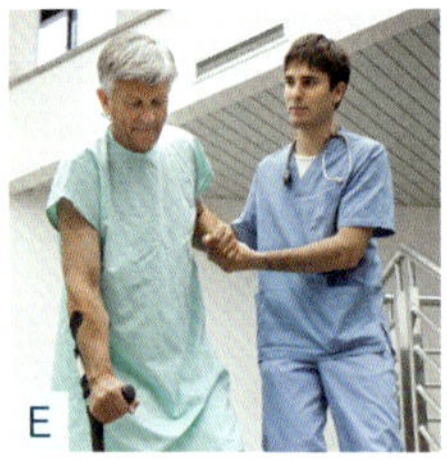

E
• Krankenpfleger

◯	•	• Mechatronikerin
◯	• Polizist	• ....
Ⓐ	• Arzt	• Ärztin
◯	• Hausmann	• ....
◯	•	• Krankenschwester

b Machen Sie mit Ihrer Partnerin / Ihrem Partner eine Liste mit noch zehn Berufen.

Lehrer – Lehrerin
...

A3 Im Kurs: Fragen Sie und antworten Sie.

Was sind Sie / bist du von Beruf?	*Ich bin ... / Ich arbeite als ... bei ...*
Was machen Sie / machst du (beruflich)?	*Ich bin Schüler(in) / Student(in).*
	Ich gehe noch in die Schule. / Ich studiere noch.
	Ich mache eine Ausbildung als ...
	Ich habe einen Job / eine Stelle als ...
	Ich bin angestellt./selbstständig.
	Ich arbeite jetzt nicht. / Ich bin nicht berufstätig.
	Ich bin zurzeit arbeitslos.

◆ Was bist du von Beruf?

○ Ich bin Student und ich habe einen Job als Taxifahrer. Und du? Was machst du?

B Wann hast du die Ausbildung gemacht?

1 ◀)) 9 B1 Hören Sie und verbinden Sie.

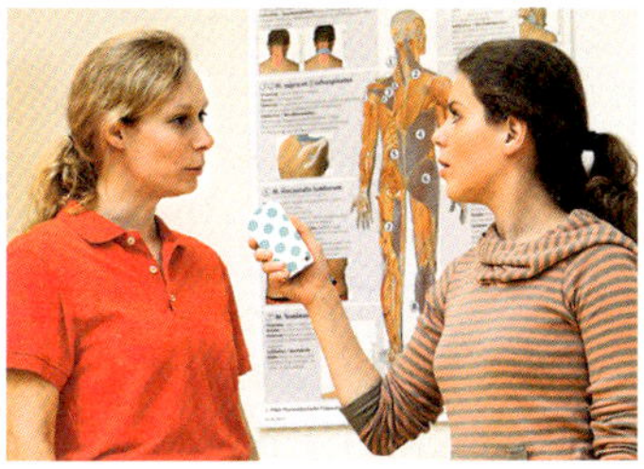

a Wann hast du die Ausbildung gemacht? — Vor zehn Jahren.

b Und wie lange hat die Ausbildung gedauert?

c Und seit wann bist du schon selbstständig?

Meine Ordination habe ich jetzt seit vier Jahren.

Vor zehn Jahren.

Drei Jahre.

1 ◀)) 10 B2 Interview mit Herrn Koch

Ergänzen Sie die Antworten. Hören Sie dann und vergleichen Sie.

- ◆ Wie lange arbeiten Sie schon als Hausmeister?
- ○ 38 Jahre!
- ◆ Wann haben Sie die Ausbildung gemacht?
- ○ .... 40 Jahren!
- ◆ Und seit wann arbeiten Sie bei „TerraMaxImmobilien“?
- ○ .... 35 Jahren!

Herr Koch

Wann haben Sie die Ausbildung gemacht?
Vor zehn Jahren. / Vor zwei Monaten. / 2012.

Wie lange hat die Ausbildung gedauert?
Drei Jahre. / Sechs Monate.

Seit wann / Wie lange bist du schon selbstständig?
Seit vier Jahren. / Seit acht Monaten. / Seit 2014.

B3 Eine Bewerbung

Frau Szabo möchte ein Praktikum bei der Firma „mediaplanet“ machen. Der Abteilungsleiter Herr Winter hat noch Fragen. Lesen Sie das E-Mail von Frau Szabo und notieren Sie die Fragen.

E-Mail senden

Sehr geehrter Herr Winter,
ich möchte sehr gern in Ihrer Marketing-Abteilung ein Praktikum machen. Ich bin Ungarin und habe in Budapest Wirtschaft und Marketing studiert und gerade mein (Diplom gemacht.) Jetzt lebe ich (in Österreich) und mache im Moment ein (Praktikum bei „Inova-Marketing“) in Salzburg. Ich habe auch schon (im Büro bei „S & P Media“ in Innsbruck) gearbeitet. Ich spreche sehr gut Englisch und (lerne auch Deutsch.)
Für weitere Informationen stehe ich Ihnen gern zur Verfügung.
Mit freundlichen Grüßen
Katalin Szabo

1 Wann?
2 Seit wann?
3 Wie lange schon?
4 Wann?
5 Seit wann?

1 Wann haben Sie das Diplom gemacht?
2 Seit wann leben Sie …

1 ◀)) 11 B4 Hören Sie das Telefongespräch. Ordnen Sie die Antworten den Fragen aus B3 zu.

- ◯ Seit einem Monat.
- ◯ Das war vor zehn Monaten.
- ◯ Schon vier Jahre.
- (1) Vor einem Jahr.
- ◯ Seit sechs Monaten.

vor seit	einem Monat einem Jahr einer Woche

B5 Unser Kursalbum

Machen Sie ein Buch oder eine Internetseite.

a Notieren Sie Fragen für ein Interview mit Ihrer Partnerin / Ihrem Partner.

Wo ...? Was ...? Wann ...? Wie lange ...? Seit wann ...? Wie alt ...? ...

geboren | leben | nach Österreich kommen | heiraten | Deutsch lernen | beruflich machen | eine Ausbildung machen | studieren | arbeiten als | Hobbys | Kinder | ...

Wann / Wo bist du geboren?
Wo hast du gelebt?
Wie lange lernst du schon Deutsch?
Was machst du beruflich?
Hast du Kinder?
Wie alt ...?
...

b Stellen Sie Ihrer Partnerin / Ihrem Partner die Fragen.

Antonio, wann bist du eigentlich geboren?

Ich bin 1989 in Italien geboren.

Wo hast du gelebt?

Ich habe in Florenz und später in Rom gelebt.

Was machst du beruflich?

In Rom habe ich als Reiseführer gearbeitet. Ich habe Touristen die Stadt gezeigt.

Oh, interessant! Und was machst du jetzt?

Man schreibt:	Man sagt:
1989	19hundert89
2015	2tausend15

c Schreiben Sie einen Text über Ihre Partnerin / Ihren Partner wie in den Beispielen.

Das ist Antonio. Er ist 1989 in Italien geboren. Er hat in Florenz und Rom gelebt. Von Beruf ist er Reiseführer. Jetzt lernt er Deutsch und arbeitet schon seit ...

Startseite Kontakt

Mein Deutschkurs

Mein Kursalbum
Kurszeiten
Kursmitglieder

Das ist Zola. Sie ist 1978 in Ghana geboren. Dort hat sie in Accra gewohnt. Vor einem Jahr ist sie nach Österreich gekommen. Seit sechs Monaten lernt Zola Deutsch. Von Beruf ist sie ...

C Ich **hatte** ja noch keine Berufserfahrung.

1 🔊 12–13 C1 Hören Sie und ordnen Sie zu.

war ~~hatte~~ Hattest war

1
◆ .... du dann gleich deine eigene Ordination?
○ Nein, nein! Ich hatte ja noch fast keine Berufserfahrung.

2
◆ Wie .... dein Chef?
○ Er .... sehr professionell.

C2 Annas Blog: Früher und heute

a Annas Job früher und heute. Lesen Sie und ergänzen Sie die Tabelle.

Meine Jobs

Vor einem Jahr habe ich in einem Café gearbeitet. Ich hatte sehr viel Arbeit und oft Stress. Mein Chef war gar nicht nett. Mein Deutsch war schlecht. Ich habe die Kunden manchmal nicht verstanden. Ich glaube, ich war keine gute Kellnerin.
Heute arbeite ich in einem Restaurant. Ich habe nicht so viel Arbeit. Und meine Chefin ist toll! Mein Deutsch ist jetzt sehr gut. Heute bin ich eine super Kellnerin. ☺

	früher	heute
viel Arbeit?	viel Arbeit	
Chef/Chefin?		
Deutsch?		
gute Kellnerin?		ja

b Sprechen Sie.

Früher hatte Anna viel Arbeit. Heute hat sie nicht so viel Arbeit.

sein					haben				
ich	bin	→	ich	war	ich	habe	→	ich	hatte
du	bist	→	du	warst	du	hast	→	du	hattest
er/es/sie	ist	→	er/es/sie	war	er/es/sie	hat	→	er/es/sie	hatte
wir	sind	→	wir	waren	wir	haben	→	wir	hatten
ihr	seid	→	ihr	wart	ihr	habt	→	ihr	hattet
sie/Sie	sind	→	sie/Sie	waren	sie/Sie	haben	→	sie/Sie	hatten

C3 Im Kurs: Wie war Ihr erster Job? Was machen Sie heute?

Schreiben Sie einen Text. Mischen Sie die Zettel. Die anderen raten: Wer ist wer?

Ich war …
Heute arbeite ich …

Ich war Verkäufer(in)/Architekt(in)/Koch/Köchin/Arbeiter(in)/…
Ich hatte viel/wenig Arbeit./keine Berufserfahrung./viel/keinen Spaß.
Der Job war (nicht) einfach.
Der Chef war/Die Kollegen waren (nicht) sehr nett./professionell.

D Jobinserate

D1 Lesen Sie und markieren Sie.

Was haben die Leute früher gemacht? Was machen sie heute?
Wann können/wollen die Leute arbeiten?

- das Inserat =
- die Anzeige

Heute hier, morgen dort // Arbeiten und Studieren in Europa

Im Ausland arbeiten oder studieren? Früher war das in Europa nicht leicht. Auch heute gibt es noch das eine oder andere Problem.

1 Hallo, ich bin Marie Kovalská. Ich bin 28 und komme aus Tschechien. Von Beruf bin ich Krankenschwester. Ich bin vor drei Jahren nach Wien gekommen. Eine Schulfreundin aus Prag hat dort als mobile Altenpflegerin gearbeitet und ihre Firma hat Arbeitskräfte gesucht. Altenpflege war neu für mich. Für die Firma war das aber kein Problem und ich habe sofort einen Arbeitsplatz bekommen. Die Arbeit macht Spaß. Leider ist mein Deutsch noch nicht so gut. Ich möchte am Vormittag einen Deutschkurs besuchen und kann nur am Nachmittag arbeiten.

2 Mein Name ist Rebal Sarah. Ich bin 31. Ich hatte ein Geschäft in Aleppo, in Syrien. Dort habe ich Arbeitskleidung verkauft. Aber ich hatte fast keine Kunden mehr. Jetzt bin ich schon seit zwei Jahren hier in Wien. Zurzeit arbeite ich als Fahrer bei einem Paketdienst. Das ist nicht mein Traumjob. Ich möchte sehr gern wieder als Verkäufer arbeiten. Ich suche einen neuen Job. Am Abend gehe ich seit einem Jahr dreimal pro Woche in den Deutschkurs. Das hilft, ich kann die Leute jetzt schon viel besser verstehen.

3 Ich heiße Mihaela Pricope, bin 21 Jahre alt und komme aus Rumänien. Ich habe eine Ausbildung als Fremdsprachensekretärin gemacht. Dabei habe ich sehr gut Englisch und Französisch gelernt. Aber leider hatte ich kein Deutsch. Seit Jänner mache ich einen Intensivsprachkurs, Montag bis Freitag von neun bis fünfzehn Uhr. Ich möchte nämlich hier an der Universität in Wien Pharmazie studieren. Zurzeit suche ich einen Job am Nachmittag oder am Abend.

D2 Lesen Sie die Inserate in der Jobbörse. Markieren Sie die Berufe und die Arbeitszeiten.

A

Ledil Supermärkte
Für unsere Wiener Geschäfte in Ottakring, Hernals und Währing suchen wir befristet für ein Jahr Verkäufer/-innen in Vollzeit und Teilzeit. Arbeitszeit: von Montag bis Samstag, ganztags oder halbtags (vormittags 7–14 Uhr / nachmittags 13–20 Uhr).

B

Wer kann Nachhilfe in Englisch geben? Montags und donnerstags von 16 bis 18 Uhr, Tutorium GmbH, Tel. 788 65 52 oder b.bauer@tutorium.at

C

Seniorenresidenz Isabella
Wir suchen ab sofort Pflegefachkräfte für 15 Std./Woche für nachmittags, 14 bis 17 Uhr. E-Mail: seniorenresidenz-isabella@pflegedienste.at

D

Aushilfen dringend gesucht
Für das Café *Bistro Classico* suchen wir von 14 bis 21 Uhr Aushilfen in der Küche auf 450-Euro-Basis und eine Vollzeitkraft im Service/Verkauf, Mo–Sa, 9 bis 16 Uhr.
Tel.: 78 65 44 08

jeden Vormittag = vormittags
auch so: morgens, mittags, abends ...

jeden Montag = montags
auch so: dienstags, mittwochs ...

D3 Welches Inserat aus D2 passt zu welcher Person aus D1? Ordnen Sie zu.

◯ Frau Kovalská ◯ Herr Sarah ◯ Frau Pricope

1 14 D4 Jobinserat

Lesen Sie das Inserat und hören Sie das Telefongespräch. Was ist richtig? Kreuzen Sie an.

Café Rudolf
Wir suchen Servicekräfte für Vormittag oder Nachmittag. Arbeitsbeginn sofort. Bewerbungen bitte an *Rudolf Brot GmbH*, Landstraße 25, 3910 Zwettl. Telefonische Nachfragen unter 0 28 22/65 48 82 32.

a ◯ Die Arbeitszeiten sind von Montag bis Samstag von 15 bis 19 Uhr.
b ◯ Am Samstagvormittag hat das Café *Rudolf* offen.
c ◯ Herr Schneeberger will gern am Nachmittag arbeiten.
d ◯ Das Café *Rudolf* zahlt 10 Euro pro Stunde.

D5 Sie suchen einen Job.

Lesen Sie das Inserat und spielen Sie ein Gespräch.

Fibio – Lebensmitteldiscounter
Aushilfe im Supermarkt gesucht, jeweils samstags von 10 bis 18 Uhr
8,50 €/Stunde
Tel.: 0177/58 45 336

- ◆ ..., grüß Gott.
- ○ Grüß Gott, mein Name ist ... Ich habe Ihr Inserat gelesen. Sie suchen eine ... Ist die Stelle noch frei?
- ◆ Ja.
- ○ Gut. Und wie sind die Arbeitszeiten?
- ◆ ...
- ○ Aha, das passt. Und wie hoch ist der Stundenlohn?
- ◆ Wir zahlen ...
- ○ Gut, okay.
- ◆ Dann kommen Sie doch einmal vorbei. Können Sie am ... um ... Uhr?
- ○ Ja, das passt.
- ◆ Gut, dann bis ... Auf Wiederhören!

D6 Sie suchen einen Job. Schreiben Sie ein Inserat.

Suche Arbeit als Krankenpfleger
für einen Tag in der Woche am Abend.
Tel.: 0471/64583

SCHON FERTIG? Ihr Traumberuf? Ihre Arbeitszeiten? Was machen Sie? Schreiben Sie.

für	einen	Tag in der Woche
	ein	Wochenende
	eine	Stunde am Tag
	zwei	Wochen

Grammatik und Kommunikation

Grammatik

1 Nomen: Wortbildung ÜG 11.01

	-in 
• der Mechatroniker	• die Mechatronikerin
• der Arzt	• die Ärztin
	⚠ • die Mechatronikerinnen
⚠ • der Hausmann	• die Hausfrau
• der Krankenpfleger	• die Krankenschwester

Ergänzen Sie.

Er ist .... von Beruf.
Sie ist .... von Beruf.

2 Lokale Präposition: *bei*, modale Präposition: *als* ÜG 6.03

Wo arbeiten Sie?	
Ich arbeite	als Hausmeister.
	bei TerraMax.

Und Sie? Was sind Sie von Beruf? Wo arbeiten Sie? Schreiben Sie.

Ich ...

3 Temporale Präpositionen: *vor, seit* + Dativ ÜG 6.01

		Singular			Plural	
Wann?						
Ich habe	vor	• einem Monat	• einem Jahr	• einer Woche	• zwei Monaten	die Ausbildung gemacht.
Seit wann? / Wie lange?						
Ich bin	seit	• einem Monat	• einem Jahr	• einer Woche	• zwei Jahren	selbstständig.

4 Temporale Präposition: *für* + Akkusativ ÜG 6.01

	Singular			Plural	
Für wie lange?					
Ich suche für	• einen Monat	• ein Jahr	• eine Woche	• zwei Wochen	eine Arbeit.

Schreiben Sie fünf Sätze.

Sie haben fünf Wünsche frei! Wo oder wer möchten Sie für einen Tag, eine Woche oder ein Jahr sein?

Ich möchte gern für ein Jahr in Italien am Meer sein.

5 Präteritum: *sein* und *haben* ÜG 5.06

	sein		haben	
	Präsens	Präteritum	Präsens	Präteritum
ich	bin	war	habe	hatte
du	bist	warst	hast	hattest
er/es/sie	ist	war	hat	hatte
wir	sind	waren	haben	hatten
ihr	seid	wart	habt	hattet
sie/Sie	sind	waren	haben	hatten

Früher und heute. Schreiben Sie drei Sätze über sich.

Früher war/hatte ich ...
Heute bin/habe ich ...

Kommunikation

ÜBER DEN BERUF SPRECHEN: Was sind Sie von Beruf?

Was sind Sie / bist du von Beruf?

Was machen Sie / machst du (beruflich)?

Ich bin ... / Ich arbeite als ... bei ... | Ich bin Schüler(in) / Student(in). Ich gehe noch in die Schule. | Ich studiere noch. | Ich mache eine Ausbildung als ... | Ich habe einen Job / eine Stelle als ... | Ich bin angestellt./selbstständig. | Ich arbeite jetzt nicht. | Ich bin nicht berufstätig. | Ich bin zurzeit arbeitslos.

Schreiben Sie über die Berufe von drei Freundinnen / Freunden.

Meine Freundin Tina ist Polizistin, aber sie arbeitet jetzt nicht. Sie hat ein Kind.
Mein Freund ...

ÜBER PRIVATES SPRECHEN: Wann bist du geboren?

Wann bist du geboren?	*19../20..*
Wo bist du geboren?	*In ...*
Wo hast du gelebt / gewohnt?	*In ... und in ...*
Wann bist du nach Österreich gekommen?	*Vor einem Jahr ... / Vor sechs Monaten. / 19../20..*
Seit wann / Wie lange lernst du schon Deutsch?	*Seit zwei Jahren. / Zwei Jahre.*

Ihr Leben. Schreiben Sie.

Ich bin 1988 in Madrid geboren und habe auch 20 Jahre dort gelebt.
Vor ...

ÜBER BERUFSERFAHRUNG SPRECHEN: Ich hatte viel Arbeit.

Ich war Verkäufer(in). / Architekt(in). / Koch. / Köchin. / Arbeiter(in). / ...

Ich hatte viel / wenig Arbeit. / keine Berufserfahrung. / viel / keinen Spaß.

Der Job war (nicht) einfach. | Der Chef war / Die Kollegen waren (nicht) sehr nett. / professionell.

AM TELEFON NACH EINER STELLE FRAGEN: Ist die Stelle noch frei?

Grüß Gott, mein Name ist ... | Ich habe Ihr Inserat gelesen. | Sie suchen eine(n) ... | Ist die Stelle noch frei? | Wie sind die Arbeitszeiten? / Wie hoch ist der Stundenlohn?

Wir zahlen ... | Dann kommen Sie doch einmal vorbei. | Können Sie am ... um ... Uhr?

Lernziele

Ich kann jetzt ...

A ... sagen: Das ist mein Beruf: *Ich bin Physiotherapeutin.* ☺ 😐 ☹

B ... über Privates / mein Leben / meinen Beruf sprechen:
In Rom habe ich als Reiseführer gearbeitet. ☺ 😐 ☹

C ... über früher sprechen: *Ich hatte viel Arbeit.* ☺ 😐 ☹

D ... Jobinserate und Texte zum Thema „Beruf" verstehen:
Aushilfen gesucht! ☺ 😐 ☹
... am Telefon nach einem Job fragen: *Ist die Stelle noch frei?* ☺ 😐 ☹
... ein Jobinserat schreiben: *Suche Arbeit als Krankenpfleger* ☺ 😐 ☹

Ich kenne jetzt ...

8 Berufe:

der Arzt, ...

5 Wörter zum Thema *Arbeit und Beruf*:

die Ausbildung, ...

ÖSTERREICH-SPEZIAL

Berufe in Österreich

Schauen Sie die Bilder an und ergänzen Sie.

• der Haus-besorger

• die Fleisch-hauerin

• der Pensionist

• der Rauch-fangkehrer

• der Brief-träger

• die Trafikantin

a Der Briefträger bringt Briefe und Pakete.
b Der .... arbeitet nicht mehr.
c Die .... verkauft Fleisch und Wurst.
d Der .... macht den Kamin sauber.
e Der .... kümmert sich um ein Wohnhaus.
f Die .... verkauft Zeitungen und Zigaretten.

COMIC

Lesen Sie das Comic.
Machen Sie dann ein Rätsel wie im Comic.

Ich stehe den ganzen Tag.
Ich habe viele Kunden.
Ich verkaufe Obst und Gemüse.

Du bist Verkäuferin.

LESEN

VON BERUF KINDERGARTENPÄDAGOGIN

Liebe plus Zeit

Luisa, du bist Pädagogin im Kindergarten. Du arbeitest also mit Kindern …
Moment! Nicht alle Pädagoginnen und Pädagogen arbeiten mit Kindern. Es gibt auch andere, zum Beispiel Pädagoginnen und Pädagogen für Jugendliche. Aber wir arbeiten hier im Kindergarten natürlich mit Kindern.

Was macht ihr denn da? Erzähl doch einmal!
Ah, das ist so viel! Wir spielen mit den Kindern, wir singen und tanzen zusammen, wir machen Musik und Sport, wir basteln und malen, wir kochen und essen gemeinsam und so weiter. Und wir schauen bei jedem Kind: Was macht es? Wie geht es ihm? Was kann es schon? Wie lernt es? Spielt es mit den anderen Kindern oder ist es oft allein? Ist es gesund? Gibt es Probleme?

Warum eigentlich Pädagoginnen? Können die Eltern ihre Kinder denn nicht selbst erziehen?
Wir wissen alle: Erziehung ist Liebe plus Zeit. Alle Väter und Mütter lieben ihre Kinder. Aber oft arbeiten beide Eltern und dann gibt es ein Problem. Dann haben sie nämlich nur am Abend und am Wochenende wirklich Zeit für ihre Kinder. Und viele Kinder leben nur bei der Mutter oder nur beim Vater. Für diese Eltern ist Kindererziehung besonders schwer. Sie arbeiten ja auch meist den ganzen Tag und sind am Abend müde.

Aber in manchen Familien bleibt doch ein Elternteil bei den Kindern daheim …
Ja, das stimmt. Aber der Kindergarten ist für alle Kinder gut. Sie spielen und lernen dort zusammen mit anderen Kindern. Besonders wichtig ist das für Kinder aus Migrantenfamilien: Im Kindergarten lernen sie zum Beispiel schnell Deutsch.

In deinem Beruf arbeiten fast nur Frauen. Was meinst du dazu?
Ja, das stimmt leider. In Österreich gibt es mehr als 98 Prozent Frauen und fast keine Männer in diesem Job. Leider verdienen wir nicht sehr viel.
Und viele Männer denken auch immer noch: „Kleinkinder erziehen? Nein, das ist nichts für mich!" Ich finde das sehr, sehr schade. Für eine gute Erziehung brauchen wir auch die Männer.

1 Was macht Luisa mit den Kindern im Kindergarten? Lesen Sie den Text und markieren Sie.

2 Lesen Sie den Text noch einmal. Was ist richtig? Kreuzen Sie an.

a ☒ Luisa ist Kindergartenpädagogin und arbeitet in einem Kindergarten.
b ○ In dem Kindergarten können die Kinder nicht essen.
c ○ Viele Eltern haben am Wochenende keine Zeit für ihre Kinder.
d ○ Kinder aus Migrantenfamilien können im Kindergarten schnell Deutsch lernen.
e ○ In Österreich arbeiten sehr viele Männer als Kindergartenpädagogen.

Ämter und Behörden

Folge 9: Komm doch mit!

1 Haben Sie einen Führerschein? Haben Sie ein Auto? Erzählen Sie.

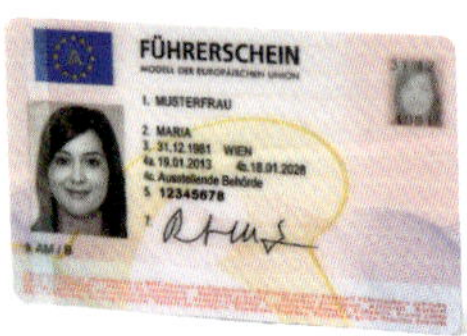

Ich habe seit fünf Jahren einen Führerschein.

Ich brauche kein Auto und ich kann nicht Auto fahren.

2 Schauen Sie die Fotos an. Wo sind Lara und Tim wann? Ordnen Sie die Sätze.

◯ Sie sind am Hauptbahnhof. Sie wollen ein Busticket kaufen.

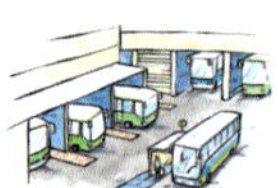

① Sie sind auf einem Amt. Sie wollen wissen: Ist der Führerschein gültig?
◯ Sie sind bei einer Autovermietung. Sie wollen ein Auto mieten.

1 🔊 15–22 **3 Hören Sie und vergleichen Sie.**

2

3

4

7

8

1 🔊 15–22 **4 Hören Sie noch einmal und korrigieren Sie.**

BH = • die Bezirkshauptmannschaft

~~keinen~~ München Hauptbahnhof zwei sechs zwanzig mieten keinen

a Tim möchte ein Auto mieten und nach Polen fahren. ....
b Tim kann mit dem kanadischen Führerschein nur acht Monate in Österreich fahren. ....
c Tim hat ~~einen~~ internationalen Führerschein. keinen
d Lara kommt aus der EU. Sie braucht einen internationalen Führerschein. ....
e Lara möchte ein Auto kaufen. ....
f Aber das Mietauto ist teuer. Lara ist zu jung, sie ist erst 21 Jahre alt. ....
g Sie können den Bus nehmen. Die Fahrt dauert nur neun Stunden. ....
h Lara und Tim kaufen Fahrkarten  beim Hbf – das heißt „Hier Bus fahren". ....

EU = • die Europäische Union

A Sie **müssen** einen Antrag **ausfüllen**.

A1 Tim braucht den österreichischen Führerschein.

a Ordnen Sie zu.

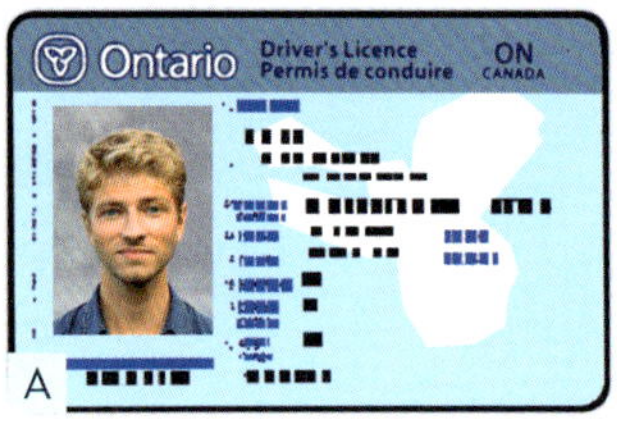

A

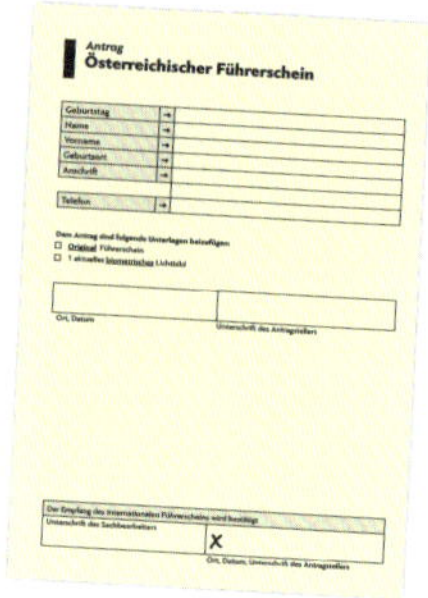

B

C

◯ Er muss einen Antrag ausfüllen.
◯ Er muss seinen kanadischen Führerschein haben.
◯ Er muss den Ausweis, den Führerschein und ein Foto mitbringen.

müssen	
ich	muss
du	musst
er/es/sie	muss
wir	müssen
ihr	müsst
sie/Sie	müssen

1 ◀)) 23 **b** Bei der Führerscheinstelle. Hören Sie und variieren Sie.

◆ Grüß Gott. Ich brauche den internationalen Führerschein. Was muss ich da machen?
○ Sie müssen einen Antrag ausfüllen.

Varianten:

viele Papiere mitbringen
einen Antrag unterschreiben
60,50 Euro bar bezahlen

Er muss einen Antrag ausfüllen.

1 ◀)) 24 A2 Eine Fahrkarte kaufen

a Was ist richtig? Hören Sie und kreuzen Sie an.

1 Der Mann versteht ○ nicht gut Deutsch. ○ den Automaten nicht.
2 Der Fahrkartenautomat ○ funktioniert. ○ funktioniert nicht.
3 Der Mann bekommt ○ eine ○ keine Fahrkarte.

b Hören Sie noch einmal und ordnen Sie.

◯ bezahlen
◯ Erwachsener/Kind auswählen
(1) das Ziel wählen
◯ die Fahrkarte und das Wechselgeld nehmen
◯ die Fahrkarte entwerten

c Sprechen Sie.

Zuerst muss man ... Danach / Nachher ... und dann ... Dann ... Zum Schluss ...

ich, du, er ...	= spezielle Person
man	= alle / jede Person
⚠ man	≠ Mann

A3 Was müssen Sie heute noch machen?

Erzählen Sie.

Ich muss meine Tochter abholen. Und dann muss ich noch einkaufen.

B Schau einmal!

9

B1 Komm mit!

1 🔊 25 **a** Hören Sie und ordnen Sie zu.

Bring | Geh | ~~schau~~ | Komm | warte

du schaust	→	Schau einmal!
du kommst mit	→	Komm mit!

◆ Du, *schau* einmal! Da vorn ist eine Autovermietung. Da gehen wir jetzt hin und fragen. .... mit, Tim!

○ Ja, gleich. .... du voraus! Ich will noch schnell in das Geschäft da. Ich habe so einen Hunger.

◆ Okay. Tim, ... einmal! .... ein Wasser für mich mit!

b Was soll Tim alles machen? Was sagt Lara? Schreiben Sie.

zu Walter fahren und Lili abholen
die Hausübung machen
einen Kaffee mitbringen | leise sein
Lili die Mathematikübung erklären
ein E-Mail an die Lehrerin schreiben

Fahr zu Walter und ...

⚠ du bist ...	→	Sei leise!
du fährst	→	Fahr!

B2 In der Klasse

1 🔊 26 **a** Was sagt der Lehrer? Hören Sie und kreuzen Sie an.

○ Seid bitte nicht so laut! ○ Schaltet doch die Handys aus!
○ Macht bitte die Bücher zu! ○ Macht bitte die Bücher auf!
○ Hört doch bitte zu! ○ Lest bitte den Text!
○ Steht bitte nicht auf!

Hört zu!
Hört bitte zu!
Hört doch (bitte) zu!

ihr hört zu	→	Hört zu!
⚠ ihr seid ...	→	Seid nicht so laut!

b Was sollen die anderen in Ihrem Kurs tun?
Schreiben Sie mit Ihrer Partnerin / Ihrem Partner drei Sätze.

Kommt doch bitte pünktlich!

B3 In der Sprachschule

Was muss man machen? Lesen Sie und ergänzen Sie die Tabelle.

Anmeldung zum Sprachunterricht
Warten Sie bitte im Wartebereich. Bringen Sie bitte Ihren Pass zur Anmeldung mit. Bezahlen Sie die Kursgebühren bei der Kassa im 1. Stock. Seien Sie bitte leise. Die anderen haben Unterricht.

Sie warten	→	*Warten Sie!*
Sie bringen ... mit	→	.... !
Sie bezahlen	→	.... !
⚠ Sie sind leise	→	.... bitte leise!

B4 Regeln einmal anders

Schreiben Sie mit Ihrer Partnerin / Ihrem Partner drei Regeln für die Kursleiterin / den Kursleiter.

Geben Sie keine Hausübung! Lachen Sie viel!

C Sie **dürfen** in der EU Auto **fahren**.

1 🔊 27 **C1 Was ist richtig? Hören Sie und kreuzen Sie an.**

a ○ Tim ○ Lara darf im Moment nicht in Österreich Auto fahren.
○ Er ○ Sie hat keinen internationalen Führerschein.
b ○ Tim ○ Lara muss keinen internationalen Führerschein beantragen.
c ○ Tim ○ Lara darf in der EU Auto fahren.

Sie dürfen in der EU Auto fahren.

dürfen	
ich	darf
du	darfst
er/es/sie/man	darf
wir	dürfen
ihr	dürft
sie/Sie	dürfen

C2 Spielen Sie Gespräche mit Ihrer Partnerin / Ihrem Partner.

A

du – das Handy ausschalten – nicht telefonieren

B

ihr – die Zigaretten – ausdämpfen – nicht rauchen

C

du – langsam fahren – nur 100 fahren

D

wir – einen neuen Parkplatz suchen – nicht parken

◆ Achtung! Du musst das Handy ausschalten.
○ Warum denn?
◆ Hier darf man nicht telefonieren.

C3 Eine Fernbus-Reise: Was ist erlaubt? Was ist verboten? Was meinen Sie?
Notieren Sie „Ihre" Regeln und sprechen Sie mit Ihrer Partnerin / Ihrem Partner.

sein Fahrrad mitnehmen | Eis essen | das Gepäck abgeben | Musik hören | eine Fahrkarte kaufen | rauchen | einen Laptop benützen | schlafen | ...

Unsere Regeln

man darf:	man darf nicht:	man muss:
sein Fahrrad mitnehmen	Eis essen	das Gepäck abgeben

◆ Man muss das Gepäck abgeben.
○ Ja. Und man darf im Bus kein Eis essen. Das ist verboten.
◆ Aber man darf sein Fahrrad mitnehmen.

D Meldezettel

D1 Was ist richtig? Schauen Sie das Formular an und kreuzen Sie an.

a Sinaida Ulasova kommt aus ○ Österreich. ○ Belarus.
b Sie wohnt jetzt ○ in Graz. ○ in Wien.

FAMILIENNAME oder NACHNAME, AKAD. GRAD		VORNAME			
Ulasova		Sinaida			
GEBURTSDATUM 29.1.1978	GESCHLECHT ☐ männlich ☒ weiblich		RELIGIONSBEKENNTNIS russ.-orth.		
GEBURTSORT lt. Reisedokument; Bundesland (Inland) und Staat (Ausland) Minsk, Belarus		PERSONENSTAND ☐ ledig ☒ verheiratet ☐ eingetragene Partnerschaft ☐ geschieden ☐ verwitwet			
STAATSANGEHÖRIGKEIT Österreich ☐ anderer Staat ☒ > Name des Staates: Belarus					
ANMELDUNG der Unterkunft in	Straße Engelgasse	Haus Nr. 82	Tür Nr. 12	Postleitzahl 8010	Ort Graz
ABMELDUNG der Unterkunft in	Straße Enzingergasse	Haus Nr. 17	Tür Nr. 9	Postleitzahl 1070	Ort Wien

1 🔊 28
D2 Auf dem Amt: Darf ich Sie etwas fragen?

a Welche Wörter kennt Frau Ulasova nicht? Hören Sie das Gespräch und markieren Sie.

der Personenstand · das Religionsbekenntnis · das Geschlecht · die Staatsangehörigkeit · die Abmeldung · männlich · weiblich · der akademische Grad · das Geburtsdatum

b Was sagt Frau Ulasova? Hören Sie das Gespräch noch einmal und markieren Sie.

Darf ich Sie etwas fragen? · Was bedeutet denn „Abmeldung der Unterkunft"? · Können Sie das bitte wiederholen? · Was heißt „Geschlecht"? · Jetzt habe ich nur noch eine Frage. · Können Sie das bitte erklären? · Ich habe leider nicht alles verstanden. · Noch einmal, bitte.

D3 In der Sprachschule

Spielen Sie ein Gespräch mit Ihrer Partnerin / Ihrem Partner.

Partner A	Partner B
Sie möchten einen Kurs besuchen und müssen eine Anmeldung ausfüllen. Sie verstehen viele Wörter nicht (Familienname, Vorname, Wohnort ...) Bitten Sie um Hilfe.	Sie sind Sekretärin/Sekretär. Helfen Sie bei der Anmeldung. Erklären Sie schwierige Wörter: Familienname, Wohnort ...

Darf ich Sie etwas fragen?
Können Sie mir helfen?
Helfen Sie mir?
Ich brauche eine Auskunft.
Ich verstehe ... nicht.
Das habe ich nicht verstanden. Ich kann noch nicht so gut Deutsch.

Was heißt/bedeutet das?
Was heißt ...?
Können Sie das bitte erklären?
Können Sie das bitte wiederholen?
Wie bitte?
Noch einmal, bitte.

ich	helfe
du	hilfst
er/es/sie	hilft

E Einreise nach Österreich

E1 Lesen Sie den Text und kreuzen Sie an: Was ist richtig?

a Lesen Sie Abschnitt 1.

1 ☒ Lalita möchte Eva besuchen.

2 ○ Sie hat eine Einreiseerlaubnis und darf drei Monate bei Eva bleiben.

b Lesen Sie Abschnitt 2.

1 ○ Lalita braucht eine Verpflichtungserklärung.

2 ○ Lalita muss unterschreiben: Ich habe genug Geld für eine Wohnung und Essen.

c Lesen Sie Abschnitt 3.

1 ○ Ein Einkommensnachweis ist ein Dokument. Damit kann man zeigen: Man hat eine Firma.

2 ○ Eva muss bei der Landespolizeidirektion einen Einkommensnachweis und ihren Ausweis herzeigen.

d Lesen Sie Abschnitt 4.

1 ○ Lalita braucht für ihre Reise auch eine Krankenversicherung.

2 ○ Sie bekommt die Krankenversicherung nur in Indien.

e Lesen Sie Abschnitt 5.

1 ○ Lalita bekommt leider kein Visum.

2 ○ Sie bringt alle Dokumente zur Botschaft.

Möchtest du im Sommer nach Österreich kommen?

1

Eva wohnt in Wien. Bei ihrem Urlaub im Sommer in Indien lernt sie Lalita kennen. Lalita wohnt in Neu-Delhi. Eva lädt Lalita im Winter nach Österreich ein.

⚠ Lalita darf nicht einfach nach Österreich fahren. Zuerst muss sie zur Österreichischen Botschaft in Neu-Delhi gehen. Sie braucht ein Besuchervisum. Das ist eine Einreiseerlaubnis. Damit kann Lalita für maximal 90 Tage nach Österreich kommen.

2

ÖSTERREICHISCHE BOTSCHAFT, NEU-DELHI

LALITA: Mein Name ist Lalita Sharma. Ich möchte meine Freundin Eva Reiter in Wien besuchen und brauche ein Besuchervisum.

MITARBEITER: Aha. Haben Sie denn eine „Verpflichtungserklärung" von Frau Reiter?

LALITA: Eine „Verpflichtungserklärung"? Hm, dieses Wort verstehe ich nicht. Können Sie das erklären?

⚠ Lalita hat nicht viel Geld und braucht eine schriftliche Verpflichtungserklärung für ausländische Besucher von Eva. Eva muss unterschreiben: Ich bezahle alles, was Lalita in Österreich zum Leben braucht (Wohnung, Essen, ...).

3 ## EVA RUFT BEI DER POLIZEIBEHÖRDE AN.

EVA: Grüß Gott. Mein Name ist Eva Reiter. Eine Freundin aus Indien möchte mich besuchen. Für das Besuchervisum braucht sie meine Verpflichtungserklärung. Kann ich die telefonisch anfordern?

BEAMTER: Nein, Sie müssen in die Landespolizeidirektion kommen. Sie müssen ein Formular ausfüllen und Ihren Ausweis, Ihren Meldezettel, Ihren Mietvertrag und einen „Einkommensnachweis" mitbringen.

⚠ Eva muss zur Landespolizeidirektion gehen und dort viele Dokumente, wie zum Beispiel einen Einkommensnachweis herzeigen. Die Behörde möchte wissen: Verdient Eva Geld? Kann sie für Lalita bezahlen? Den Einkommensnachweis bekommt Eva in ihrer Firma.

4 ## LANDESPOLIZEIDIREKTION, WIEN

BEAMTIN: So, bitte. Da ist Ihre Verpflichtungserklärung.

EVA: Vielen Dank. Hoffentlich hat Lalita jetzt alles für ihr Besuchervisum.

BEAMTIN: Ich denke schon. Eine Krankenversicherung für die Reise hat sie ja, oder?

⚠ Ohne Reisekrankenversicherung bekommt Lalita kein Visum. Die Reisekrankenversicherung zahlt, wenn Lalita auf der Reise krank wird. Zum Glück kann Eva so eine Versicherung für Lalita auch in Österreich bekommen.

5 ## ÖSTERREICHISCHE BOTSCHAFT, NEU-DELHI

LALITA: Hier ist mein Reisepass und hier sind die Verpflichtungserklärung von Frau Reiter und meine Krankenversicherung. Bekomme ich jetzt mein Besuchervisum für Österreich?

MITARBEITER: Ja, natürlich bekommen Sie jetzt Ihr Visum.

E2 Ergänzen Sie *müssen* oder *dürfen*.

Lalita __darf__ nicht einfach zu Eva reisen. Sie ________ zuerst ein Visum haben.
Für das Visum ________ Eva eine Verpflichtungserklärung unterschreiben.
Zur österreichischen Botschaft ________ Lalita viele Dokumente mitbringen.
Mit dem Besuchervisum ________ Lalita für maximal 90 Tage nach Österreich kommen.

Grammatik und Kommunikation

Grammatik

1 Modalverben: *müssen* und *dürfen* ÜG 5.11

	müssen	dürfen
ich	**muss**	**darf**
du	musst	darfst
er/es/sie/man	**muss**	**darf**
wir	müssen	dürfen
ihr	müsst	dürft
sie/Sie	müssen	dürfen

Hier darf man nicht essen.

Hier darf man rauchen.

Hier muss man leise sein.

2 Modalverben im Satz ÜG 10.02

	Position 2		Ende
Er	muss	einen Antrag	ausfüllen.
Sie	dürfen	in der EU Auto	fahren.

Daheim: Wer muss was machen? Wer darf was? Schreiben Sie vier Sätze.

Mein Mann muss immer das Bad putzen.
…

3 Pronomen: *man* ÜG 3.01

Zuerst muss man das Ziel wählen.
= Zuerst müssen alle das Ziel wählen.

4 Imperativ ÜG 5.19

		⚠	⚠
(du)	Komm mit! Schau einmal!	Fahr langsam!	Sei leise!
(ihr)	Hört zu!		Seid leise!
(Sie)	Warten Sie bitte!		Seien Sie leise!

Merke:
☹ So ist es nicht sehr freundlich:
Komm!

☺ So ist es freundlich:
Komm bitte!
Komm doch bitte!

5 Verb: Konjugation ÜG 5.01

	helfen
ich	helfe
du	hilfst
er/es/sie	hilft
wir	helfen
ihr	helft
sie/Sie	helfen

~~du~~ hilf~~st~~ ⇒ Hilf!
~~ihr~~ helft ⇒ Helft!

⚠ du schläfst ⇒ Schlaf!

Sie schauen

Schauen Sie!

Kommunikation

NACHFRAGEN: Wie bitte?

Darf ich Sie etwas fragen?
Können Sie mir helfen?
Helfen Sie mir?
Ich brauche eine Auskunft.
Ich verstehe ... nicht.
Das habe ich nicht verstanden. Ich kann noch nicht so gut Deutsch.
Was heißt/bedeutet das?
Was heißt ...?
Können Sie das bitte erklären?
Können Sie das bitte wiederholen?
Wie bitte?
Noch einmal, bitte.

EINE AUSSAGE GLIEDERN: Zuerst ...

Zuerst muss man ...
Danach/Nachher ... und dann ...
Dann ...
Zum Schluss ...

Was haben Sie heute im Deutschkurs gemacht? Schreiben Sie.

Zuerst ...
Dann ...
Danach/Nachher ...
Zum Schluss ...

Lernziele

Ich kann jetzt ...

A ... sagen: Das muss ich machen: *Ich muss den Antrag ausfüllen.* ☺ 😐 ☹
B ... Aufforderungen verstehen und Anweisungen geben:
Bring bitte ein Wasser für mich mit. ☺ 😐 ☹
C ... sagen: Das ist erlaubt und verboten:
Sie dürfen in der EU Auto fahren. ☺ 😐 ☹
D ... um Erklärung bitten: *Entschuldigung, was bedeutet ...?* ☺ 😐 ☹
E ... Informationen zu Einreisedokumenten verstehen ☺ 😐 ☹

Ich kenne jetzt ...

5 Wörter zum Thema Amt:
der Ausweis, ...

5 Wörter zu einem Meldeformular:
das Geschlecht,
männlich, ...

Für zwischendurch ...

COMIC

Der kleine Mann: Lachen Sie!

Geben Sie Ihrer Partnerin / Ihrem Partner drei Anweisungen. Sie/Er führt die Anweisungen aus. Tauschen Sie dann die Rollen.

• ein Wort schreiben | • ein Lied singen | aufstehen | pfeifen  | • ein Bild malen | ...

HÖREN

Sie müssen einen Fragebogen ausfüllen

1 Beim AMS: Lesen Sie und ordnen Sie das Gespräch.

• das AMS = • das Arbeitsmarktservice

- (8) Was für ein Fragebogen ist das?
- ○ Als Programmierer.
- ○ Auf Wiederschauen.
- ○ Ja. Dort bekommen Sie weitere Informationen.
- (1) Grüß Gott, bitteschön.
- (3) Woher kommen Sie, Herr Fuertes?
- ○ Mit dem Formular müssen Sie dann ins Zimmer 312 gehen.
- ○ Und als was haben Sie in El Salvador gearbeitet?
- ○ Aha, als Programmierer. Dann müssen Sie jetzt bitte diesen Fragebogen ausfüllen.
- ○ Grüß Gott, ich bin Marcelo Fuertes. Ich suche eine Arbeit.
- ○ Dankeschön. Auf Wiedersehen!
- ○ Er gibt uns Informationen über Ihre Kenntnisse, zum Beispiel welche Computerprogramme Sie kennen.
- ○ Was muss ich sonst noch tun?
- ○ Zimmer 312?
- ○ Aus El Salvador.

1 🔊 29 2 Hören Sie jetzt das Gespräch und vergleichen Sie.

LESEN

Viel „müssen“ – wenig „dürfen“

Wie ist das bei Ihnen? Müssen Sie auch so viel und dürfen Sie auch so wenig? Ich muss von Montag bis Freitag jeden Morgen um sechs Uhr aufstehen. Ich muss schnell frühstücken. Dann muss ich zuerst mit dem Bus um Viertel vor sieben fahren und danach mit dem Zug um sieben Uhr zehn.
Um halb acht muss ich im Büro sein. Dort muss ich bis zwölf Uhr arbeiten. Dann darf ich eine halbe Stunde Mittagspause machen. Von halb eins bis vier muss ich wieder arbeiten. Dann muss ich den Zug um fünf nach vier nehmen und danach den Bus um fünf vor halb fünf. Beim Heimgehen muss ich noch schnell einkaufen, dann muss ich kochen und die Wohnung ein bisschen sauber machen. Um acht Uhr darf ich endlich entspannen.
Um elf Uhr muss ich dann aber schon wieder ins Bett gehen. Ich muss einfach meine sieben Stunden Schlaf haben. Na, zum Glück gibt es die Wochenenden. Da muss ich nicht so viel und darf viel mehr. Zum Beispiel richtig ausschlafen. Juhu!

1 Lesen Sie den Text und ergänzen Sie den Terminkalender von Jasmin.

Uhrzeit:	Das mache ich:
06:00 Uhr	aufstehen und frühstücken
06:45 Uhr	Bus
07:10 Uhr	
07:30	Büro
07:30 – 12:00 Uhr	
12:00 – 12:30 Uhr	
	Arbeitsende
16:05 Uhr	
	Bus
	entspannen →
23:00 Uhr	

2 Ihr Tag: Was müssen Sie machen? Was dürfen Sie machen?

a Machen Sie Notizen und schreiben Sie einen Text über sich.

6:00 aufstehen
6:30 Frühstück für die Kinder machen
7:30 die Kinder in die Schule bringen
...

Ich muss um sechs aufstehen. Um halb sieben muss ich Frühstück für die Kinder machen und um halb acht muss ich sie in die Schule bringen. ...

b Lesen Sie Ihrer Partnerin / Ihrem Partner Ihren Text vor. Sie/Er stellt Fragen.

Gehen deine Kinder nicht allein in die Schule?

Gesundheit und Krankheit

1 Schauen Sie die Fotos an und zeigen Sie.

• der Klub • die Ambulanz • der Arzt • der Wartebereich • die Schmerztablette

1 🔊 30–37

2 Was meinen Sie? Wer sagt was? Verbinden Sie.
Hören Sie dann und vergleichen Sie.

a Mein Auge  tut weh!
b Meine Freundin hatte einen Unfall.
c Der Doktor kommt gleich.
d Na, wo haben Sie denn Schmerzen?
e Wir gehen zum Arzt.
f Ich soll das Auge kühlen. 

Lara
Laras Freundin Ioanna
der Arzt
die Mitarbeiterin

1 🔊 30–37

3 Hören Sie noch einmal. Ordnen Sie die Sätze.

● das Krankenhaus = ● das Spital

- ◯ Die Mädchen gehen ins Krankenhaus.
- (1) Ioanna und Lara haben im Klub getanzt.
- ◯ Ioanna hat einen Unfall. Das Auge ist blau. Sie hat Schmerzen.
- ◯ Der Arzt sagt: Es ist nicht schlimm.
- ◯ Ioanna füllt ein Formular aus.
- ◯ Lara hat auch ein blaues Auge.
- ◯ Der Arzt gibt Ioanna Schmerztabletten.
- ◯ Die beiden Mädchen sind lustig und singen „Unsere Augen sind so blau“.

4 Wie finden Sie Laras Idee? Sprechen Sie.

Das finde ich …

A Ihr Auge tut weh.

A1 Ordnen Sie zu.

● das Bein ● das Ohr ● der Arm ● der Finger ● der Kopf ● ~~die Nase~~ ● der Mund

● das Auge
die Nase
....
● die Brust
● der Bauch
....
● der Fuß

● die Haare
....
....
● der Hals
● der Rücken
....
● die Hand
....

A2 Gute Besserung!

Was tut weh? Markieren Sie und ergänzen Sie die Tabelle.

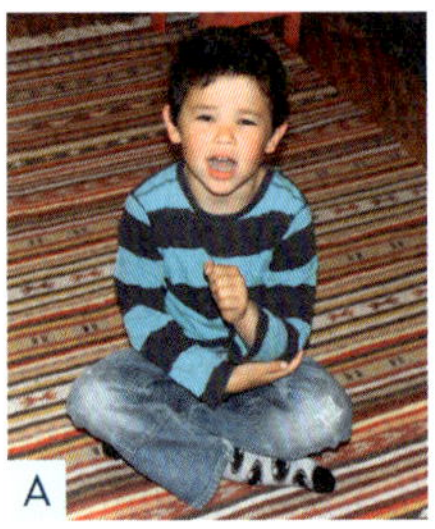

A

Simon

Seine Hand tut weh.
Und sein Bein auch.

B

Sofia

Ihre Ohren tun weh.
Ihr Kopf auch.

● sein Kopf	● .... Kopf
● .... Bein	● ihr Bein
● seine Hand	● ihre Hand
● seine Ohren	● .... Ohren

Simon seine Hand
Sofia ihre Ohren

A3 Was tut den Personen weh? Ergänzen Sie.

A 

B 

C 

D 

E 

sein Hals ....

A4 Monsterspiel: Zeichnen Sie ein Monster und beschreiben Sie.

Ihre Partnerin / Ihr Partner zeichnet mit. Vergleichen Sie Ihre Zeichnungen.

Mein Monster heißt Irene. Ihr Kopf ist sehr schmal. Ihre Haare sind kurz, ihre Augen sind sehr groß. ...

Irene

Hans

Mein Monster heißt Hans. Seine Zähne ...

B Unsere Augen sind so blau.

B1 E-Mail

a Lesen Sie das E-Mail von Ioanna. Was ist richtig? Kreuzen Sie an.

1 ☒ Sie will „danke“ sagen.
2 ○ Carlos ist krank.
3 ○ Sie informiert Lara: Sie haben morgen keinen Unterricht.

E-Mail senden

Liebe Lara,
das ist jetzt unser Lied: „Unsere Augen sind so blau“! Lara, Du bist spitze! Vielen Dank für alles! Unser Abend war super! Du, Carlos hat geschrieben: Frau Blaickner, unsere Lehrerin, ist krank. Das heißt, unser Unterricht fällt morgen aus.
Bis Donnerstag, Deine Ioanna

b Markieren Sie. Ergänzen Sie dann die Tabelle rechts.

wir	•	Abend
	• unser	Lied
	•	Lehrerin
	•	Augen

B2 Nachrichten

a Lesen Sie die Nachrichten.
Wer schreibt was? Ordnen Sie zu.

Nachricht	1	2	3
schreibt	E		

eine Kollegin (K) eine Freundin (F) ~~die Ehefrau (E)~~

1 Senden
Oje, jetzt sind Julia und Theo beide krank. Ihre Ohren tun sehr weh. Wir gehen jetzt zum Kinderarzt. Kannst du einkaufen gehen, Schatzi? Bussis von Maria

2 Senden
Und eure Mutter? Ist sie wieder gesund? Hoffentlich! Könnt ihr dann zu uns zum Essen kommen? Alle Freunde und Bekannten kommen! Ihr auch, oder? Anna

3 Senden
Wie war euer Termin mit Frau Pfeiffer? Ich komme morgen wieder ins Büro. Bin wieder gesund. Heike

b Markieren Sie *euer/eure* und *ihre* in a und ergänzen Sie die Tabellen.

ihr	•	Termin
	• euer	Lied
	•	Mutter
	• eure	Ohren

sie	• ihr	Termin
	• ihr	Lied
	• ihre	Mutter
	•	Ohren

B3 Im Kurs: Nachrichten

Schreiben Sie Nachrichten an Ihre Partnerin / Ihren Partner.
Verwenden Sie *unser/unsere – euer/eure – ihr/ihre*.

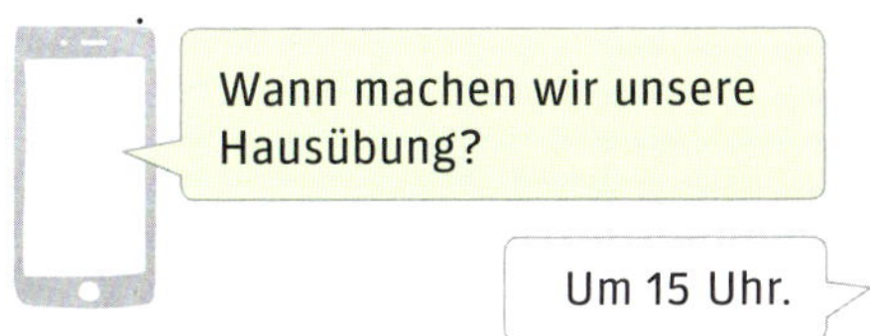

C Ich **soll** Schmerztabletten **nehmen**.

C1 Was sagt Ioanna? Schreiben Sie.

Nehmen Sie Schmerztabletten.

A

Der Doktor sagt, ich soll Schmerztabletten nehmen.

B

~~Schmerztabletten nehmen~~
das Auge kühlen
gleich ins Bett gehen
ein paar Schritte gehen
bei Problemen wieder ins Krankenhaus kommen

Ich soll Schmerztabletten nehmen.
Ich soll …

Nehmen Sie Schmerztabletten.
Der Doktor sagt: Ich soll Schmerztabletten nehmen.

1 38 C2 Hören Sie und variieren Sie.

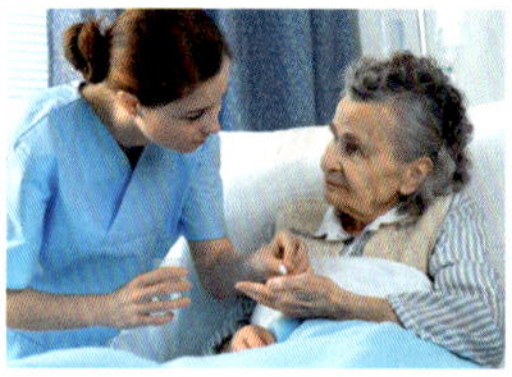

- ◆ Muss ich wirklich die Medizin nehmen?
- ○ Ja, natürlich. Der Arzt hat doch gesagt, Sie sollen zwei Tabletten nehmen!
- ◆ Was? Ich soll zwei Tabletten nehmen?
- ○ Genau!

sollen	
ich	soll
du	sollst
er/es/sie	soll
wir	sollen
ihr	sollt
sie/Sie	sollen

Varianten:

alles trinken – viel Tee trinken   im Bett bleiben – nicht aufstehen   ruhig sein – nicht so viel sprechen

1 39–41 C3 In der Apotheke: Hören Sie die Gespräche.

a Wer hat welches Problem? Kundin 1 (= 1), Kunde 2 (= 2), oder Kundin 3 (= 3)? Ergänzen Sie.

○ Sonnenbrand  und Fieber 

(1) müde ○ Tochter hat Husten 

b Hören Sie noch einmal. Wer soll was machen? Ergänzen Sie.

(1) viel spazieren gehen ○ zum Arzt gehen ○ Miriam Saft geben 

○ Tabletten nehmen ○ eine Salbe verwenden 

c Sprechen Sie. *Kundin 1 soll viel spazieren gehen.*

● die Kopfschmerzen – ● das Kopfweh

C4 Im Kurs: Geben Sie Gesundheitstipps.

Meine Freundin / Mein Bruder / Mein …

Mein Freund hat Kopfschmerzen. Was kann man da tun?

Oje! Er soll viel trinken. Das hilft sicher!

Bauchschmerzen	viel trinken
Fieber	spazieren gehen
Halsschmerzen	am Abend nicht so viel Computer spielen
kann nicht schlafen	viel schlafen
Kopfschmerzen	am Abend keinen Kaffee trinken
Schnupfen	

D Krankmeldung

1 ◀)) 42 D1 Eine Krankmeldung

a Hören Sie das Gespräch. Was ist richtig? Kreuzen Sie an.

1 ○ Hakim ruft Gabi an.
2 ○ Gabi ist krank. Sie kann nicht in die Firma kommen.
3 ○ Hakim hat auch Halsschmerzen.
4 ○ Gabi kann bis Freitag nicht arbeiten.

b Hören Sie noch einmal und schauen Sie die Krankmeldung an.

Wann ist das Gespräch?
Am Montag, Mittwoch oder Freitag?

Familienname, Vorname(n): Pospischil, Gabriele	Versicherungsträger: WGKK
Krankenstandsadresse: Hustergasse 45, 1140 Wien	Versicherungsnummer: 9231290274
Arbeitsunfähig von: 23. 5.	bis: 27. 5.
Unterschrift und Stempel der Ärztin/des Arztes	

D2 Lesen Sie den Brief und ordnen Sie zu.

- ○ • der Betreff = Inhalt
- (1) • der Absender
- ○ • die Postleitzahl
- ○ • die Hausnummer
- ○ • der Ort
- ○ • die Straße
- ○ • der Empfänger
- ○ • der Gruß
- ○ • die Anrede
- ○ • das Datum
- ○ • die Unterschrift

1 { Gabriele Pospischil
3 Hustergasse 45 4
5 1140 Wien

Kaindlinger GmbH
Frau Tamara Hütter
Personalstelle } 2
Tendlergasse 10
1090 Wien

6 **Krankmeldung** 7 Wien, 23. Mai 20.. 8

9 Sehr geehrte Frau Hütter,

leider kann ich bis Freitag nicht ins Büro kommen. Anbei finden Sie die Krankmeldung. Informieren Sie bitte auch Herrn Kaindlinger.

10 Mit freundlichen Grüßen
11 *Gabriele Pospischil*

D3 Brief und E-Mail

Schreiben Sie.

A

Schreiben Sie ein E-Mail oder einen Brief an Ihre Firma. Ihr Kind ist krank. Sie können nicht in die Arbeit kommen. Sie schicken die Krankmeldung per Post oder per E-Mail.

B

Schreiben Sie ein E-Mail an eine Person in Ihrem Deutschkurs: Sie sind krank. Sie können nicht in den Deutschkurs kommen. Sie brauchen die Arbeitsblätter. Die Person soll sie mitbringen.

SCHON FERTIG? Schreiben Sie das Gespräch zu B zwischen Ihrer Mitschülerin / Ihrem Mitschüler und der Lehrerin / dem Lehrer.

E Anruf beim Arzt / Notruf

1 🔊 43 **E1 Hören Sie das Gespräch. Was ist richtig? Kreuzen Sie an.**

a Wo ruft der Mann an?
- ○ in der Ordination
- ○ in der Apotheke
- ○ im Spital

b Was möchte der Mann?
- ○ eine Krankmeldung bekommen
- ○ einen Termin bekommen
- ○ sich informieren

Dr. med. Karl Hellmann
Facharzt für Orthopädie
Sprechstunde:
Mo, Di, Do, Fr
9.00–11.00 Uhr
Mo, Di, Do
14.00–16.30 Uhr
Nach Vereinbarung:
Tel. 74 1210

1 🔊 43 **E2 Hören Sie noch einmal und ordnen Sie zu.**

heute | sofort | ~~Gleich~~ | gleich

- ◆ Ordination Doktor Hellmann, grüß Gott.
- ◆ Wann haben Sie denn Zeit? Morgen haben wir am Nachmittag einen Termin frei! Und übermorgen am Vormittag.
- ◆ Ach so, es ist ein Notfall.
- ◆ Wann können Sie denn kommen?
- ◆ Dann kommen Sie doch in 20 Minuten.
- ◆ Ist gut. Bis später. Und bringen Sie bitte Ihre E-Card mit!

- ○ Grüß Gott, da spricht Reitinger. Könnte ich bitte einen Termin haben?
- ○ Ich möchte bitte .... kommen. Es ist dringend!
- ○ Ja, ich hatte einen kleinen Unfall.
- ○ Gleich! Ich wohne ganz in der Nähe.
- ○ Sehr gut. Dann komme ich .... vorbei.
- ○ Das mache ich. Vielen Dank. Bis ....

E3 Termin beim Arzt: Spielen Sie Telefongespräche mit Ihrer Partnerin / Ihrem Partner.

1
Partner A
Sie brauchen sofort ein Rezept.

Partner B
Sie sind der Hausarzt. Das Wartezimmer ist voll. Man muss lange warten.

2
Partner A
Sie haben starke Zahnschmerzen.

Partner B
Sie arbeiten als Ordinationshilfe. Es gibt erst morgen Vormittag einen freien Termin.

E4 Lesen Sie die Situationen und den Text rechts. Was sollen Sie tun? Verbinden Sie.

a Im Büro liegt jemand auf dem Boden. Sie sprechen ihn an. Er antwortet nicht.

b Sie haben Besuch. Es ist 2 Uhr morgens. Ihr Besuch hat 40 Grad Fieber.

c Es ist Sonntag. Sie haben starke Halsschmerzen. Die Apotheke hat zu.

- Die Adresse der Notdienst-Apotheke im Internet suchen.
- Die Rettung mit der Nummer 144 anrufen.
- Einen ärztlichen Notdienst rufen oder in die Ambulanz im Krankenhaus gehen.

HILFE HOLEN – Tipps für den Notfall

Es gibt einen Notfall, ein Mensch ist plötzlich sehr krank oder ein Unfall ist passiert. Jede Minute ist wichtig.

- Mit der Notrufnummer 144 können Sie die Rettung rufen.

Sie brauchen dringend ein Medikament, aber die Apotheken haben geschlossen.

- Es gibt einen Apotheken-Notdienst. Apotheken haben an ihrem Notdienst-Tag meistens vom Morgen bis zum nächsten Morgen geöffnet.

Sie brauchen dringend einen Arzt oder Zahnarzt, aber die normalen Ordinationen haben geschlossen. Das können Sie jetzt tun:

- Rufen Sie den ärztlichen Notdienst. Dann kommt ein Arzt zu Ihnen oder Sie bekommen eine Adresse und können dort hingehen. Es gibt auch einen zahnärztlichen Notdienst.
- Gehen Sie zu einer Ordination mit ärztlichem Bereitschaftsdienst. Dort können Sie auch am Abend, am Wochenende und an Feiertagen Hilfe bekommen.
- Gehen Sie in ein Krankenhaus. Die meisten Krankenhäuser haben eine Ambulanz. Diese ist Tag und Nacht geöffnet.

Wo finde ich Telefonnummern, Adressen und andere aktuelle Informationen?

- Die Rettung können Sie in Österreich unter der Nummer 144 immer kostenlos erreichen.
- Alle anderen Informationen sind nicht an jedem Ort oder an jedem Tag gleich. Die aktuellen Informationen finden Sie in der Zeitung oder im Internet. Benützen Sie bei der Suche im Internet die roten Wörter.
- Informationen über den Apotheken-Notdienst finden Sie auch bei der nächsten Apotheke.

E5 Anruf bei der Rettung

a Schauen Sie das Bild an und lesen Sie das Telefongespräch. Ordnen Sie zu.

Knie ~~Unfall~~ Rettung Person verletzt

Wo? ○ Grüß Gott, ich bin da am Hauptplatz.
▲ Aha. Und was ist passiert?
Was? ○ Ein Unfall mit einem Motorrad.
▲ Ist jemand ……………………?
Wie viele? ○ Ja, ein Mann. Sonst keiner.
▲ Aha. Eine …………………….
Und was ist mit dem Mann?
Welche Verletzung? ○ Er sagt: Sein …………………… tut sehr weh.
▲ Wie ist Ihr Name, bitte?
Wer? ○ Müller. Hermine Müller.
▲ Gut, Frau Müller. Die …………………… ist in ein paar Minuten am Unfallort. Bitte bleiben Sie bei dem Verletzten.

1 🔊 44 **b** Hören Sie und vergleichen Sie.

Grammatik und Kommunikation

Grammatik

1 Possessivartikel ÜG 2.04

	Nominativ				Akkusativ
	Singular			Plural	Singular maskulin ⚠
ich	• mein Termin	• mein Lied	• meine Mutter	• meine Ohren	• meinen Termin
du	dein	dein	deine	deine	deinen
er/es	sein	sein	seine	seine	seinen
sie	ihr	ihr	ihre	ihre	ihren
wir	unser	unser	unsere	unsere	unseren
ihr	euer	euer	⚠ eure	⚠ eure	⚠ euren
sie	ihr	ihr	ihre	ihre	ihren
Sie	Ihr	Ihr	Ihre	Ihre	Ihren

⚠ eu~~e~~re

Simon seine Hand
Sofia ihre Ohren

2 Modalverb: *sollen* ÜG 5.12

	sollen
ich	soll
du	sollst
er/es/sie	soll
wir	sollen
ihr	sollt
sie/Sie	sollen

Was sollen Peter und Jana tun? Ergänzen Sie.

Peter ist müde. Er .... schnell einen Kaffee trinken.
Jana ist auch müde. Sie .... das Fenster öffnen.
Peter und Jana haben Hunger. Sie .... essen.

3 Modalverb im Satz ÜG 10.02

	Position 2		Ende
Sie	sollen	daheim	bleiben.

Kommunikation

ÜBER DAS BEFINDEN SPRECHEN: Mein Auge tut weh!

Mein Auge / Meine ... tut / tun weh.
Es ist nicht schlimm.
Sie hat Schmerzen.
Gabi ist krank.
Sie hat Halsschmerzen.
Ich habe Fieber.
Meine Tochter hat Husten/Schnupfen.

Was sagt der Mann? Schreiben Sie.

Mein ... tut weh. Ich habe ...

ANWEISUNGEN GEBEN: Gehen Sie zum Arzt.

Kühlen Sie das Auge. | Gehen Sie gleich ins Bett.

Der Doktor sagt, ich soll Schmerztabletten nehmen.
Sie soll viel spazieren gehen. | Er soll viel trinken. | Das hilft sicher.

Rufen Sie den ärztlichen Notdienst.
Gehen Sie zu einer Ordination mit ärztlichem Bereitschaftsdienst / in ein Krankenhaus.

EINE KRANKMELDUNG: Leider kann ich nicht kommen.

Leider kann ich heute / bis ... nicht in die Firma / in den Deutschkurs/... kommen. | Anbei finden Sie die Krankmeldung.
Informieren Sie bitte auch Frau/Herrn ...

EINEN TERMIN VEREINBAREN: Könnte ich bitte einen Termin haben?

Könnte ich bitte einen Termin haben?	*Wann haben Sie denn Zeit? Morgen haben wir einen Termin frei.*
Ich möchte bitte heute kommen. Es ist dringend!	*Wann können Sie denn kommen? Kommen Sie doch in 20 Minuten.*

EINEN NOTFALL MELDEN: Ein Unfall mit einem Motorrad.

Wo sind Sie?	*Ich bin da am Hauptplatz/in der ...straße.*
Was ist passiert?	*Ein Unfall mit einem Motorrad/einem Auto/...*
Was ist mit dem Mann/der Frau?	*Sein/Ihr Knie/... tut weh.*

STRATEGIEN: Hoffentlich!

Oh, nein. | Oje! | ..., ja? | Ah/Ach so, ... | Hoffentlich!
Bis später/gleich. | Gut, ...

Was sagt die Frau noch? Schreiben Sie fünf Sätze.

Der Doktor sagt, du ...

Schreiben Sie ein Telefongespräch: Vereinbaren Sie einen Arzttermin.

◦ Grüß Gott,
mein Name ist ...
Könnte ich bitte ...

Lernziele

Ich kann jetzt ...

A ... sagen: Wo tut etwas weh? *Mein Arm tut weh.*
B ... über die Gesundheit sprechen, Schmerzen beschreiben: *Seine Hand tut weh.*
C ... Tipps und Ratschläge für die Gesundheit verstehen und geben: *Der Doktor sagt, ich soll Schmerztabletten nehmen.*
D ... eine Krankmeldung schreiben: *Leider kann ich nicht in die Firma kommen.*
E ... einen Termin beim Arzt ausmachen: *Könnte ich einen Termin haben?*
... einen Notfall melden: *Ein Unfall mit einem Motorrad.*

Ich kenne jetzt ...

... 10 Körperteile:

der Kopf, ...

... 5 Krankheiten:

das Kopfweh, ...

PROJEKT

Ärztinnen und Ärzte in meinem Ort

1 Wer braucht welche Ärztin/welchen Arzt?
Lösen Sie das Rätsel. Hilfe finden Sie in der Liste.

Zahnarzt	*auch: Facharzt für Zahn-, Mund- und Kieferheilkunde*
Augenarzt	*auch: Facharzt für Augenheilkunde*
Kinderarzt	*auch: Facharzt für Kinder- und Jugendmedizin*
Kardiologe	*auch: Facharzt für Herz- und Kreislauferkrankungen*
Internist	*auch: Facharzt für innere Medizin*
Praktischer Arzt	*auch: Facharzt für Allgemeinmedizin oder: Hausarzt*
Frauenarzt	*auch: Gynäkologe oder: Facharzt für Frauenheilkunde und Geburtshilfe*

A

B

C

	1	2	3	4	5	6	7	8	9	10	11	12	13	14	15	16
A									A	R	Z	T				
B												A	R	Z	T	
C	K	A	R	D	I	O	L	O	G	E						
D													A	R	Z	T
E									A	R	Z	T				

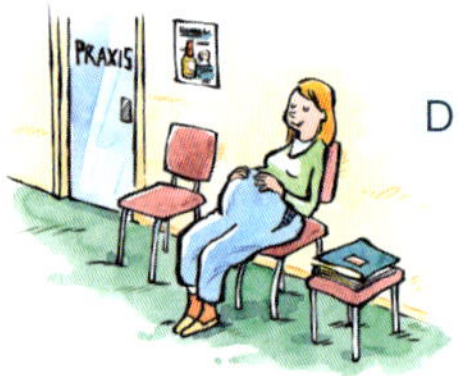

D

Lösung: ___ ___ L ___ ___

E

2 Welche Ärzte brauchen Sie? Suchen Sie im Internet Ärztinnen und Ärzte in Ihrer Nähe und machen Sie eine Liste.

Dr. Martha Führsinn
Praktische Ärztin
Spindlerweg 22
07632 / 812 42

RÄTSEL

1 Wie heißen die Körperteile? Lesen Sie die Redewendungen und ergänzen Sie.

a Du suchst eine Wohnung? Ich halte die 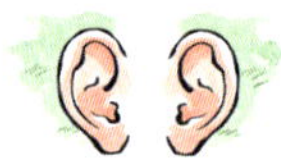 offen. Ohren

b Wir arbeiten  in  . Hand in Hand

c Ihm steht das Wasser bis zum  . ...

d Können wir unter vier  sprechen? ....

e Willst du mich etwa auf den  nehmen? ....

f Jetzt habe ich aber die  voll! ....

2 Was bedeuten die Redewendungen? Ordnen Sie die Sätze den Redewendungen in 1 zu.

1 Kann ich allein mit dir reden? 2 Das ist doch nicht wahr! Glaubst du, ich bin dumm? 3 Vielleicht höre ich ja etwas. 4 Er hat große Probleme. 5 Jetzt reicht es! Das mache ich nicht mehr mit! 6 Wir arbeiten gut zusammen.

Redewendung	a	b	c	d	e	f
Satz	3					

ÖSTERREICH-SPEZIAL

Die Bergrettung

1 Anruf bei der Bergrettung. Lesen Sie das Gespräch.

◆ Bergrettung Vorarlberg, grüß Gott!
○ Grüß Gott, da spricht Elfriede Außerleitner. Wir haben ein großes Problem. Mein Freund kann nicht mehr weitergehen.
◆ Bleiben Sie ganz ruhig. Wo sind Sie denn gerade?
○ Wir sind beim Lünersee, am Weg zur Hütte.
◆ Ist Ihr Freund verletzt?
○ Ja, sein Fuß ist vielleicht gebrochen.
◆ Kann er noch ein bisschen gehen?
○ Nur schwer. Sein Fuß tut sehr weh. Ich glaube, wir müssen ins Spital.
◆ Warten Sie jetzt, bitte. Bleiben Sie beim See. Wir kommen in circa 40 Minuten.
○ Oh, super. Danke, vielen Dank. Auf Wiederhören.
◆ Auf Wiederhören.

• die Bergrettung: Notruf 140

2 Lesen Sie die Fragen und markieren Sie die Antworten im Gespräch.

1 WER ruft an? 2 WO sind die Personen? 3 WER ist verletzt?
4 WER hilft? 5 WAS sollen die Personen tun?

SPIEL

Notruf!

Sie brauchen: 3–5 Spieler, 3 Würfel.
Jeder Spieler würfelt nacheinander mit allen 3 Würfeln gleichzeitig.
Wer würfelt einen Notruf? Wer erreicht zuerst alle Notrufe?

○ 122 = Feuerwehr
○ 123 = Pannendienst (ARBÖ)
○ 133 = Polizei

○ 141 = Ärztenotruf
○ 144 = Rettung

In der Stadt unterwegs

1

2

Folge 11: Alles im grünen Bereich

5

6

1 Was sehen Sie auf den Fotos? Markieren Sie.

- die (Auto-)Werkstatt
- das Auto
- der Autoschlüssel
- die Apotheke
- das Navi
- der Bus
- die Autobahn
- die Tankstelle
- das Eis
- die Brücke
- die Ampel

2 Was passt? Ordnen Sie zu.

A 
B 
C 

◯ Fahren Sie nach rechts.
◯ Fahren Sie geradeaus.
◯ Fahren Sie nach links.

3

4

7

8

1 🔊 45 **3 Schauen Sie Foto 1 an und hören Sie. Ordnen Sie zu. Achtung: Nicht alles passt.**

zwei | zwölf | Fieber | ~~Walter~~ | verkühlt | kein Problem | dem Auto von Walter | Sofia

a Wohin sollen Lara und Lili gehen? Zu Walter.
b Was ist mit Walter los? Er ist ………………………………………………….
c Wie fahren Lara und Lili in die Werkstatt? Mit …………………………………………….
d Wann macht die Werkstatt zu? Um ……………………………………………….

1 🔊 45–52 **4 Schauen Sie die Fotos an und hören Sie.**

a Warum kommen Lara und Lili so spät an? Kreuzen Sie an.

○ Sie finden den Weg nicht.
○ Sie fahren auf die Autobahn. Lara möchte einmal richtig schnell fahren.

b Was bedeutet „Alles im grünen Bereich“? Kreuzen Sie an.

○ Alles ist okay. ○ Nichts funktioniert.

A Fahren Sie dann **nach links**.

1 🔊 53 **A1 Wie soll Lara fahren?**
Hören Sie und kreuzen Sie an.

○ A

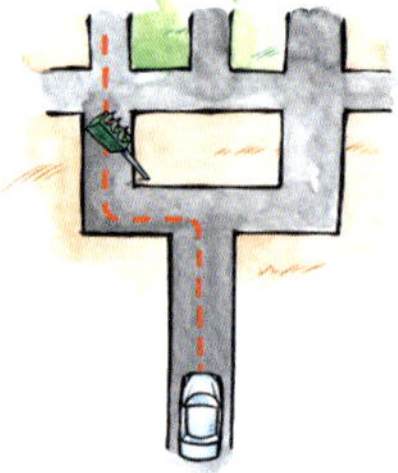

○ B

1 🔊 54 **A2 Hören Sie und zeichnen Sie den Weg.**

A3 Schauen Sie den Stadtplan in A2 an. Fragen Sie und antworten Sie.

Entschuldigung, ich suche den Bahnhof / das Museum / ...
Wo ist da die Post / ein Hotel?
Gibt es ein Hotel in der Nähe?

Gehen Sie immer geradeaus.
Sie gehen zuerst geradeaus und dann die zweite Straße rechts / bei der Ampel links.
Gehen Sie geradeaus und nach 300 Metern links.
Tut mir leid, ich kenne mich auch nicht aus. / Ich bin auch nicht von da.

Wo ist da die Post?

Gehen Sie ...

die erste Straße	
die zweite Straße	links/rechts
die dritte Straße	

⇆ **A4 Sie sind in der Sprachschule. Erklären Sie Ihrer Partnerin / Ihrem Partner einen Weg. Sie/Er rät den Ort.**

Du gehst rechts, dann geradeaus, dann die zweite Straße links. Dann bist du nach 100 Metern da.

Das ist die Schule!

Ja, richtig.

B Wir fahren **mit dem Auto**.

1 🔊) 55–59 **B1 Wir fahren mit dem Auto.**

a Womit fahren/fliegen die Personen? Hören Sie und kreuzen Sie an.

○ mit • dem Flugzeug  ○ mit • dem Zug  ☒ mit • dem Auto 

○ mit • der Straßenbahn  ○ mit • der U-Bahn  ○ mit • der Schnellbahn 

○ mit • dem Taxi  ○ mit • dem Bus  ○ mit • dem Rad 

b Wohin möchten die Personen? Hören Sie noch einmal und ordnen Sie zu.

• das Museum • ~~die Apotheke~~ • der Fußballplatz • der Kindergarten • die Landstraße

1 Sofia geht jetzt zur *Apotheke* .
2 Die Frau möchte zur ....
3 Das Paar will zum .... , aber zu Fuß ist das zu weit.
4 Der junge Mann muss zum ....
5 Die Frau will zum ....

Wie?

• der Bus	→ mit dem Bus
• das Auto	→ mit dem Auto
• die U-Bahn	→ mit der U-Bahn
⚠ zu Fuß	

Wohin?

• der Fußballplatz	→ zum Fußballplatz
• das Museum	→ zum Museum
• die Apotheke	→ zur Apotheke
Walter	→ zu Walter

zu + dem = zum
zu + der = zur

B2 Schauen Sie den Netzplan an. Sie sind am Hauptbahnhof. Fragen Sie und antworten Sie.

◆ Entschuldigung. Wie komme ich zum Schwimmbad? Kann ich zu Fuß gehen?

○ Zu Fuß? Nein, das ist viel zu weit. Fahren Sie mit dem Bus 31 bis zur Station „Schwimmbad".

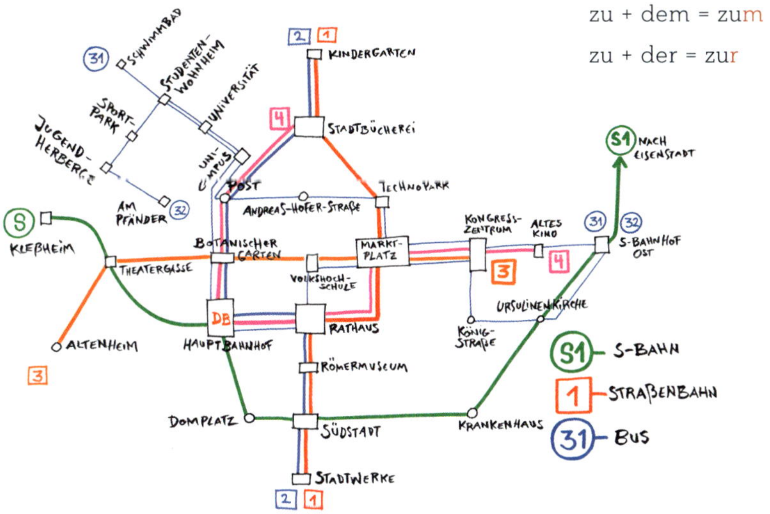

B3 Meine Wege und Verkehrsmittel

Zeichnen Sie Ihren persönlichen „Netzplan" und sprechen Sie dann mit Ihrer Partnerin / Ihrem Partner.

Ich fahre mit dem Auto zum Kindergarten. Zum Fitnesscenter fahre ich mit dem Bus. Zu Katja ...

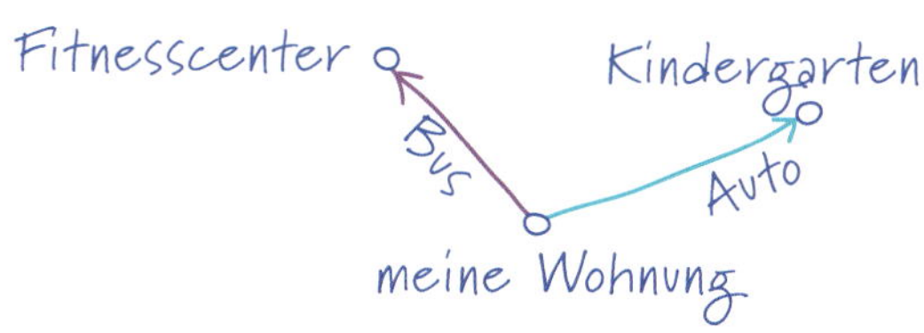

C Da! **Vor der Brücke** links.

1 🔊 60 **C1 Hören Sie und verbinden Sie.**

a Wo darf man nur 50 fahren? —	Vor der Brücke links.
b Wo geht es zur Autobahn?	— In der Stadt.
c Wo soll Lara bleiben?	An der Ampel.
d Wo soll Lara nach links fahren?	Auf der Autobahn.

C2 In der Stadt

a Schauen Sie das Bild an. Welche Wörter kennen Sie?
Zeigen Sie und sammeln Sie mit Ihrer Partnerin / Ihrem Partner.

Also, das ist ein Lkw, glaube ich.

Und da sieht man einen Würstelstand.

b Was ist richtig? Kreuzen Sie an.

1 Zwei Lkws stehen ○ auf der Straße. ☒ auf dem Parkplatz.
2 Die Kinder warten ○ in der Schule. ○ an der Bushaltestelle.
3 Ein Mann kauft ○ am Würstelstand ○ bei der Post einen Leberkäse.
4 Ein Paar sitzt ○ hinter dem Café. ○ im Café.
5 Die Bücherei ist ○ über der Bäckerei. ○ unter der Bäckerei.
6 Ein Baum steht ○ auf den Häusern. ○ zwischen der Post und der Schule.

c Ergänzen Sie die Tabelle.

Wo?		
hinter/vor/neben/...	• dem Parkplatz	an + dem = am
	• .... Café	in + dem = im
	• .... Bäckerei	
	• .... Häusern	

Wo?
an
auf
hinter
in
neben
über
unter
vor
zwischen

⇆ **C3 Schauen Sie das Bild aus C2 an. Fragen Sie und antworten Sie.**

◆ Wo ist der Bus? ○ Vor der Schule.

D Wir gehen **zu Walter** und holen das Auto.

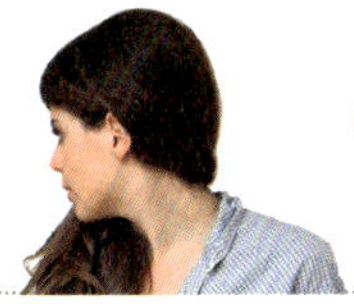

11

D1 Wo ist …?

a Wissen Sie es noch? Kreuzen Sie an.

Wo ist …

1 Sofia? ○ In der Apotheke. ○ In der Werkstatt.

2 Walter? ○ Beim Arzt. ○ Im Bett.

1 ◀)) 61 **b** Hören Sie und vergleichen Sie.

Wo? ◎

Person:	• beim Arzt | • bei der Freundin | bei Walter
„Haus"/Ort/Geschäft:	• im Kindergarten | • im Bett | • in der Apotheke
Land/Stadt:	in Österreich / in Wien | • im Jemen | • in der Schweiz | • in den USA
⚠	zu Hause

bei dem = beim

1 ◀)) 62 D2 Hören Sie und variieren Sie.

◆ Ist der Chef nicht da?

○ Nein, tut mir leid. Er ist beim Zahnarzt.

Varianten:

London • der Konferenzraum

• die Werkstatt • die Apotheke • die Ordination • der Hausmeister

• die Schweiz • das Sekretariat • der Arzt …

D3 Paulos Termine. Lesen Sie den Kalender und ergänzen Sie.

Am Montag fährt Paulo in die ....
Er muss für einen Tag nach Bratislava .
Am Dienstag geht er ins ....
Am Mittwoch muss er zum ....
Am Donnerstag geht er ins ....
Am Freitag fährt er zum .... und kauft für das Wochenende ein.
Am Samstag fährt er zuerst zu ....
Dann gehen sie zusammen ins .... und schauen das Fußballspiel an.

Montag
Slowakei / Kundentermin in Bratislava
Dienstag
Fitnesscenter
Mittwoch
Zahnarzt!
Donnerstag
Konzert
Freitag
Supermarkt
Samstag
Martin abholen, Fußballstadion
Sonntag

Wohin? ➔

Person:	• zum Zahnarzt | • zur Freundin | zu Walter
Geschäft/ „Haus"/Ort:	• in den (auch: zum) Supermarkt | • in die (auch: zur) Apotheke • in den Kindergarten | • ins Kino | • in die Ordination
Land/Stadt:	nach Österreich | nach Wien | • in den Jemen | • in die Schweiz | • in die USA
⚠	nach Hause

D4 Wo waren Sie diese Woche? Wohin gehen/fahren Sie noch?

Notieren Sie und sprechen Sie dann mit Ihrer Partnerin / Ihrem Partner.

Also, am Montag war ich bei Susi. Wir haben einen DVD-Abend gemacht. Morgen fahre ich nach Villach. Ich habe dort einen Termin beim Augenarzt. Und am Wochenende fahre ich zu Freunden. Sie wohnen in Velden.

Montag: 19 Uhr Susi -> DVD-Abend
Mittwoch: Villach -> Augenarzt
Freitagabend bis Sonntag: Freunde besuchen

D5 Neu in der Stadt

a Was möchten Sie machen? Notieren Sie.

kopieren
Semmeln kaufen
Bücher ausborgen
...

b Spielen Sie kleine Gespräche.

 da vorn(e)	 da hinten
 da drüben	 da an der Ecke / da am Eck

◆ Wo kann ich kopieren?
○ Da musst du zum Copyshop gehen.
◆ Ist das weit?
○ Nein. Der Copyshop ist gleich da vorn. Neben der Buchhandlung am Eck.

Wo gibt es hier einen/ein/eine ...?	*Im / In der ...*
Wo kann ich hier ... kaufen/ bekommen/...?	*Da gehen Sie zu/zum/zur ... Er/Es/Sie ist gleich da in der Nähe. / gar nicht weit weg. / da an der Ecke (oder: am Eck). / gleich da vorn(e)/hinten/drüben.*
Gibt es da / in der Nähe ...?	
Und wo finde ich ...?	
Kann ich zu Fuß gehen?	*Ja, es ist nicht weit. / Nein, Sie müssen mit der Straßenbahn / mit dem Bus / ... fahren.*

D6 Ein Tag im Leben von ...

Wählen Sie eine Person. Was macht die Person? Wo ist sie wann? Wohin geht / fährt sie? Schreiben Sie. Lesen Sie dann Ihren Text im Kurs vor. Die anderen raten: Wer ist das?

A
• der Lkw-Fahrer

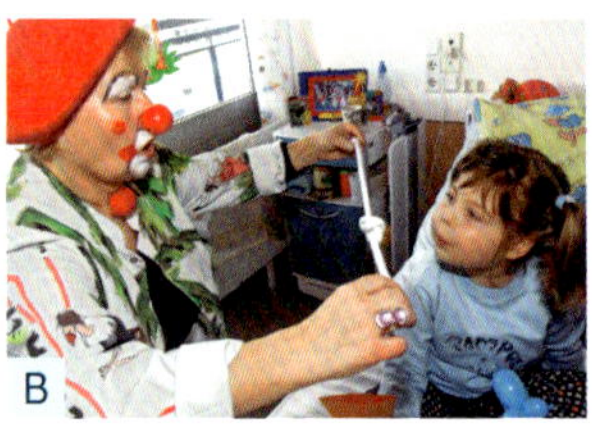
B
• der Krankenhausclown

C
• die Tänzerin

D
• der Koch

Meine Person ist viel unterwegs. Sie steht früh auf und fährt in die ...
Dann fährt sie nach ... Das dauert lang.

SCHON FERTIG? Morgen haben Sie frei. Wohin gehen/fahren Sie? Was machen Sie dort? Schreiben Sie.

E Am Bahnhof

1 63–67 E1 Lesen Sie die Sätze a – e. Hören Sie dann die Durchsagen und ordnen Sie zu.

	Durchsage
a Der Zug fährt vom Bahnsteig 8 ab.	3
b Die Fahrgäste sollen einsteigen.	○
c Der Zug hat Verspätung. Er kommt 10 Minuten später an.	○
d Die Fahrgäste können in einen Zug nach Salzburg umsteigen.	○
e Die Fahrgäste sollen aussteigen.	○

einsteigen

aussteigen

umsteigen

abfahren
• die Abfahrt

ankommen
• die Ankunft

1 68 E2 Am Schalter

a Was ist richtig? Hören Sie und kreuzen Sie an.

1 Die Frau möchte ○ heute ○ morgen nach Graz fahren.

2 Sie ○ kann direkt fahren. ○ muss umsteigen.

3 Sie kauft die Fahrkarte ○ am Fahrkartenautomaten. ○ am Schalter.

b Was hören Sie im Gespräch? Hören Sie noch einmal und markieren Sie.

(F) Ich brauche eine Auskunft: Wann fährt der nächste Zug nach Graz?
○ Um 12 Uhr 22. ○ Muss ich da umsteigen? ○ Wann kommt der Zug in Graz an?
○ Ja. In Bruck an der Mur. ○ Gleich am Bahnsteig gegenüber. ○ Bitte achten Sie auf die Durchsagen.
○ Bekomme ich die Fahrkarte bei Ihnen oder am Fahrkartenautomaten?
○ Am Automaten und da am Schalter. ○ Sie haben Anschluss nach Bruck an der Mur.
○ Einfach oder hin und retour? ○ Gut, dann bitte eine einfache Fahrkarte.
○ 36,70 Euro, bitte. Und da ist Ihre Fahrkarte. ○ Von welchem Bahnsteig fährt der Zug ab?
○ Vom Bahnsteig 3.

c Wer sagt was? Ordnen Sie in b zu (F = Fahrgast / M = Mitarbeiterin).

E3 Spielen Sie ein Gespräch. Tauschen Sie auch die Rollen.

Fahrgast
Sie wohnen in Feldkirch und möchten am Freitag nach Eisenstadt fahren.

Mitarbeiterin/Mitarbeiter
Geben Sie Auskunft.

Ihr Fahrplan

Bahnhof/Haltestelle	Datum	Zeit	Bahnsteig	Zug	Normalpreis
Feldkirch	21.03.	ab 12:15	3	railjet 165	79,30 EUR
Wien Hbf	21.03.	an 18:30	12		→ Ticket kaufen
Wien Hbf	21.03.	ab 19:14	10	REX 2663	
Eisenstadt	21.03.	an 20:26	2		

SCHON FERTIG? Wohin möchten Sie gern mit dem Zug fahren? Spielen Sie weitere Gespräche.

Grammatik und Kommunikation

Grammatik

1 Modale Präposition: *mit* + Dativ ÜG 6.04

				Plural
	• der → dem	• das → dem	• die → der	• die → den
mit	• dem Zug	• dem Auto	• der U-Bahn	• den Kindern

Schreiben Sie Sätze.

Meine Verkehrsmittel
Ich fahre oft mit …
Ich fahre manchmal mit …

2 Lokale Präpositionen auf die Frage „Wo?" + Dativ ÜG 6.02, 6.03

				Plural
neben	• dem Bahnhof	• dem Hotel	• der Post	• den Häusern

auch so: an, auf, hinter, in, neben, über, unter, zwischen, vor, bei

Wo ist Sofia?

Person: • beim Arzt | • bei der Freundin | bei Walter

„Haus"/Ort/Geschäft: • im Kindergarten | • im Bett | • in der Apotheke

Land/Stadt: in Österreich/Wien | • im Jemen | • in der Schweiz | • in den USA

⚠ an + dem = am
bei + dem = beim
in + dem = im

⚠ zu Hause (oder daheim)

Wo sind die Mäuse? schreiben Sie.

Eine Maus ist vor der Straßenbahn.
Eine Maus ist …

3 Lokale Präpositionen auf die Frage „Wohin?" ÜG 6.02, 6.03

Wohin ist Paulo gefahren?

Person: • zum Zahnarzt | • zur Freundin | zu Walter

Geschäft/„Haus"/Ort: • in den (auch: zum) Supermarkt | • in die (auch: zur) Apotheke | • in den Kindergarten | • ins Kino

⚠ zu + dem = zum
zu + der = zur

Land/Stadt: nach Österreich/Wien
• in den Jemen | • in die Schweiz | • in die USA

⚠ nach Hause (oder: heim)

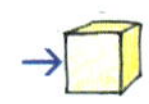

zur Apotheke

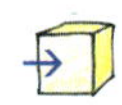

in die Apotheke

Kommunikation

ORIENTIERUNG: Wo ist da die Post?

Entschuldigung, ich suche den Bahnhof/das Museum/…

Gehen Sie immer geradeaus.
Sie gehen zuerst geradeaus und dann die zweite Straße rechts/an der Ampel links.

Ihre Orte, Geschäfte, Personen: Wohin fahren/gehen Sie oft? Notieren Sie.

ins Büro
…

Wo ist da die Post/ ein Hotel/...?	*Gehen Sie geradeaus und nach 300 Metern links.*
	Fahren Sie nach rechts/ nach links/geradeaus.
	Dann sind Sie nach 100 Metern da.
Ist hier ein Hotel in der Nähe?	*Tut mir leid, ich kenne mich auch nicht aus./Ich bin nicht von hier.*
Wo gibt es hier einen/ein/eine ...?	*Im/In der ...*
Wo kann ich denn da ... kaufen/bekommen/...?	*Da gehen Sie zu/zum/zur ... Er/Es/Sie ist gleich hier in der Nähe./gar nicht weit weg./da an der Ecke (oder: am Eck)./gleich da vorn(e)/hinten/drüben.*
Gibt es hier/in der Nähe ...? Und wo finde ich ...? Kann ich zu Fuß gehen?	*Ja, es ist nicht weit./Nein, Sie müssen mit der U-Bahn/mit der Straßenbahn/mit dem Bus/... fahren.*

AM SCHALTER: Ich brauche eine Auskunft.

Ich brauche eine Auskunft: Wann fährt der nächste Zug nach ...? Wann kommt der Zug in ... an?	*Um ... Uhr./Um ...*
Von welchem Bahnsteig fährt der Zug ab?	*Vom Bahnsteig ...*
Muss ich umsteigen?	*Ja. In ... Sie haben Anschluss nach .../Nein.*
Bekomme ich die Fahrkarte bei Ihnen oder am Fahrkartenautomaten?	*Am Automaten und hier am Schalter.*
Bitte eine einfache Fahrkarte./ hin und retour.	*Einfach oder hin und retour?*

Eine Freundin/Ein Freund ist am Bahnhof. Beschreiben Sie den Weg zu Ihrer Wohnung.

Hallo ..., ich bin jetzt am Bahnhof. Wie komme ich zu dir? Kann ich zu Fuß gehen?

Nein, du fährst ...

Schreiben Sie ein Gespräch.

Bahnhof/Haltestelle	Datum	Zeit	Gleis
Innsbruck Hbf	24. 5.	ab 12:51	1
Salzburg Hbf	24. 5.	ab 14:28	9
Salzburg Hbf	24. 5.	ab 14:39	8
Wien Hbf	24. 5.	ab 17:05	3

◇ Wann kommt der Zug in Wien an?
● Um 17 Uhr 05.

Lernziele

Ich kann jetzt ...

A ... nach dem Weg fragen, Wegbeschreibungen verstehen:
Entschuldigung, ich suche den Bahnhof. ☺ 😐 ☹

B ... sagen: Welche Verkehrsmittel benütze ich?
Wir fahren mit dem Auto. ☺ 😐 ☹

C ... Ortsangaben verstehen und selbst formulieren:
Vor der Brücke links. ☺ 😐 ☹

D ... Orte und Richtungen angeben: *ins Fitnesscenter gehen.* ☺ 😐 ☹

E ... Fahrpläne und Durchsagen verstehen:
Der Intercity 796 fährt heute vom Bahnsteig 8 ab. ☺ 😐 ☹

... am Bahnhof Fahrkarten kaufen: *Wann fährt der Zug nach ...?* ☺ 😐 ☹

Ich kenne jetzt ...

10 Orte in der Stadt:

der Bahnhof, ...

5 Verkehrsmittel:

der Zug, ...

SCHREIBEN

Mein Tag

1 Schauen Sie das Bild an und lesen Sie den Text „Mein Tag". Wer erzählt?

Mein Tag:
Ich habe um sieben Uhr gefrühstückt. Dann bin ich mit dem Bus zum Mirabellplatz gefahren. Dort habe ich bis 12 Uhr im Büro gearbeitet. Dann bin ich mit dem Taxi zum Hauptbahnhof gefahren. Da habe ich einen Geschäftspartner aus der Schweiz getroffen. Wir sind in ein Restaurant gegangen. Um 17 Uhr 30 habe ich den Geschäftspartner zum Zug gebracht und dann bin ich heimgefahren.

2 Wählen Sie nun eine Person aus und schreiben Sie einen Text „Mein Tag". Lesen Sie dann Ihren Text im Kurs vor. Die anderen raten: Wer ist das?

SPRECHEN

Verkehrsmittel in Ihrem Kursort

1 Welche Verkehrsmittel gibt es in Ihrem Kursort? Notieren Sie wie im Beispiel.

Beispiel Wien
U-Bahn: U1 ...
Bus: 48A
Straßenbahn: 1, 2, D ...

2 Sprechen Sie in der Gruppe. Wer fährt mit dem Bus / mit der Bim / ...? Machen Sie eine Liste. Welches Verkehrsmittel gewinnt?

- die Straßenbahn = (in Wien und Graz auch:)
- die Bim

ÖSTERREICH-SPEZIAL

Unterwegs mit Bus und Bahn

1 Eine Fahrkarte kaufen

1 69 **a** Schauen Sie das Bild an und hören Sie das Gespräch. Sprechen Sie.

Fahrkarte Salzburg – Leoben
hin und retour

Die Frau kauft eine Fahrkarte.

Nein, der Mann kauft eine Fahrkarte.

Wie heißt das? Vorteils ...?

● die Fahrkarte = ● der Fahrschein = ● das Ticket

b Hören Sie das Gespräch noch einmal. Kreuzen Sie an.

1 Der Mann fährt
- ○ von Leoben nach Salzburg.
- ○ von Leoben nach Salzburg und dann wieder zurück nach Leoben.
- ○ von Salzburg nach Leoben.
- ○ von Salzburg nach Leoben und dann wieder zurück nach Salzburg.

2 Mit der Vorteilscard
- ○ muss der Mann nur 50% vom Fahrpreis bezahlen.
- ○ kann der Mann einen Monat lang billig durch Österreich fahren.
- ○ muss der Mann keine Fahrkarte mehr kaufen.

3 Der Mann möchte die Vorteilscard. Er muss
- ○ zur Post gehen.
- ○ ein Formular ausfüllen und ein Foto abgeben.
- ○ in 5 bis 6 Wochen wiederkommen.

In Österreich kann man bei den ÖBB (Österreichische Bundesbahnen) auch billige „Sparschiene"-Tickets online kaufen. Oder man fährt billig zwischen Salzburg und Wien mit der Westbahn.

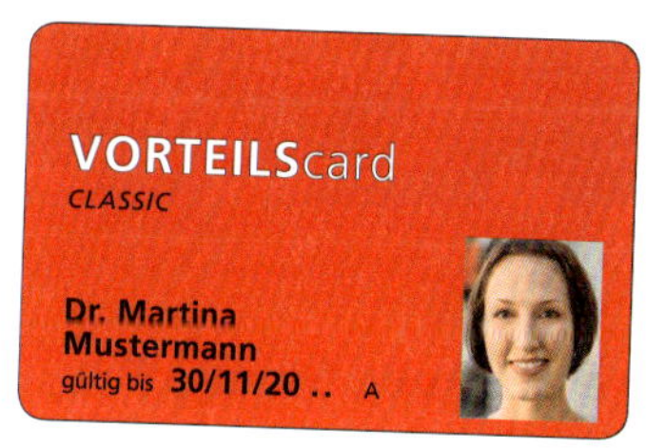

2 Fahrscheinkontrolle

1 70 Hören Sie und kreuzen Sie an: richtig oder falsch?

	richtig	falsch
a Fahrkarte ist ein anderes Wort für Fahrschein.	○	○
b Der Mann hat seine Fahrkarte vergessen.	○	○
c Der Mann fährt fast täglich mit der Schnellbahn.	○	○
d Der Mann findet seine Jahreskarte zu teuer.	○	○
e Eine Jahreskarte kann man nur am Fahrkartenschalter kaufen.	○	○

- ● die Wochenkarte
- ● die Monatskarte
- ● die Jahreskarte

Kundenservice

1 Schauen Sie die Fotos an. Wo sehen Sie was?

a eine Tasche: Foto 1 bis 7
b ein Plastiksackerl: ……
c eine Rechnung: ……
d einen Verkäufer: ……
e etwas ist kaputt: ……

2 🔊 1–8

2 Schauen Sie die Fotos an und hören Sie. Was ist richtig? Kreuzen Sie an.

a ○ Laras Tasche war teuer.
b ○ Die Tasche ist neu, aber schon kaputt.
c ○ Der Verkäufer repariert die Tasche heute.
d ○ Lara bekommt ihre Tasche am Dienstag.
e ○ Lara findet das Service gut.

In Österreich sagt man auch:
• der Service = • das Service

2 🔊 1–8 **3 Ordnen Sie zu. Hören Sie noch einmal und vergleichen Sie.**

Dienstag | kaputt | Geschäft | ~~Tasche~~ | Plastiksackerl | reparieren | soll

Lara hat eine *Tasche* gekauft. Sie ist schon .... Lara geht in das .... Der Verkäufer soll die Tasche .... Er sagt, Lara .... die Tasche reparieren. Aber das macht Lara nicht. Lara bekommt die Tasche am .... zurück. Am Ende gibt der Verkäufer Lara ein ....

4 Sprechen Sie.

Lara ist sauer.
Verstehen Sie, warum?

Ja, ich verstehe das. Der Verkäufer ist ...

In meinem Heimatland ...

● das Service | ● der Verkäufer | unfreundlich  normal | schlecht | nicht so gut | ...

A Gleich **nach dem Kurs** gehe ich hin.

A1 Ordnen Sie zu.

bei nach vor

A

Das ist Lara .... dem Kurs.

B

Das ist Lara .... dem Kurs.

C

Das ist Lara .... der Hausübung.

Wann?

vor nach bei	• dem Kurs • dem Training • der Hausübung • den Tests

⚠ • beim Sport / • beim Turnen / • beim Training

2 🔊 9 **A2 Ergänzen Sie *bei, nach* und *vor*.**
Hören Sie dann und vergleichen Sie.

vor nach	• einem Tag • einer Woche

◆ Ich will Sie nicht bei der Arbeit stören. Aber: Könnten Sie mir bitte helfen?

○ Was kann ich denn für Sie tun?

◆ Die Tasche habe ich .... Woche da bei Ihrem Kollegen gekauft. Sie ist leider schon kaputt. Schon .... Woche.

A3 Ein Tag in Martina Hubers Geschäft

2 🔊 10 **a** Was passiert wann im Geschäft? Hören Sie und verbinden Sie.

Wann?
1 vor der Mittagspause
2 vor dem Frühstück
3 beim Mittagessen
4 nach der Mittagspause

Was?
• Taschen und Gewand sortieren
• ein bisschen lesen
• Reparaturen machen und nähen
• viel verkaufen

b Sprechen Sie.

Vor der Mittagspause macht Frau Huber Reparaturen und …

A4 Ihr Tag

Schreiben Sie fünf Sätze über Ihren Tag mit *vor, bei* und *nach*. Eine Aussage stimmt nicht. Ihre Partnerin / Ihr Partner rät.

1 Vor dem Frühstück dusche ich.
2 Beim Training …

B Sie bekommen sie **in vier Wochen**.

12

2 11 **B1 Ordnen Sie zu. Hören Sie dann und vergleichen Sie.**

a ◆ Wie lange brauchen Sie für die Reparatur?
b ◆ Wie lange dauert es denn?
c ○ Ab wann brauchen Sie die Tasche denn wieder?

◆ Bis morgen?
◆ Ab Montag.
○ Sie bekommen die Tasche in ungefähr vier bis sechs Wochen zurück.

Wann?	in	einem	Monat	(Ab) wann?	ab →	3 Uhr; Dienstag
		einem	Jahr	Wie lange?	bis →	5 Uhr; morgen, nächste Woche
		einer	Woche			
		drei	Jahren			

2 12–13 **B2 Hören Sie und variieren Sie.**

1

◆ Mein Herd funktioniert nicht. Ich brauche dringend Hilfe. Wann kann der Techniker kommen?
○ In einer Stunde ist er bei Ihnen.

Varianten: meine Waschmaschine – 20 Minuten
mein Radio – eine Viertelstunde   meine Heizung – 3 Stunden

2

▲ Mein Drucker ist schon wieder kaputt.
□ Oje.
▲ Wie lange brauchen Sie für die Reparatur?
□ Bis morgen. Sie können den Drucker ab 17 Uhr abholen.

Varianten: heute Abend – 18 Uhr   Freitag – 15 Uhr   morgen Mittag – 12 Uhr

B3 Rollenspiel: Ihr ... ist kaputt. Rufen Sie beim Kundenservice an.

Sie haben ein Tablet Modell C 3.0 gekauft.
Es funktioniert nicht. Sie haben noch 6 Monate Garantie.

◆ Techno Markt, grüß Gott. Meier. Was kann ich für Sie tun?
○ Guten Tag. Mein Name ist ... Mein Tablet funktioniert nicht.
◆ Aha. Was für ein Modell ist es?
○ Ein ... Ich habe noch ... Monate Garantie.
◆ Gut, dann bringen Sie das Gerät bitte vorbei.
○ Bis wann können Sie das Gerät reparieren?
◆ Tut mir leid, das kann ich noch nicht sagen.
○ Gut, dann bis später. ...

C Könnten Sie mir das bitte zeigen?

2 🔊 14 C1 Hören Sie und kreuzen Sie an. Welcher Satz ist freundlich ☺, welcher nicht ☹?

a ☒ ☺ ○ ☹ Könnten Sie mir das bitte zeigen?
b ○ ☺ ○ ☹ Helfen Sie mir!
c ○ ☺ ○ ☹ Geben Sie mir einfach eine neue Tasche!
d ○ ☺ ○ ☹ Würden Sie mir dann bitte mein Geld zurückgeben?

☹ Helfen Sie mir!
☺ **Könnten** Sie mir bitte **helfen**?
Würden Sie mir bitte **helfen**?

Könnten Sie mir bitte **helfen**?

C2 Was sagt die Chefin? Was antwortet die Assistentin?

Spielen Sie Gespräche.

bitte heute noch die Rechnung da bezahlen
das E-Mail an die Firma Fischer bitte heute noch schreiben
das Fenster bitte einen Moment aufmachen 
bitte den Computer einschalten
bitte gleich bei „Kamper & Co" anrufen
bitte gleich Kaffee machen
die Tür kurz mal zumachen 
bitte Papier für den Drucker kaufen
bitte das Licht  abdrehen

Fenster Tür	**auf**machen **zu**machen
Licht/ Computer	**auf**drehen **ab**drehen **ein**schalten **aus**schalten

◆ Könnten Sie / Würden Sie bitte heute noch die Rechnung da bezahlen?
○ Natürlich. / Ja, gern. / Nein, das geht leider gerade nicht. Ich muss erst ...

C3 Höfliche Bitten

Was sagen die Leute? Schreiben Sie zu jeder Situation zwei Sätze.

die Tür aufmachen | den Geschirrspüler reparieren | ~~Hustensaft oder Tabletten geben~~ | einen Tisch im Restaurant reservieren | ...

A Sie sind in der Apotheke.

A Würden Sie mir bitte Hustensaft oder Tabletten gegen meinen Husten geben? ...

B Sie sind im Hotel an der Rezeption.

C Sie stehen vor Ihrer Wohnungstür. Sie haben keinen Schlüssel.

D Der Geschirrspüler funktioniert nicht.

D Telefonanagen

2 15–18 D1 Hören Sie vier Ansagen: Wer spricht?

Kreuzen Sie an.

	Autohaus	Schülerhilfe	Amt	Privatperson
Ansage 1				X
Ansage 2				
Ansage 3				
Ansage 4				

2 15–18 D2 Hören Sie die Ansagen aus D1 noch einmal. Was ist richtig? Kreuzen Sie an.

1 Was soll die Person tun?
- ○ Später noch einmal anrufen.
- ○ Eine andere Nummer anrufen.
- ○ Eine Nachricht hinterlassen.

2 Ein Anrufer braucht einen neuen Pass. Was soll er tun?
- ○ Die Zahl 1 wählen.
- ○ Die Zahl 1 sprechen.
- ○ Die Nummer 1 anrufen.

3 Was soll Herr Pfaffinger tun?
- ○ Einen Preis sagen.
- ○ Das Auto verkaufen.
- ○ Die Firma anrufen.

4 Was soll Frau Brückner tun?
- ○ Ihren Sohn anmelden.
- ○ Einen anderen Lehrer nehmen.
- X Einen Termin ausmachen

D3 Eine Ansage für Ihre Mailbox. Wählen Sie passende Sätze und schreiben Sie.

Sprechen Sie dann.

Sie sind verbunden mit dem Anschluss von … / Hier ist der Anschluss von …
Im Moment sind wir / bin ich nicht erreichbar.
Sie erreichen uns/mich unter der Nummer …
Sprechen Sie bitte Ihren Namen und Ihre Telefonnummer nach dem Ton. / Bitte hinterlassen Sie eine Nachricht.
Wir rufen / Ich rufe zurück. / Bitte rufen Sie später noch einmal an.

D4 Sprechen Sie auf die Mailbox.

Sie rufen bei der Werkstatt an. Sie haben ein neues Auto gekauft. Es ist erst ein Jahr alt und jetzt ist es kaputt.

Sie haben bei Elektro-Heller einen Kühlschrank Modell Cool 2000 gekauft. Er ist zwei Wochen alt und funktioniert nicht. Rufen Sie an.

Da spricht/ist …
Bitte rufen Sie zurück unter …
Bitte rufen Sie mich an.
Meine Nummer ist …
Vielen Dank und auf Wiederhören!

SCHON FERTIG? Schreiben Sie eine besonders lustige Mailboxansage.

E Hilfe im Alltag

E1 Lesen Sie. Welche Anzeige passt? Ordnen Sie zu.

Anzeige

a Die Freunde Klaus, Gerry und Paul bekommen am Wochenende um 22 Uhr Hunger und haben nichts im Kühlschrank. (2)

b Frau Bertram ist 80 Jahre alt. Ihre Enkel kommen. Sie möchte gut ausschauen. Sie kann nicht aus der Wohnung gehen. ◯

c Familie Cornelis ist auf Urlaub. Draußen vor ihrem Haus liegt Schnee. Der muss weg. ◯

d Die Kaffeemaschine von Lena und Bert funktioniert nicht mehr. ◯

e Der Sohn von Frau Heftberger ist schlecht in Deutsch. ◯

Michaelas *mobiler* Friseur

Meisterbetrieb
Tel.: 0176/36 50 49 87

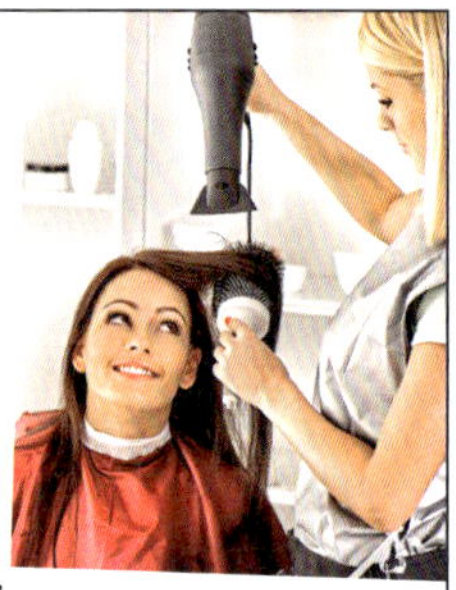

Liebe Kundin, lieber Kunde,

ich komme zu Ihnen nach Hause, ins Büro oder ins Hotel und frisiere oder schneide Ihre Haare. Denn schöne Haare und eine gute Frisur sind wichtig, im Job oder in der Freizeit.

Michaela Lex

1

Pizza-auf-Rädern.at

Jetzt online bestellen!

Di–Sa 10:30 bis 14:00 / 16:30 bis 22:45
Sonntag und Feiertag: 11:00 bis 22:30
Montag Ruhetag

Unsere Angebote

Mittagsangebote Di–Fr von 10:30 bis 14:00
– jede normale Pizza (28 cm) nur 6,50 Euro
– jede große Pizza (32 cm) nur 7,50 Euro
– jedes Nudelgericht nur 6,00 Euro
Donnerstag = Maxi-Pizza-Tag

2

Schülernachhilfe Radstadt

Daheim besser lernen

Wir bieten Nachhilfe für jede Klasse und für jedes Fach an: Unser Team arbeitet sehr gut mit Kindern und Jugendlichen zusammen. Machen Sie gleich einen Termin für eine Probestunde aus. *Rufen Sie uns an. Wir informieren Sie gern. Tel.: 06452/3428539*

3

SIE BRAUCHEN HILFE FÜR HAUS & WOHNUNG?

4

Reparieren lohnt sich!

REPARATURSERVICE

Ihr Toaster ist kaputt?
Wir **reinigen** und **reparieren** gern Ihr Elektrogerät!
Ersatzteile haben wir auf Lager.
E-Mail: ernst@reparaturen.at

5

E2 Schauen Sie den Text an. Was ist das? Kreuzen Sie an.

○ ein Formular ○ eine Gebrauchsanweisung

EIN- UND AUSSCHALTEN DES GERÄTS
Drücken Sie die Taste auf der Rückseite der Maschine 3 Sekunden lang.

REINIGUNG

1. Ziehen Sie den Stecker aus der Steckdose.
2. Öffnen Sie den Deckel oben am Gerät.
3. Nehmen Sie den Wasserbehälter heraus.
4. Reinigen Sie den Wasserbehälter mit Essig.
5. Schließen Sie den Deckel wieder.

KUNDENSERVICE
Ihre Kaffeemaschine ist kaputt? Sie brauchen Hilfe? Auf unserer Homepage finden Sie die Telefonnummern und E-Mail-Adressen von unserem Kundenservice. **Auch in Ihrem Bezirk.**

E3 Wie reinigt man die Kaffeemaschine?

Schauen Sie die Bilder an. Ordnen Sie die Sätze 1 – 5 aus E2 zu.

(4)

○

○

○

○

2 🔊 19 **E4 Anruf beim Kundenservice. Hören Sie das Gespräch.**

Wer sagt das? Kreuzen Sie an.

		Kunde	*Service-Mitarbeiterin*
a	Was kann ich für Sie tun?	○	☒
b	Könnte ich bitte mit dem Kundenservice sprechen?	○	○
c	Ja, da sind Sie richtig.	○	○
d	Würden Sie mir das bitte erklären?	○	○
e	Sie können auch alle Informationen in der Gebrauchsanweisung finden.	○	○
f	Nichts zu danken.	○	○
g	Wenn Sie noch Fragen haben, rufen Sie einfach noch einmal an.	○	○

Grammatik und Kommunikation

Grammatik

1 Temporale Präpositionen: *vor, nach, bei, in* + Dativ ÜG 6.01

				Plural
Wann?				
vor	• dem Kurs	• dem Training	• der Hausübung	• den Tests
nach	• dem Kurs	• dem Training	• der Hausübung	• den Tests
bei	⚠ • beim Kurs	⚠ • beim Training	• der Hausübung	• den Tests
in	• einem Monat	• einem Jahr	• einer Woche	• drei Jahren

Ihr Montag: Ergänzen Sie Ihre Termine und schreiben Sie Sätze mit *vor*, *bei* und *nach*.

Montag	
09.00	
10.00	
11.30	Hörtest
12.00	Mittagessen

Vor dem Mittagessen mache ich einen Hörtest.

2 Temporale Präpositionen: *bis, ab* ÜG 6.01

Wie lange ...? Bis morgen / Montag / siebzehn Uhr / nächste Woche.

Ab wann ...? Ab morgen / Montag / siebzehn Uhr.

3 Höfliche Aufforderung: Konjunktiv II ÜG 5.17

	Position 2		Ende
Könnten	Sie	mir bitte	helfen?
Würden	Sie	mir bitte das Geld	zurückgeben?
Könntest	du	mir bitte	helfen?
Würdest	du	mir bitte das Geld	zurückgeben?

Kommunikation

KUNDENSERVICE: Was kann ich für Sie tun?

Was kann ich für Sie tun?	*Könnte ich bitte mit dem Kundenservice sprechen? Mein Herd funktioniert nicht / ist (schon wieder) kaputt.*
Ja, da sind Sie richtig.	
Was für ein Modell ist es? Bringen Sie das Gerät bitte vorbei.	*Ein ... Ich habe noch ... Monate Garantie.*
Wann kann der Techniker kommen?	*In einer Stunde ist er bei Ihnen.*
Wie lange brauchen Sie für die Reparatur?	*Tut mir leid, das kann ich noch nicht sagen.*
Bis wann können Sie das Gerät reparieren?	*Bis morgen. Sie können ... ab ... Uhr abholen.*
	Wenn Sie noch Fragen haben, rufen Sie bitte an.

Sie rufen beim Kundenservice an. Schreiben Sie ein Gespräch.

- ◇ Grüß Gott. Mein Name ist ...
- • Was kann ich für Sie tun?
- ◇ Mein ... funktioniert nicht ...

UM ETWAS BITTEN: Könnten Sie mir bitte helfen?

Könnten Sie mir bitte helfen?
Ich brauche dringend Hilfe.
Würden Sie bitte heute noch die Rechnung bezahlen?
Würden Sie mir das bitte erklären?

Natürlich. / Ja, gern. / Nein, das geht leider gerade nicht. Ich muss erst ...
Nichts zu danken.

ANSAGE FÜR DIE MAILBOX: Wir rufen zurück.

Sie sind verbunden mit dem Anschluss von ...
Da ist der Anschluss von ...
Im Moment sind wir / bin ich nicht erreichbar.
Sie erreichen uns/mich unter der Nummer ...
Sprechen Sie bitte Ihren Namen und Ihre Telefonnummer nach dem Ton.
Bitte hinterlassen Sie eine Nachricht.
Wir rufen / Ich rufe zurück.
Bitte rufen Sie später noch einmal an.

AUF DIE MAILBOX SPRECHEN: Da ist Susanne Bliminger.

Da spricht/ist ...
Bitte rufen Sie zurück unter ...
Bitte rufen Sie uns/mich an.
Meine Nummer ist ...
Vielen Dank und auf Wiederhören!

Bitten Sie ...
... Ihre Lehrerin / Ihren Lehrer:
Würden Sie mir das bitte erklären?
... Ihre Chefin / Ihren Chef:
... Ihre Ärztin / Ihren Arzt:
... eine Verkäuferin / einen Verkäufer:

Lernziele

Ich kann jetzt ...

A ... Tagesabläufe beschreiben:
Vor der Mittagspause mache ich Reparaturen. ☺ 😐 ☹

B ... Zeitangaben machen:
in einer Woche; ab heute; bis morgen ☺ 😐 ☹

C ... im Alltag höflich um etwas bitten:
Könnten Sie mir helfen? Würden Sie bitte ...? ☺ 😐 ☹

D ... Nachrichten und Ansagen am Telefon verstehen:
Sie sind verbunden mit dem Anschluss ... ☺ 😐 ☹

E ... Service-Anzeigen und Gebrauchsanweisungen verstehen und bei einem Kundenservice um Hilfe bitten: *Könnte ich bitte mit dem Kundenservice sprechen?* ☺ 😐 ☹

Ich kenne jetzt ...

5 Wörter zum Thema *Kundenservice*:
die Garantie, ...

5 Wörter zur Telekommunikation:
wählen, ...

Für zwischendurch ...

SPIEL

Geschäftsideen

Eine Dienstleistung? Ein Geschäft?
Was kann ich anbieten? ... Jeder ist anders, jeder kann etwas. Genau darum geht es in diesem Spiel.

1 Ihre Geschäftsidee. Arbeiten Sie zu dritt.
Was können Sie?
Jede/r schreibt einen Zettel für sich.

Mein Name: Oleg Sicinski
Meine Hobbys sind: Fußball spielen, Basketball spielen
Das kann ich (sehr) gut: Computer reparieren, Drinks mixen, zuhören
Meine Geschäftsidee: Bar oder Klub nur für Sportfans

2 Was können die anderen? Was meinen Sie? Schreiben Sie Zettel für die beiden anderen in Ihrer Gruppe.

Name: Tilda; Hobbys: backen, ...
kann (sehr) gut: mit Menschen sprechen, ...
Geschäftsidee: ...

3 Vergleichen Sie jetzt alle Zettel. Zu wem passt welche Geschäftsidee am besten? Entscheiden Sie in der Gruppe.

ÖSTERREICH-SPEZIAL

So ist es bei uns 

Wie sagt man in Ihrem Kursort? Markieren Sie.

a Mein Herd  ist kaputt / ist hin / geht nicht mehr / funktioniert nicht.

b Man kann den Herd nicht mehr normal einschalten / aufdrehen.

c Ich habe bei der Firma angerufen.
Das Kundenservice / Der Kundenservice war leider sehr unfreundlich. 

d Jetzt bin ich wirklich sauer / grantig / ....

ÖSTERREICH-SPEZIAL

Informationen für MigrantInnen in Österreich

A

Sie sind hier: Familie > Kinder > *Kinderbetreuung*

Sie suchen eine gute Betreuung für Ihr Kind? Auf dieser Seite informieren wir Sie über die Kinderbetreuung in unserer Gemeinde. Zuerst einmal möchten wir Ihnen und Ihrem Kind aber gratulieren! Zusammen sind Sie eine Familie. Von Ihnen bekommt Ihr Kind das Allerwichtigste für sein Leben: Liebe. Aber Ihr Kind braucht noch mehr. Zum Beispiel soll es früh, schnell und gut Deutsch lernen. Besonders gut lernt es die Sprache in einer guten Betreuungseinrichtung, zusammen mit Kindern aus Österreich. Zum Beispiel in der Kinderkrippe, im Kindergarten oder im Hort. Aber denken Sie daran: Man muss sich schon bald anmelden!

B

Sie sind hier: Familie > Kinder > Kinderbetreuung > *Beispiele aus unserer Gemeinde*

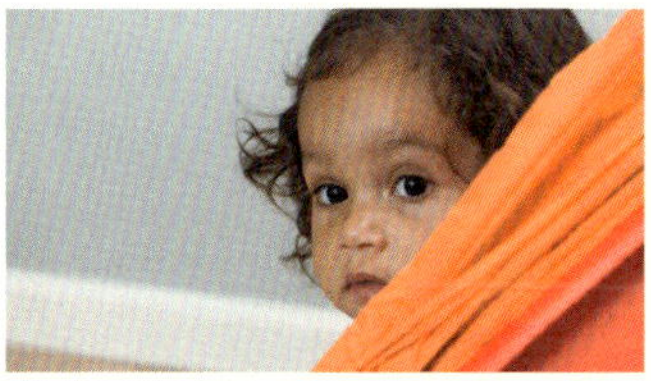

BIS DREI JAHRE

Tagesmutter oder Tagesvater
Informationen unter:
03612 / 100 220 888
Kinderkrippe:
03612 / 387 63 99

AB DREI JAHREN BIS ZUR SCHULE

Kindergarten „Regenbogen"
03612 / 98 22 277
Kindertagesstätte „Die Igel"
03612 / 97 85 521

AB DEM SCHULALTER

Mittagsbetreuung „St. Florian"
03612 / 98 12 12 87
Hort in der Margaretenschule
03612 / 97 56 566
KLARO – Hilfe bei der Hausübung
03612 / 98 98 146

1 Lesen Sie Text A. Kreuzen Sie an.

a Was bedeutet „Kinderbetreuung"?
- ○ Das Kind ist in der Familie. Dort bekommt es viel Liebe.
- ○ Das Kind ist zusammen mit anderen Kindern in einer Einrichtung, z. B. in einem Kindergarten.

b Wo lernen Kinder mit Migrationshintergrund gut Deutsch?
○ Daheim. ○ In einer Kinderkrippe oder im Kindergarten.

2 Lesen Sie Text B. Wer ruft wo an? Notieren Sie eine Telefonnummer.

a Alisa und ihr Mann arbeiten den ganzen Tag. Ihr Sohn ist ein Jahr alt. Sie haben keinen Platz in der Kinderkrippe bekommen. 03612/100 220 888

b Nanas Tochter Anna (15) hat oft Probleme mit der Hausübung. Nana kann Anna nicht helfen. ……………

c Kemal und Ayşe haben vier Kinder. Drei gehen schon in die Schule. Nur Ali (4) ist noch daheim. Er spricht noch nicht so gut Deutsch wie seine Geschwister. …………… oder ……………

Neues Gewand

1 Schauen Sie die Fotos an. Was meinen Sie? Kreuzen Sie an.

a Wem ist kalt?
Foto 1 ○ Lara ○ Tim
Foto 2 ○ Lara ○ Tim ○ Ioanna

b Fotos 3–6 Wo sind Lara, Tim und Ioanna? Was machen sie?
Sie sind in einem ○ Geschäft. ○ Supermarkt.
Sie kaufen eine Jacke  für ○ Lara. ○ Tim.

2 🔊 20–27

2 Was meinen Sie? Welches Foto passt? Ordnen Sie zu. Hören Sie dann und vergleichen Sie.

Foto

a ◯ Ich weiß nicht. Die ist doch zu groß!
b ◯ Ist das nicht die Jacke von Tim? Hast du denn keine?
c ◯ Schau einmal, Lara! Die Jacke da! Die ist super!
d ◯ ◆ Na, was sagt ihr jetzt? Ist der nicht schön?
○ Ein Mantel?  Schade, ...

Foto

e ◯ ◆ Nimm doch so eine Regenjacke.
○ Ist die nicht zu dünn?
f ◯ ◆ Was meinst du, Ioanna?
○ Nein, die Farbe passt gar nicht zu dir.
g ◯ Ist das kalt heute!
h ◯ Wo bleibt Lara eigentlich?

2 🔊 20–27 **3 Lesen Sie und ergänzen Sie. Hören Sie dann noch einmal und vergleichen Sie.**

Lara, Tim und Ioanna gehen am ________ in die Stadt.
Sie wollen eine ________ für Lara ________.
Ioanna findet eine Jacke für Lara. Lara sagt: Die Jacke ist zu weit!
Auch Tim findet eine Jacke für Lara. Aber Lara findet die Jacke nicht schön. Zum Schluss kauft Lara allein einen blauen ________.

4 Ihre Lieblingsjacke / Ihr Lieblingsmantel
Zeigen Sie ein Foto.

◆ Das ist meine Lieblingsjacke.
○ Sie schaut super aus. Die Farbe ist schön!

• das Gewand = • die Kleidung

A Schau einmal, **die Jacke** da! **Die** ist super!

A1 Laras Gewand

Wie heißen die Kleidungsstücke?
Ordnen Sie zu.

(J) • die Bluse	( ) • die Jacke
( ) • das T-Shirt	( ) • die Schuhe
(C) • die Hose	( ) • der Rock
( ) • der Mantel	( ) • das Kleid
( ) • die Stiefel	( ) • der Gürtel
( ) • der Pullover	( ) • die Socken
( ) • das Tuch	
( ) • die Jean / • Jeans	

2 28–29 **A2 Lara beim Einkaufen. Hören Sie und ergänzen Sie.**

• die Sonnenbrille

• das Hemd

• der Schirm

• der Anzug

1

◆ Schau einmal, die Jacke da! Die ist super!
○ Ja, ... ist wirklich schön! Und das Hemd, ... ist auch super! Und der Anzug da! .... gefällt Tim sicher! Und die Sonnenbrille auch!
◆ Ja, ... ist nicht schlecht! Und schau einmal, der Gürtel! .... ist ja cool!
○ Aber die Schuhe da, ... sind nicht so schön, oder?
◆ Ja, ... sind fad und auch zu teuer!

2

◆ Wie findest du den Schirm?
○ .... finde ich sehr schön.
◆ Und das Kleid?
○ Hm ..., ... finde ich nicht so schön. Aber die Tasche! .... finde ich super und auch günstig.
◆ Ja, stimmt! Und die Stiefel?
○ .... finde ich auch fesch!

• der Gürtel	→ Der	ist schön.	• den Schirm	→ Den	finde ich super.
• das Hemd	→ Das		• das Kleid	→ Das	
• die Jacke	→ Die		• die Tasche	→ Die	
• die Schuhe	→ Die	sind schön.	• die Stiefel	→ Die	

A3 Wie finden Sie das? Schauen Sie die Fotos in A2 an und sprechen Sie.

Wie findest du den Anzug?

Den finde ich sehr schön. Und schau einmal ...

B Die Jacke passt **dir** perfekt.

2 🔊 30 B1 Was sagt Ioanna, was sagt Tim?

Verbinden Sie. Hören Sie dann und vergleichen Sie.

Super, die Jacke passt dir perfekt!

Ich weiß nicht. Die ist doch zu groß.

Ioanna

Tim

Mir gefällt sie nicht.

Also, mir gefällt sie sehr gut.

2 🔊 31–32 B2 Wie gefällt dir …?

a Hören Sie. Worüber sprechen die beiden Frauen? Kreuzen Sie an.

		mir.
		dir.
• Die Jacke	gefällt/passt	ihm/ihr.
• Die Jacken	gefallen/passen	uns.
		euch.
		ihnen/Ihnen.

Susanne Johann

Sie sprechen über …

1 Susannes ○ T-Shirt. ○ Haare. ○ Stiefel. ○ Brille. ○ Rock.

2 Johanns ○ Mantel. ○ Hemd. ○ Hose. ○ Schuhe.

b Ergänzen Sie. Hören Sie dann noch einmal und vergleichen Sie.

ihr ~~dir~~ Mir ihm dir ihm

1

◆ Hast du Susannes Haare gesehen? Also, mir gefallen die nicht so gut, und *dir* ?

○ ……… gefallen die auch nicht. Aber die Brille schaut cool aus. Die steht ……… richtig gut!

◆ Ich weiß nicht. Die ist doch viel zu groß!

2

◆ Wie gefällt ……… denn Johanns Mantel?

○ Der ist fesch. Der steht ……… richtig gut! Und wie findest du die Hose?

◆ Hm, die passt ……… nicht richtig, finde ich.

B3 Im Kurs: Machen Sie Komplimente.

Mir gefällt Ihr Pullover. Der steht Ihnen sehr gut!

Deine Schuhe gefallen mir sehr gut. Die Farbe ist auch sehr schön!

Oh, danke!

Der Pullover / Das Hemd / Die Hose steht/passt dir/Ihnen sehr gut.
Die Schuhe gefallen mir sehr gut.

B4 Sprechen Sie.

a Was wissen Sie über Österreich? Sammeln Sie und machen Sie eine Mindmap.

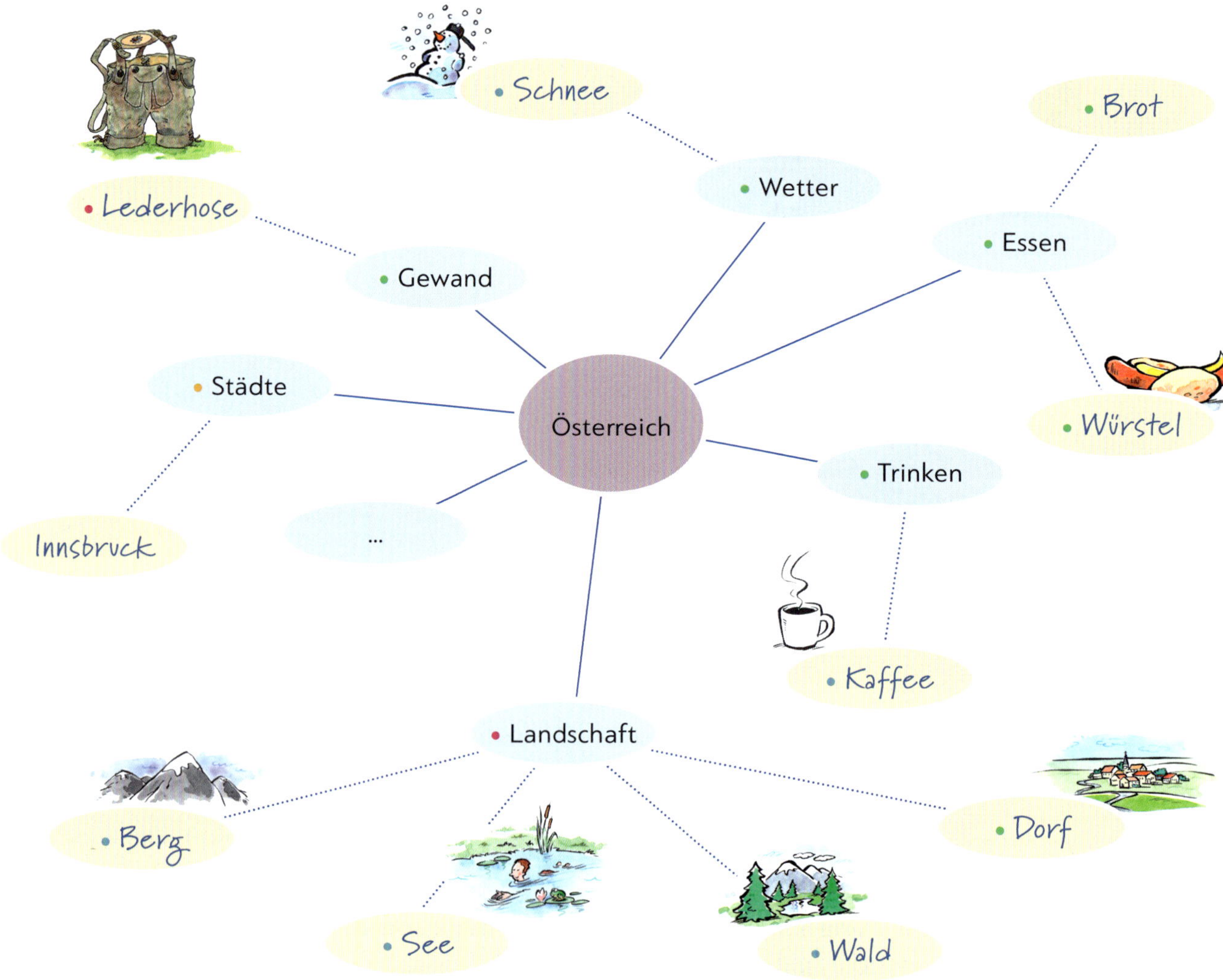

b Was gefällt Ihnen (nicht)? Was schmeckt Ihnen (nicht)? Sprechen Sie über Ihre Mindmap.

1

- ◆ Lech gefällt mir nicht so gut. Und dir?
- ○ Mir auch nicht. Im Winter ist es da so kalt.
- ▲ Mir schon. Mir gefallen die Berge.
- □ Ich war noch nie in Lech.

2

- ◆ Also, Würstel schmecken mir nicht.
- ○ Mir schon. Die schmecken wirklich gut!
- ▲ Ich habe noch nie Würstel gegessen.

Mir gefällt/schmeckt ... Und dir/Ihnen?
Mir gefallen/schmecken ...
Mir gefällt/schmeckt ... nicht.

Mir auch. / Mir nicht.
Ich war noch nie ... / habe noch nie ...
Mir schon. / Mir auch nicht.

SCHON FERTIG?
Was ist Ihre Lieblingsstadt? Schreiben Sie einen Text.

C Und da: Die ist noch **besser**.

2 33 **C1 Ergänzen Sie. Hören Sie dann und vergleichen Sie.**

am besten ~~gut~~ besser

◆ Ein Mantel? Schade … Wir haben fesche Jacken gefunden.
○ Ja, genau!
◆ Da, die ist doch wirklich *gut*, oder?
○ Und da, die ist noch ....
▲ Ja, das kann schon sein. Aber mein Mantel, der steht mir ....!

☺	☺☺	☺☺☺
gut	besser	am besten

C2 Ein Weltrekord

a Schauen Sie das Foto an. Was meinen Sie? Was ist der Rekord von Christian Adam?

1 ○ Er kann am besten Geige spielen.
2 ○ Er kann am besten Rad fahren.
3 ○ Er kann am besten rückwärts Rad fahren und dabei Geige spielen.

rückwärts ←	vorwärts →

b Lesen Sie und ergänzen Sie.

WELTREKORD IM „FAHRRAD-RÜCKWÄRTS-GEIGEN“

Diesen Rekord macht Christian Adam so schnell keiner nach! Christian Adam ist am Sonntag 113 km mit dem Rad gefahren. „Na und? Rad fahren ist doch nicht schwer. Das kann ich auch!“, denken Sie jetzt vielleicht. Aber können Sie auch rückwärts fahren und dabei Geige spielen? Das kann Adam sicher besser und genau das hat er auch gemacht – 113 km lang.

Wer ist dieser Christian Adam? Er ist Musiker von Beruf. In seiner Freizeit fährt er gern Fahrrad. Noch lieber spielt er Geige. „Aber am liebsten mache ich beides zusammen: Rad fahren und Geige spielen“, meint Adam. Das trainiert er jeden Tag: „Ich spiele viel Geige, fahre noch mehr Rad, aber am meisten trainiere ich natürlich beides zusammen.“ Christian Adam ist sehr zufrieden: Mit diesem interessanten und lustigen Rekord im „Fahrrad-Rückwärts-Geigen“ ist er ins Guinness-Buch der Rekorde gekommen. Na dann, herzlichen Glückwunsch!

1 Was macht Christian Adam in seiner Freizeit …

… gern?	… lieber?	… am liebsten?
Rad fahren	....	....

2 Was trainiert Christian Adam …

… viel?	… mehr?	… am meisten?
Geige spielen	....	....

☺	☺☺	☺☺☺
gern	lieber	am liebsten
viel	mehr	am meisten

C3 Wer ist das?

Notieren Sie auf einem Zettel:
Was essen Sie gern/lieber/…? Was können Sie gut/besser…?
Was machen Sie in der Freizeit viel/mehr/…?
Sammeln Sie die Zettel und lesen Sie sie vor.
Die anderen raten: Wer ist das?

Ich esse gern Würstel. Aber noch lieber esse ich Salat. Am liebsten esse ich Spaghetti.

D Welche meinst du? – Na, diese.

2 🔊 34 D1 Was sagen Ioanna und Tim? Hören Sie und ordnen Sie das Gespräch.

- ◯ ◆ Soll das ein Witz sein? Die ist ja total fad.
- ◯ ○ Na, diese.
- ◯ ◆ Welche denn? Welche meinst du?
- 1 ○ Da, schau einmal! Die Jacke gefällt ihr sicher.

• Welcher Mantel	gefällt	dir/ihr/…?	Dieser.
• Welches Hemd			Dieses.
• Welche Jacke			Diese.
• Welche Schuhe	gefallen	dir/ihr/…?	Diese.

D2 Was gehört wem?

a Schauen Sie die Fotos an, zeigen Sie und sprechen Sie mit Ihrer Partnerin / Ihrem Partner.

Thomas Sonja Anna Michi

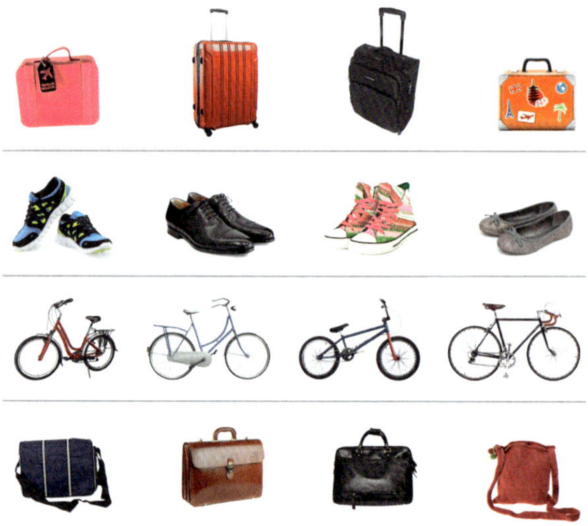

- ◆ Was meinst du: Welcher Koffer gehört Michi?
- ○ Ich glaube, dieser da. Und wem gehört dieser Koffer?
- ◆ Ich denke, dieser hier gehört Sonja.
- ○ Nein, das glaube ich nicht. Dieser hier gehört ihr.

b Welche Sachen in a finden Sie schön?

- ◆ Welchen Koffer findest du schön?
- ○ Diesen hier. Und du?
- ◆ Ich finde diesen da schön.

• Welchen Koffer	findest du schön?	Diesen.
• Welches Fahrrad		Dieses.
• Welche Tasche		Diese.
• Welche Schuhe		Diese.

D3 Schreiben Sie fünf Fragen und fragen Sie Ihre Partnerin / Ihren Partner.

Welchen Wochentag magst du am liebsten?
Welches Buch magst du am liebsten?
Welche Musik magst du gern?
Welcher Film gefällt dir?
…

ich	mag
du	magst
er/sie	mag

E1 Entschuldigung, wo gibt es ...?

City Arkaden		
Untergeschoß	Erdgeschoß	Obergeschoß
Sport	Drogerie / Kosmetik	Herrenmode
Fahrräder	Uhren und Schmuck	Kindermode
Elektrogeräte	Bücher/Zeitschriften/ Schreibwaren	Damen-, Herren- und Kinderschuhe
Lampen	Taschen	Spielzeug
Glas und Geschirr	Damenmode	Bad & Wellness
Bettzeug	Young Fashion Damen	Eingang Restaurant

a Was antwortet die Frau an der Information? Notieren Sie Antworten.

1 Entschuldigen Sie bitte, ich suche Stiefel. Wo gibt es die? Wissen Sie das vielleicht?
2 Entschuldigung. Ich brauche Papier für meinen Drucker.
3 Ich möchte ein Spiel für meine Tochter kaufen. Wo finde ich das?
4 Wo gibt es Fußbälle? Wissen Sie das?
5 Ich finde das Kindergewand nicht.

1 Da müssen Sie ins Obergeschoß gehen.

Da müssen Sie ins Obergeschoß/... gehen.
Das/Die finden Sie / sind / gibt es im ...

b Was brauchen Sie und wo finden Sie das? Sprechen Sie mit Ihrer Partnerin / Ihrem Partner.

◆ Ich brauche eine Bluse. Wo gibt es denn hier Blusen? Weißt du das?
○ Ja, im Erdgeschoß. Ich muss auch noch Seife, eine Zahnbürste und Zahnpasta kaufen. Wo finde ich die? ...

2 🔊 35 **E2 Lesen Sie und hören Sie dann. Welche Fragen stellt der Kunde? Markieren Sie.**

Entschuldigung, können Sie mir bitte helfen? Ist diese Hose nicht zu klein?
Haben Sie die Hose auch in Größe 52? Welchen Pullover soll ich anziehen?
Haben Sie den Pullover auch in Rot? Ist die Größe so richtig?
Was kostet denn dieser Pullover? Wo ist denn die Kassa, bitte?

E3 Was sagen Sie im Kaufhaus? Hilfe finden Sie in E2.

Sie haben eine Jacke anprobiert. Sie ist blau. Sie mögen Grün lieber.

Sie haben einen Mantel in Größe M anprobiert. Der ist zu klein.

Sie haben zwei Hosen anprobiert. Sie wollen aber nur eine kaufen. Sie wissen nicht welche.

Grammatik und Kommunikation

Grammatik

1 Demonstrativpronomen: *der, das, die* ÜG 3.04

	Nominativ		Akkusativ	
• der Gürtel	Der	ist schön.	Den	finde ich fesch.
• das Hemd	Das		Das	
• die Jacke	Die		Die	
• die Schuhe	Die	sind schön.	Die	

2 Frageartikel: *welcher?* – Demonstrativpronomen: *dieser* ÜG 3.04

Nominativ		Akkusativ	
• Welcher Mantel ...?	Dieser.	• Welchen Mantel ...?	Diesen.
• Welches Hemd ...?	Dieses.	• Welches Hemd ...?	Dieses.
• Welche Jacke ...?	Diese.	• Welche Jacke ...?	Diese.
• Welche Schuhe ...?	Diese.	• Welche Schuhe ...?	Diese.

3 Personalpronomen im Dativ ÜG 3.01

Nominativ	Dativ	Nominativ	Dativ
ich	mir	wir	uns
du	dir	ihr	euch
er/es	ihm	sie/Sie	ihnen/Ihnen
sie	ihr		

4 Verben mit Dativ ÜG 5.21

Der Mantel	gefällt	mir.
Das Hemd	steht	dir.

auch so: gehören, passen, schmecken

5 Komparation: *gut, gern, viel* ÜG 4.04

Positiv ☺	Komparativ ☺☺	Superlativ ☺☺☺
gut	besser	am besten
gern	lieber	am liebsten
viel	mehr	am meisten

6 Verb: Konjugation *mögen*

ich	**mag**	wir	mögen
du	magst	ihr	mögt
er/es/sie	**mag**	sie/Sie	mögen

Schreiben Sie Antworten wie im Beispiel.

a Gehört euch die Tasche?
b Gefällt euch das Fahrrad?
c Schmeckt dir der Käse?
d Steht mir das Kleid?
e Gefällt Eva der Schirm?
f Schmeckt Jakob die Wurst?

a Ja, die gehört uns.

TiPP

Lernen Sie diese fünf Verben mit Dativ auswendig:
gefallen – gehören – passen – stehen – schmecken

Schreiben Sie.
Wer in Ihrer Familie / von Ihren Freunden isst viel, wer mehr, wer am meisten?

Meine Mutter isst nicht viel, aber mein Vater schon. Mein Bruder isst noch viel mehr. Und am meisten esse ich ☺!

Kommunikation

ETWAS BEWERTEN: Die Jacke passt dir perfekt.

Die Jacke ist (sehr) schön / super / fesch / (sehr) günstig / nicht schlecht.
Die Schuhe sind (total) hässlich / fad / nicht (so) schön / (zu) teuer /...

Der Pullover gefällt/passt/steht mir/dir/Ihnen/... (richtig) gut.
Die Schuhe /... gefallen/passen/... mir/dir/Ihnen/... sehr gut.

VORLIEBEN: Mir gefällt das Hemd.

Mir gefällt/schmeckt ... (nicht) | Mir gefallen/schmecken ...
Mir gefällt / Ich finde ... gut / besser / am besten.
Ich mag/esse ... gern / lieber / am liebsten.

Und dir/Ihnen?	*Mir auch. / Mir nicht.* *Mir schon. / Mir auch nicht.*
Wie findest du den/das/die ...? *Wie gefällt dir ...?* *Ja, stimmt.*	*Den/Das/Die finde ich ...*
Welchen Koffer / Welches Fahrrad / Welche Tasche findest du schön?	*Diesen. / Dieses. / Diese.*

AN DER INFORMATION: Entschuldigen Sie bitte, ich suche Stiefel.

Entschuldigen Sie bitte, ich suche Schuhe. Wo gibt es die?
Wissen Sie das vielleicht? | Wo finde ich ...? | Ich finde ... nicht.

Da müssen Sie ins Erdgeschoß / ins Obergeschoß ... gehen. |
Die finden Sie / sind / gibt es im ...

GEWAND KAUFEN: Haben Sie die Hose auch in Größe 52?

Ist diese Hose nicht (viel) zu klein / zu lang / ...? | Haben Sie den Pullover / die Hose auch in Größe ... / in Rot? | Ist die Größe so richtig? | Was kostet denn ...? | Wo ist denn die Kassa, bitte?

Suchen Sie Fotos oder Bilder in den Lektionen. Wie finden Sie die Sachen/Leute? Schreiben Sie.

Die Berge finde ich schön!

Lernziele

Ich kann jetzt ...

A ... Kleidungsstücke benennen und sagen: Das gefällt mir (nicht):
Die Jacke da! Die ist super! ☺ 😐 ☹

B ... sagen: Das gefällt/schmeckt mir (nicht):
Deine Schuhe gefallen mir sehr gut. ☺ 😐 ☹

C ... über Vorlieben sprechen und etwas bewerten:
Mein Mantel steht mir am besten. ☺ 😐 ☹

D ... Gegenstände auswählen:
Welchen Koffer findest du schön? – Diesen da. ☺ 😐 ☹

E ... mich im Kaufhaus orientieren und um Hilfe oder Rat bitten:
Entschuldigen Sie bitte, ich suche Stiefel. Wo gibt es die? ☺ 😐 ☹

Ich kenne jetzt ...

10 Kleidungsstücke:
der Mantel, ...

5 Gegenstände:
der Schirm, ...

HÖREN

Männer mögen Mode

2 🔊 36–39 **1** Über wen sprechen die beiden Frauen? Hören Sie und ordnen Sie zu.

Gespräch	1	2	3	4
Mann	D			

2 Männermode: Welches Model bekommt in Ihrem Kurs die meisten Punkte? Jeder darf einen Plus- und einen Minuspunkt vergeben.

	Model A	Model B	Model C	Model D
Pluspunkte	𝍸			
Minuspunkte	IIII			
Endergebnis	+1			

PROJEKT

Meine Topmodels

Wie sollen Ihre „Topmodels" ausschauen? Zeichnen Sie zwei Figuren. Welche Haarfarbe sollen sie haben? Und vor allem: Welches Gewand und welche Schuhe sollen sie anziehen? Sicher haben Sie schon eine Idee.
Mit Bleistift und Farbstiften geht das ruck-zuck.

Also dann: viel Spaß!

Geben Sie dem Mann und der Frau einen Vornamen. Stellen Sie dann Ihr „Model" im Kurs vor. Schauen Sie zum Schluss alle „Models" noch einmal an.
Welches gefällt Ihnen am besten? Warum?

Das ist Orhan. Orhan mag am liebsten T-Shirts und Jeans. Und das ist seine Freundin Mia. Diese Bluse steht ihr besonders gut.

ÖSTERREICH-SPEZIAL

Rund ums Gewand

1 Wer sagt was? Lesen Sie die Sätze und ordnen Sie zu.

	Verkäuferin	Kundin/Kunde
a Haben Sie die Jacke auch in Blau?	○	○
b Danke, ich möchte nur schauen.	○	○
c Wie passt Ihnen der Rock?	○	○
d Ich habe Größe 38.	○	○
e Ich bringe für Sie alles zur Kassa.	○	○
f Kann ich Ihnen helfen?	○	○

2 ◀)) 40 2 Hören Sie und kreuzen Sie an.

a Die Frau sucht Kleidung für
- ○ ihren Mann.
- ○ ihre Tochter
- ○ ihren Sohn.

b Sie braucht
- ○ Größe 164.
- ○ Größe 146.
- ○ keine bestimmte Größe.

c Die Hose
- ○ ist zu kurz.
- ○ hat eine schöne Farbe.
- ○ hat keine schöne Farbe.

d Die Verkäuferin zeigt der Frau
- ○ ein Leiberl in Rot.
- ○ eine Jacke in Rot.
- ○ eine Hose in Blau.

e 30 Prozent Rabatt gibt es
- ○ für die Hose.
- ○ für das Leiberl.
- ○ für das Leiberl und die Hose gemeinsam.

f Die Frau kauft
- ○ noch eine Jacke.
- ○ noch eine Badehose.
- ○ nichts mehr.

• das Leiberl =
• das T-Shirt

3 Was glauben Sie: Was bedeuten die Redewendungen? Ordnen Sie zu.

a Gegen Sabine hast du kein Leiberl!

b Sabine hat daheim die Hosen an.

c Sabine macht sich auf die Socken.

1 Es ist spät. Sabine muss jetzt schon gehen.

2 Sabine ist echt super und gewinnt immer, zum Beispiel beim Spielen.

3 Sabine ist zu Hause der Chef. Ihr Mann macht alles, was Sabine sagt.

Feste

1

Folge 14: Ende gut, alles gut

5

6

1 Schauen Sie die Fotos an.

a Was meinen Sie? Sprechen Sie.

– Wer hat Geburtstag?
– Wer schenkt die Patschen?
– Wer schenkt den Hula-Hoop-Reifen?
– Foto 5 Warum schauen alle traurig aus?
– Foto 7 Was erzählt Tim?

2 🔊 41–48 b Hören Sie dann und vergleichen Sie.

2 🔊 45–48

2 Was ist richtig? Hören Sie noch einmal und kreuzen Sie an.

a Die Freunde feiern heute nicht nur Geburtstag. Sie feiern auch
○ Abschied: Lara und Tim fahren bald heim. ○ Sofias neuen Job.

b Für Walter ist Lara wie eine ○ Schwester. ○ Tochter.

c Tim ○ beginnt eine Ausbildung in Kanada. ○ arbeitet bald in einem Hotel in Österreich.

3 Geburtstagswünsche. Was sagt man? Markieren Sie.

Ich wünsche dir viel Glück und Freude! Vielen Dank.
Alles Liebe/Gute zum Geburtstag! Ich wünsche dir vor allem Gesundheit. Gute Besserung.
Alles Gute! Gut gemacht! Herzlichen Glückwunsch! (Ich) Gratuliere!

4 Ende gut, alles gut.

Was machen Sie nach dem Deutschkurs? Wissen Sie das schon? Erzählen Sie.

Ich mache noch einen Deutschkurs.

Ich glaube, ich mache eine Pause und besuche meine Eltern in Rumänien.

Ich habe einen Job in einem Restaurant gefunden.

A Am **fünfzehnten** Jänner fange ich an.

2 🔊 49 **A1 Was ist richtig? Verbinden Sie. Hören Sie dann und vergleichen Sie.**

a Heute — fängt Tim mit der Arbeit an.
b Nächste Woche — ist Walters Geburtstag.
c Am dreißigsten November — ist der Deutschkurs zu Ende.
d Am fünfzehnten Jänner — fährt Lara heim.

Wann?		
1.–19.	**-ten**: am ersten, zweiten, dritten, vierten, fünften, sechsten, siebten …	Jänner
ab 20.	**-sten**: am zwanzigsten, einundzwanzigsten …	Jänner

A2 Notieren Sie Ihren Geburtstag und machen Sie eine Geburtstagsschlange.

◆ Wann hast du Geburtstag?
○ Am 13. März. Und du?
◆ Ich habe am 4. Jänner Geburtstag.
□ Ich bin am 19. Jänner geboren.
△ Und ich habe am 11. Februar Geburtstag.

Jänner Februar März	Juli August September
April Mai Juni	Oktober November Dezember

A3 Fest- und Feiertage: Lesen Sie die Texte. Was ist richtig? Kreuzen Sie an.

A ○ Am 14. Februar soll man Blumen kaufen.
B ○ Der Fasching dauert bis zum 12. Februar.
C ○ Der erste Mai ist in Österreich kein Arbeitstag.

der erste, zweite, dritte … Mai
vom zwölften bis (zum) siebzehnten Februar

heuer = dieses Jahr

Schenken Sie Blumen!

Nicht vergessen:
Am 14. Februar ist Valentinstag.
Blumenstube Inge

A

Fasching – ALLE INFORMATIONEN ZU BÄLLEN, PARTYS UND GSCHNAS FINDEN SIE HIER!
Die letzte Faschingswoche ist heuer vom 12. bis zum 17. Februar – da geht's rund!

B

UMFRAGE

Der erste Mai heißt auch „Tag der Arbeit". Aber wir müssen nicht arbeiten. Machen Sie mit und schreiben Sie: Was machen Sie an diesem Feiertag?

C

A4 Feiert man in Ihrem Land auch Valentinstag, Fasching oder den ersten Mai? Erzählen Sie.

Ich kenne den Fasching nicht.

Ich mag den Fasching. Bei uns in Portugal heißt er „carnaval" und …

B Ich habe **dich** sehr lieb, Opa.

2 🔊 50–51 **B1 Hören Sie und ordnen Sie zu.**

uns | mich | ~~dich~~ | dich

1
◆ Ich habe *dich* sehr lieb, Opa.
○ Ich .... auch.

2
○ Für .... gehörst du jetzt zur Familie.
Du bist wie eine zweite Tochter für ....
△ Ach, Walter, das ist so lieb.

Lili: „Ich habe dich sehr lieb, Opa."

ich	mich
du	dich
er/es/sie	ihn/es/sie
wir	uns
ihr	euch
sie/Sie	sie/Sie

für mich
für dich

B2 Ergänzen Sie die Nachrichten.

1
Du, Andrej hat morgen Geburtstag. Wir brauchen ein Geschenk für .... Hast du eine Idee?
Er liest gern. Wir können ein Buch kaufen.
Okay. Kaufst du .... ?
Ja, gut.
Danke, ich liebe .... ♥

2
Servus Christine! Wann besuchst du .... wieder einmal?
Hallo Mama, hallo Papa, ich besuche .... am Sonntag. Okay?
Schön. Die Tante Anni kommt auch.
Wirklich? Wunderbar! Ich habe .... schon seit Wochen nicht gesehen.

B3 Alles schon erledigt! Spielen Sie Gespräche.

◆ Du, ich muss noch den Tisch decken.
○ Ich habe ihn schon gedeckt.
◆ Oh, danke! Aber wir müssen noch ...

- die Getränke kaufen
- die Pizza backen
- den Salat machen
- die Nachspeise machen 
- das Bad putzen 
- ...

B4 Um Hilfe bitten

a Notieren Sie mit Ihrer Partnerin / Ihrem Partner zwei „Probleme" und Bitten auf Kärtchen.

Mein Laptop ist kaputt.
→ bitte reparieren?

Meine Bluse ist dreckig.
→ bitte waschen  *?*

b Nehmen Sie ein Kärtchen. Gehen Sie im Kursraum herum. Bitten Sie um Hilfe. Tauschen Sie dann Ihr Kärtchen. Suchen Sie eine neue Partnerin / einen neuen Partner.

Mein Laptop ist kaputt. Kannst du ihn bitte reparieren?

Nein, leider nicht. Meine Bluse. ...

C Wir feiern Abschied, **denn** …

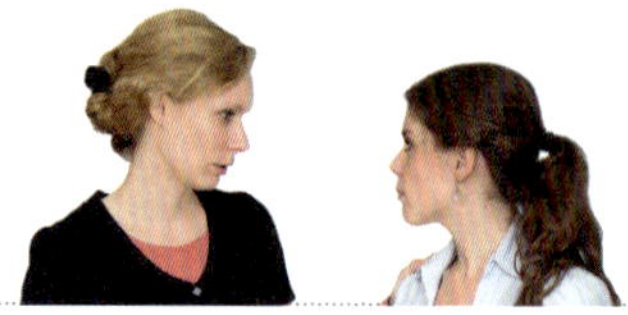

2 52 C1 Was ist richtig? Wissen Sie es noch? Kreuzen Sie an.

Hören Sie dann und vergleichen Sie.

a Familie Baumann, Lara und Tim feiern Abschied,
- ○ denn Lara und Tim fahren nach dem Deutschkurs heim.
- ○ denn Lara muss ihre kranke Großmutter besuchen.

b Tim kommt bald zurück nach Österreich,
- ○ denn er beginnt eine Ausbildung.
- ○ denn er hat einen Job gefunden.

Sie feiern Abschied. Lara und Tim fahren heim.

Sie feiern Abschied, denn Lara und Tim fahren heim.

C2 Lara und Tim organisieren eine Abschiedsfeier.

a Wer kommt?
Kreuzen Sie an.

- ○ Ioanna
- ○ Frau Blaickner
- ○ Eduardo
- ○ Sibel
- ○ Pawel

Liebe Frau Blaickner, liebe Kurskolleginnen und Kurskollegen!
Nächste Woche ist der Deutschkurs zu Ende. Wir möchten das gern zusammen mit euch feiern. Und zwar am Freitag, 28. November, ab 18.30 Uhr in der Park-Bar.
Gebt bitte bis 25. November Bescheid.
Lara und Tim

Ioanna: Super Idee. Ich komme gern!

Barbara Blaickner: Liebe Lara, lieber Tim! Vielen Dank für die Einladung. Leider kann ich nicht kommen, denn ich habe am Abend noch einen Kurs.

Eduardo: Ich kann leider nicht mitkommen, denn mein Flug nach Hause geht schon am Freitag zu Mittag. Schade!

Sibel: Tut mir leid, aber ich habe keine Zeit. Ich bin Krankenschwester und am Freitag habe ich Nachtschicht.

Pawel: Danke für die Einladung! Ich bin dabei. Bis morgen im Kurs.

b Warum kommen die Personen nicht? Markieren Sie in a und schreiben Sie.

1 Barbara ________ kommt nicht, denn sie ________.
2 ________ kommt nicht, denn sein ________.
3 ________ kommt nicht, denn sie ________.

C3 Warum können Sie nicht zur Abschiedsfeier kommen?

Schreiben Sie eine Nachricht an Lara und Tim. Tauschen Sie die Nachricht dann mit Ihrer Partnerin / Ihrem Partner. Sie/Er korrigiert.

D Einladungen

D1 Lesen Sie und ordnen Sie zu.

○ Weihnachtsfeier (A) Geburtstag ○ Kindergartenfest

A

Liebe Karin,
am Donnerstag werde ich 30!
Das müssen wir feiern.
Ich lade dich zu meiner Party ein.
Kannst du kommen?
Ich würde mich freuen.
Viele Grüße
Lisa

Wann: Samstag, 19. August, ab 19 Uhr
Wo: Bei mir zu Hause
Mitbringen: gute Laune

ich	werde	
du	wirst	30
er/sie	wird	

B

Einladung zum Sommerfest im Kindergarten Regenbogen

Termin: Samstag, 16. Juni, 14.00 Uhr

mit Kinderflohmarkt, Spielen, Kinderschminken und Tombola, Kuchenbuffet, Würstel ...

Wir laden euch alle herzlich zu diesem Fest ein. Hoffentlich könnt ihr kommen!

Das Kindergarten-Team

C

E-Mail senden

Liebe Mitarbeiterinnen und Mitarbeiter,
auch dieses Jahr möchten wir wieder mit Ihnen Weihnachten feiern: am 12. Dezember um 16.00 Uhr im Restaurant Lindenhof.
Wir freuen uns auf Ihr Kommen. Bitte melden Sie sich bis 1. Dezember an (sekretariat@wohlleben.at).
Mit freundlichen Grüßen
Gerhard Hintermayr

D2 Laden Sie eine Freundin / einen Freund ein. Schreiben Sie eine Einladung.

Nennen Sie den Grund für die Einladung, das Datum, den Ort und die Uhrzeit. Bitten Sie um Antwort.

einladen	zu einer / zur	• Party
	zu einem / zum	• Geburtstag
		• Grillfest

Anrede → Liebe/Lieber ...,

Einladung → Ich habe Geburtstag. / Am ... werde ich ... (Jahre alt). / Ich möchte meinen Geburtstag feiern / ein Grillfest machen / ... und lade dich dazu ein. / Ich lade dich zu meiner Geburtstagsparty / zu meinem Geburtstag / zu einem Grillfest / ... ein.

Zeit/Ort → Wann: ... / Wo: ...

Frage/Bitte → Kommst du? / Kannst du kommen? Ich würde mich freuen. Bitte antworte bis ... / Bitte gib bis ... Bescheid

Gruß → Viele/Liebe/Herzliche Grüße

E Feste und Glückwünsche

E1 Was passt zu den Festen?

Ordnen Sie zu.

A
• das Feuerwerk

B
• das Christkind

C
• der Maibaum

D
• die Ostereier

E
• der Osterhase

F
• der Christbaum

	Foto
Ostern	D,
Weihnachten	
Silvester/Neujahr	
Mai	

E2 Mein Lieblingsfest

a Was ist ihr/sein Lieblingsfest? Lesen Sie die Texte auf Seite 89 und verbinden Sie.

1 Mia	Silvester/Neujahr/Weihnachten
2 Vladimir	Zuckerfest
3 Pinar	Ostern

b Lesen Sie noch einmal und korrigieren Sie.

1

a In Mias Familie gibt es zu Ostern ~~kein~~ Frühstück. ein
b Sie spielen ein Osterschinken-Spiel.
c Nach dem Frühstück sucht Mia den Osterhasen.

2

a In Russland feiert man Weihnachten am 25. Dezember.
b Zu Weihnachten bekommen alle Geschenke.
c Es gibt ein Christkind.

3

a Das Zuckerfest beginnt am Ramadan.
b Das Zuckerfest dauert drei Wochen.
c Die Kinder bekommen Zucker.

Mein Lieblingsfest

1

MIA, 7

Mein Lieblingsfest ist Ostern. Am Ostersonntag machen wir immer ein Osterfrühstück. Da gibt es Osterschinken, Osterstriezel[1] und natürlich Ostereier. Die sind außen farbig und innen hart. Wir spielen dann immer „Eierpecken". Jeder bekommt ein Osterei und dann schlägt man die Eier gegeneinander: Peng, peng, peng![2] Sind am Ende alle anderen Eier kaputt und nur dein Ei nicht? Dann hast du gewonnen![3] Nach dem Frühstück gehen wir in den Garten und suchen unsere Ostereier. Oma sagt: Die hat der Osterhase versteckt. Aber das glaube ich nicht.

1

2

3

2

VLADIMIR, 26

Mein Lieblingsfest? Silvester und Weihnachten finde ich sehr schön. In vielen Ländern feiert man Weihnachten ja am 24. oder 25. Dezember Bei uns Russen ist Weihnachten erst am 7. Jänner. So etwas wie Christbäume haben wir auch. Für uns sind das aber „Neujahrsbäume". Geschenke für alle gibt es bei uns am 31. Dezember. Da feiern wir das Jahresende und wünschen Glück für das neue Jahr. Zu Weihnachten (7. Jänner) bekommen dann nur die Kinder Geschenke. Das Christkind haben wir nicht. Bei uns gibt es „Väterchen Frost" und seine Enkelin „Snegurotschka"[4].

4

3

PINAR, 38

Mein Lieblingsfest ist „Şeker Bayramı", das ist Türkisch und heißt „Zuckerfest". Im Fastenmonat „Ramadan" dürfen Muslime nur in der Nacht essen und trinken. Wir freuen uns von Tag zu Tag immer mehr auf das Fastenende. Wir räumen dann unsere Wohnung besonders gut auf und machen alles ganz sauber. Das Zuckerfest beginnt am ersten Tag nach dem Ramadan und dauert drei Tage. Alle sind fröhlich[5]. Man zieht sich schön an und macht Besuche bei Freunden und Verwandten. Man kocht, bäckt und isst zusammen. Die Kinder bekommen Geschenke und Süßigkeiten.

5

E3 Welche Glückwünsche passen?

Schauen Sie die Karten an und ordnen Sie zu.

A

B

C

D

1 (B) Frohe Ostern! 2 ◯ Wir gratulieren zur Hochzeit. 3 ◯ Frohe Weihnachten!
4 ◯ Ein gutes neues Jahr!

Grammatik und Kommunikation

Grammatik

1 Ordinalzahlen: Datum ÜG 8.01

1.–19. → -te		ab 20. → -ste	
1.	der erste	20.	der zwanzigste
2.	der zweite	21.	der einundzwanzigste
3.	der dritte	…	
4.	der vierte		
5.	der fünfte		
6.	der sechste		
7.	der siebte		
…			

Wann?

Am zweiten Mai.
Vom zweiten bis (zum) zwanzigsten Mai.

Welche drei Tage in Ihrem Leben sind besonders wichtig für Sie? Schreiben Sie.

Der dreizehnte Juli ist wichtig für mich. Da habe ich meinen Mann kennengelernt. …

2 Personalpronomen im Akkusativ ÜG 3.01

Nominativ	Akkusativ	Nominativ	Akkusativ
ich	mich	wir	uns
du	dich	ihr	euch
er/es/sie	ihn/es/sie	sie/Sie	sie/Sie

für mich, dich …

Wer? Wen oder was?
Ich liebe dich.

3 Konjunktion: *denn* ÜG 10.04

Sie feiern Abschied. Lara und Tim fahren heim.
Sie feiern Abschied, denn Lara und Tim fahren heim.

Wählen Sie ein Thema und schreiben Sie Sätze mit *denn*. Wie viele Sätze finden Sie in drei Minuten?

Ich liebe Hunde, denn … / Mein Lieblingsmonat ist der …, denn … / Ich liebe die Berge / das Meer, denn …

4 Verb: Konjugation ÜG 5.16

werden	
ich	werde
du	wirst
er/es/sie	wird
wir	werden
ihr	werdet
sie/Sie	werden

Wie alt wird Ihre Familie in diesem Jahr? Schreiben Sie und rechnen Sie.

Meine Mutter wird ....
Meine Oma wird ....
....
....

Zusammen werden wir .... Jahre alt.

Kommunikation

ÜBER JAHRESTAGE SPRECHEN: Ich habe am 4. Jänner Geburtstag.

Wann hast du Geburtstag?
Am 13. (dreizehnten) März. / Ich habe am 4. (vierten) Jänner Geburtstag. / Ich bin am 19. (neunzehnten) Jänner geboren.

GLÜCKWÜNSCHE: Alles Gute!

Alles Liebe/Gute (zum Geburtstag). | Herzlichen Glückwunsch (zum Geburtstag / ...)!/ Gratuliere! | Ich gratuliere / Wir gratulieren zur Hochzeit. / zur/zum ... | Ich wünsche dir viel Glück und Freude und Gesundheit. | Frohe Ostern! | Frohe Weihnachten! (Ein) Gutes neues Jahr!

BRIEFE / E-MAILS SCHREIBEN: Liebe Karin!

Liebe/Lieber ..., | Viele/Liebe/Herzliche Grüße | Mit freundlichen Grüßen

EINLADEN: Ich lade dich / Sie ein.

Ich habe Geburtstag. | Am ... werde ich ... (Jahre alt). | Ich möchte meinen Geburtstag feiern und lade dich/euch/Sie dazu ein. | Ich lade dich/euch /Sie zu meiner Geburtstagsparty / zu meinem Geburtstag ein. Wir möchten ... gern zusammen mit dir/euch/Ihnen feiern.

Kommst du? / Kommt ihr? / Kommen Sie? | Kannst du / Könnt ihr / Können Sie kommen? Ich würde mich freuen. | Wir freuen uns auf viele Gäste. / Wir freuen uns auf dein/euer/Ihr Kommen.

Bitte antworte bis ... / antwortet bis ... / antworten Sie bis ... | Bitte gib / gebt / geben Sie Bescheid bis ... Bitte melden Sie sich bis ... an.

ZU- UND ABSAGEN: Ich kann nicht kommen.

Vielen Dank für die Einladung. | Ich komme gern! | Leider kann ich nicht kommen. | Ich kann leider nicht (mit-)kommen. | Tut mir leid, aber ich habe keine Zeit.

In Österreich sagt man statt „Februar“ manchmal auch „Feber“.

Sie machen eine Silvesterparty. Schreiben Sie eine Einladung.

Liebe Caro,
ich möchte eine Silvesterparty machen ...

Lernziele

Ich kann jetzt ...

A ... das (Geburts-)Datum nennen: *Ich habe am 4. Mai Geburtstag.* ☺ 😐 ☹

B ... über Personen und Dinge sprechen: *Ich habe dich sehr lieb, Opa.*
... um Hilfe bitten: *Kannst Du ihn bitte reparieren?* ☺ 😐 ☹

C ... eine Einladung zu- oder absagen und einen Grund nennen: *Ich komme gern. / Ich kann leider nicht kommen, denn mein Flug geht am Freitag zu Mittag.* ☺ 😐 ☹

D ... Einladungen lesen und schreiben: *Liebe Karin, ich lade dich zu meiner Party ein.* ☺ 😐 ☹

E ... Texte zum Thema „Mein Lieblingsfest“ verstehen und gratulieren: *Wir gratulieren zur Hochzeit.* ☺ 😐 ☹

Ich kenne jetzt ...

5 Wörter zum Thema *Feste*:

Ostern, ...

5 Glückwünsche:

Alles Gute!, ...

QUIZ

KRAPFEN  oder KARPFEN  ?

	2 Wie lautet Ihre Postleitzahl?			3 Wie fahren Sie in den Deutschkurs?	
2 Sagen Sie höflich: „Schalt das Licht ein!“	1 Wie heißt das Präteritum von „sein“? ich war du ...		1  Es ist heiß. Was tun Sie?	2 Ein Freund hat Geburtstag. Was sagen Sie?	
	3 Was essen Sie gern? ☺ Ich esse gern ... ☺ ☺ Ich esse lieber ... ☺ ☺ ☺ Am ...	2 Nennen Sie drei Kleidungsstücke (mit Artikel).		2 Eine Freundin ist krank. Was sagen Sie?	
		**START und ZIEL**		1 Was isst man in Österreich zu Ostern?	
2 Ihr Auto hat ein Problem. Wohin fahren Sie?	1 Was ist richtig? a) Der Kaffee passt mir. b) Der Kaffee schmeckt mir.				
3 Sie haben eine neue Wohnung in Österreich. Was müssen Sie ausfüllen?			1 Was hat der Mann? 		1  Es ist kalt. Was tun Sie?
		1 Nennen Sie zwei österreichische Bundesländer.	1  Was darf man hier nicht tun?	2 Was macht ein Trafikant?	
	1 Wo arbeitet Sofia?		2 Was heißt ÖBB?		

Spielanleitung

Spielen Sie in der Gruppe (2–3 Spieler).
Sie brauchen: 1 Würfel, 1 Spielfigur pro Person, 1 Zettel, 1 Stift.

Wer hat zuerst 15 Punkte und 5 Karpfen oder 5 Krapfen? Wer ist zuerst im Ziel?

Beginnen Sie bei „START".

Sie kommen auf ein Fragefeld:
Beantworten Sie die Frage.

- Richtige Antwort:
  Sie bekommen 1, 2 oder 3 Punkte.
- Falsche Antwort:
  Sie bekommen 0 Punkte.

Sie kommen auf ein Karpfen-/Krapfenfeld:
Sie haben 1 Karpfen/Krapfen gesammelt.

Achtung!

- Sie können nur Karpfen *oder* Krapfen sammeln.
- Jede Person bekommt für jedes Fragefeld nur 1x Punkte.
- Jede Person bekommt für jedes Karpfen-/Krapfenfeld nur 1x Karpfen oder Krapfen.
- Man darf nur vertikal ↕ und horizontal ↔ fahren. Man kann aber bei einem Spielzug 1x die Richtung ändern. Man darf nicht 2x die Richtung ändern.

PROJEKT

Juhu! Fertig mit A1!

Der A1-Deutschkurs ist nun fast zu Ende. Gemeinsam haben Sie viel gelernt und bald kommt etwas Neues, zum Beispiel der A2-Kurs? Aber vorher wollen Sie sicher noch einmal zusammen auf Ihre „A1-Zeit" zurückschauen. Hier sind zwei Ideen. Wählen Sie eine Idee. Arbeiten Sie zu zweit oder in Gruppen. Haben Sie eigene Ideen? Nur zu! Wir, das „Schritte-Team", sagen „Dankeschön für Ihre Mitarbeit!", wünschen Ihnen viel Spaß und Erfolg beim Weitermachen.

Idee 1:
Eine Wandzeitung mit Lieblingswörtern von allen Kursteilnehmerinnen und Kursteilnehmern.

a Sammeln Sie das deutsche Lieblingswort von jeder Person im Kurs und machen Sie damit eine Wandzeitung oder eine Computer-Präsentation.

b Stellen Sie das Ergebnis im Kurs vor.

Idee 2:
Eine Präsentation mit Fotos von den Kursteilnehmerinnen und Kursteilnehmern.

a Sammeln Sie Fotos von allen Personen im Kurs und machen Sie damit eine Wandzeitung oder eine Computer-Präsentation.

b Stellen Sie das Ergebnis im Kurs vor und ergänzen Sie gemeinsam die Informationen zu den Fotos (Name, Hobbys usw.).

Arbeitsbuch

A Ich bin **Physiotherapeutin**.

A2 **1 Wer arbeitet wo? Verbinden Sie.**

a	Ärztin	1	Wohnhaus
b	Hausmeister	2	Bäckerei
c	Verkäufer	3	Schule
d	Ordinationshilfe	4	Zeitung
e	Journalistin	5	Ordination
f	Lehrer	6	Krankenhaus

A2 **2 Berufe: Bilden Sie Wörter, ordnen Sie zu und ergänzen Sie.**

zist | frau | ~~Ärz~~ | li | Kran | lis | Ver | schwes | Haus | ter | tin | Po
Leh | meis | rer | Haus | ken | käu | ter | fer | Jour | na | ~~tin~~

• der	• die	• der	• die
Arzt	Ärztin		

A2 **3 Was sind Sie von Beruf? Was ist Ihr Bruder / Ihre Schwester / Ihr Vater ... von Beruf?**
Suchen Sie sechs Berufe im Wörterbuch.

Bäcker/Bäckerin ______ ______ ______
______ ______ ______

A3 **4 Ordnen Sie zu.**

Ja, ich fahre gern Auto. | Ich arbeite bei Taxi2020. | Ja, ich arbeite als Taxifahrer. | ~~Ich bin Student.~~

a ◆ Was machen Sie beruflich?
○ Ich bin Student.

b ◆ Haben Sie auch einen Job?
○ ______

c ◆ Wo arbeiten Sie?
○ ______

d ◆ Arbeiten Sie gern als Taxifahrer?
○ ______

A3 **5 Verbinden Sie.**

a	Was sind	1	Riemer & Partner angestellt.
b	Was machen	2	eine Stelle als Physiotherapeut.
c	Ich mache	3	selbstständig?
d	Ich habe	4	nicht berufstätig.
e	Ich bin bei	5	Sie beruflich?
f	Ich bin	6	Sie von Beruf?
g	Sind Sie	7	eine Ausbildung als Mechatroniker.

◇ A3 6 Ordnen Sie zu.

machst | gehe | habe | bist | studiere | arbeite | ~~machen~~

a

- Was *machen* Sie beruflich?
- Ich ______ noch. Und am Wochenende ______ ich einen Job beim Fernsehen.

b

- Was ______ du von Beruf?
- Ich bin Ordinationshilfe, aber ich ______ zurzeit nicht. Ich bin arbeitslos.

c

- Was ______ du?
- Ich bin Schülerin. Ich ______ noch in die Schule.

A3 7 Was machen die Personen? Schreiben Sie.

a

Sofia Koller

Beruf: Studentin
Job: Verkäuferin
Firma: Höfer

Sofia Koller ist ...

b

Selma Blarić

Beruf: Krankenschwester
zurzeit: arbeitslos
jetzt: Deutschkurs

A3 8 Wer sind Sie? Schreiben Sie.

Schreibtraining

Ihr Name? | Ihr Heimatland? | Ihre Hobbys? | Ihr Beruf? | Was machen Sie zurzeit? Wo?

Mein Name ist ...

A3 9 -*e* und -*er* am Wortende

1 **a** Hören Sie und sprechen Sie nach.

Phonetik

Lehrer – Lehrerin | Mechatroniker – Mechatronikerin | Verkäufer – Verkäuferin
Schüler – Schülerin | Partner – Partnerin | Hausmeister – Hausmeisterin

2 **b** Hören Sie noch einmal. Wo hören Sie kein *r*? Markieren Sie in a.

3 **c** Hören Sie und sprechen Sie nach. Achten Sie auf -*e* und -*er*.

1 Ich gehe in die Schule. Ich bin Schülerin.
2 Ich arbeite im Krankenhaus. Ich bin Krankenpfleger.
3 Ich fahre meinen Chef. Ich bin Fahrer.
4 Ich arbeite als Verkäufer.

A3 10 Hören Sie und ergänzen Sie: -*e* oder -*er*.

4

Phonetik

a

Ich arbeit*e* zurzeit nicht.
Ich möcht____ zuerst Deutsch lernen.

b

Ich bin Lehr____in und arbeit____ in der Schul____.

c

Ich hab____ ein____ Stell____ als Krankenschwest____.

d

Ich bin Schül____. Am Vormittag geh____ ich in die Schule, aber am Abend hab____ ich einen Job als Pizzafahr____.

e

- Bist du selbstständig?
- Ja, ich arbeit____ als Journalist. Ich schreib____ eine Geschicht____ für die Zeitung.

B Wann hast du die Ausbildung gemacht?

B2 **11 Verbinden Sie.**

a ◆ Seit wann machen Sie die Ausbildung? — 2
b ◆ Wann haben Sie die Ausbildung gemacht?
c ◆ Wie lange hat die Ausbildung gedauert?
d ◆ Seit wann sind Sie schon selbstständig?

1 ○ Vor zehn Jahren.
2 ○ Seit zwei Monaten.
3 ○ Seit 2005.
4 ○ Zwei Jahre.

B2 **12 Ergänzen Sie.**

a ◆ Wann sind Sie geboren? — ○ 1985.
b ◆ .... sind Sie nach Österreich gekommen? — ○ Vor zehn Jahren.
c ◆ .... machen Sie beruflich? — ○ Ich bin Mechatroniker, aber zurzeit bin ich arbeitslos.
d ◆ .... / .... sind Sie schon arbeitslos? — ○ Seit sechs Monaten.
e ◆ .... haben Sie als Mechatroniker gearbeitet? — ○ Acht Jahre.

B3 **13 Ordnen Sie zu.**

Diplom | weitere | geehrter | Praktikum | zurzeit | Verfügung | freundlichen | Wirtschaft | ~~Bewerbung~~

E-Mail senden

Betreff: Bewerbung um ein Praktikum im Marketing

Sehr .... Herr Winterbauer,
ich möchte gern in Ihrem Büro ein .... machen. Ich bin Spanierin und habe in Madrid .... und Marketing studiert. 2014 habe ich mein .... gemacht. Vor sechs Monaten bin ich nach Österreich gekommen und lebe jetzt in Graz. Ich mache .... einen Deutschkurs und spreche sehr gut Englisch. Für .... Informationen stehe ich Ihnen gern zur ....
Mit .... Grüßen
Elena Santos

B4 **14 Was ist richtig? Kreuzen Sie an.**

◆ Hast du Felix wieder einmal gesehen? Was macht er zurzeit?
○ Er ist vor ○ acht Monate ☒ acht Monaten aus Mexiko zurückgekommen – mit Rosa. Er und Rosa sind seit ○ einem Jahr ○ ein Jahr verheiratet.
◆ Schön! Hast du Rosa auch schon getroffen?
○ Ja, vor ○ einem Monat. ○ ein Monat.
◆ Spricht sie auch Deutsch?
○ Noch nicht so gut. Sie lernt erst seit ○ ein Monat ○ einem Monat Deutsch.

B4 15 Ergänzen Sie: *seit – vor – von ... bis – am – um – im.*

a
- ◆ Hast du Markus getroffen?
- ○ Ja, *vor* einer Woche.

b
Miriam macht .... zwei Monaten einen Deutschkurs.

c
- ▲ Wie lange arbeiten Sie .... Freitag?
- ◻ .... acht .... vierzehn Uhr.

d
Ich kann .... Wochenende leider kein Interview mit Ihnen machen.

e
- ◆ Wie lange kennst du Paolo schon?
- ○ Erst .... einer Woche. Wir haben uns genau .... Sonntag .... einer Woche bei Daniela getroffen.

f
- ◆ Wann gehst du heute einkaufen? .... Nachmittag oder schon .... Vormittag?
- ○ .... drei Uhr. Ich möchte kurz .... fünf Uhr wieder daheim sein.

g
- ▲ Wann kommen deine Eltern?
- ◻ .... Sommer.

B5 16 Ergänzen Sie in der richtigen Form.

a Mein Mann und ich haben vor *drei Jahren* (drei Jahre) geheiratet.
b Vor .... (zwei Jahre) sind wir aus Syrien gekommen.
c Zuerst haben wir .... (zwölf Monate) in Traiskirchen gelebt.
d Jetzt leben wir seit .... (ein Jahr) in Hallein.
e Vor .... (drei Wochen) haben wir eine schöne Wohnung gefunden.
f Mein Mann arbeitet seit .... (sechs Monate) als Hausmeister.
g Ich suche seit .... (ein Jahr) eine Arbeit als Krankenschwester.
h Seit .... (eine Woche) mache ich wieder einen Deutschkurs.

◇ B5 17 Ordnen Sie zu.

1991 | vor einem Monat | Im Sommer | fünf Jahre | seit fünf Monaten | ~~Vor sechs Monaten~~

Ich heiße Elena und bin .... in Alba Iulia geboren. Später habe ich in Bukarest gelebt. Dort habe ich .... Wirtschaft und Marketing studiert. .... habe ich oft als Reiseführerin gearbeitet. *Vor sechs Monaten* bin ich nach Österreich gekommen. Ich lerne .... Deutsch. Ich arbeite gerade nicht, aber .... habe ich ein Praktikum bei „Media & Partner" gemacht.

❖ B5 18 Schreiben Sie.

1976: in Belgrad geboren
vor zehn Jahren: nach Österreich gekommen
seit einem Jahr: in Klagenfurt
neun Jahre: als Taxifahrer gearbeitet
dann drei Monate: einen Kurs gemacht
seit zwei Monaten: eigene Firma haben

Ich heiße Dejan.
Ich bin 1976 in Belgrad geboren. Vor ...

C Ich **hatte** ja noch keine Berufserfahrung.

C2 **19 Lesen Sie und markieren Sie.**
Ergänzen Sie dann die Tabelle.

Wiederholung A1, L7

Mein erster Sommerjob

Salif, 27

Vor einem Jahr bin ich zum Studieren nach London gekommen. Im Sommer habe ich einen Job gesucht. Ich habe einen Job als Reiseführer gefunden. Ich habe Touristen die Stadt gezeigt. Das hat Spaß gemacht. Ich habe viele nette Leute getroffen. Ich habe einen Monat viel gearbeitet. Danach bin ich mit Freunden nach Dublin gefahren. Wir haben viel Live-Musik gehört und wir sind ins Theater und ins Kino gegangen.

kommen	bin gekommen	suchen	habe gesucht
fahren		finden	
gehen		zeigen	
		machen	
		treffen	
		arbeiten	
		hören	

C2 **20 Lesen Sie und markieren Sie die Formen von *haben* und *sein*.**
Ergänzen Sie dann die Tabelle.

Grammatik entdecken

- Wo wart ihr denn am Samstag?
- Ich war daheim.
- Wir auch, wir hatten Besuch. Meine Eltern waren da. Und du?
- Wir waren in der Schule. Die Kinder hatten ein Schulfest.
- Und wo warst du? Hattest du ein schönes Wochenende?
- Na ja, es geht. Ich hatte ja Geburtstag, aber mein Freund war nicht da. Er hatte leider einen Termin.

	sein		haben	
ich	bin		habe	
du	bist		hast	
er/es/sie	ist		hat	
wir	sind		haben	
ihr	seid	wart	habt	hattet
sie/Sie	sind		haben	

C3 21 Ordnen Sie zu.

~~ist~~ ist ist ist sind war war war war war waren wart Warst hatten hatte hatte Hattet

- ◆ Schau einmal, das *ist* meine Familie: Das ____ meine Eltern, das ____ meine Schwester, das ____ mein Bruder und das ____ Maria, meine Tochter.
- ○ Wann ____ das?
- ◆ Das ____ vor fünf Jahren. Meine Tochter ____ da erst vier Jahre alt. Sie ____ viel Spaß im Wasser.
- ○ Und wo ____ ihr da?
- ◆ Wir ____ bei Freunden in Schweden.
- ○ Oh, schön! Und wie ____ das Wetter? ____ ihr viel Sonne?
- ◆ Ja, das Wetter ____ super, wir ____ viel Sonne. ____ du schon mal in Schweden?
- ○ Ja, aber ich ____ viel Regen und wenig Sonne.

◇ C3 22 Was ist richtig? Kreuzen Sie an.

a

- ◆ ☒ Hattet ○ Wart ihr ein schönes Wochenende?
- ○ Ja, wir ○ waren ○ hatten auf der Party bei Thomas. Wo ○ wart ○ warst du eigentlich, Sandra?
- ◆ Ich ○ war ○ hatte leider keine Zeit. Ich ○ war ○ hatte zu viel Arbeit.

b

- ▲ Wie ○ waren ○ war dein erster Job?
- ◻ Nicht gerade super. Ich ○ hattet ○ hatte sehr viel Arbeit und manchmal auch sehr viel Stress. Aber meine Kollegin ○ waren ○ war sehr nett.
- ▲ Da ○ hattest ○ hattet du ja Glück! Ich habe als Kellnerin in einem Café gearbeitet. Und meine Kollegen ○ waren ○ war professionell, aber leider nicht sehr nett.

❖ C3 23 Was erzählt Piotr heute? Schreiben Sie.

Vor zwei Jahren

Ich bin jetzt in Österreich. Ich habe einen Job als Arbeiter. Der Job ist einfach. Aber ich habe ja wenig Berufserfahrung. Die Kollegen sind nicht sehr nett. Und ich spreche nicht gut Deutsch. Ich habe keine Freunde. Aber jetzt gehe ich in einen Sprachkurs. Dann mache ich eine Ausbildung. Und Freunde finde ich dann auch.

Heute

Vor zwei Jahren bin ich nach Österreich gekommen. Ich hatte …

…

Aber dann bin ich …

…

D Jobinserate

D1 **24 Was passt nicht? Streichen Sie.**

a Ich suche einen Job als Sekretärin. – ~~Patient.~~ – Altenpflegerin.
b Ich arbeite zurzeit im Ausland. – am Arbeitsplatz. – im Restaurant.
c Ich möchte gern tagsüber – beruflich – am Nachmittag arbeiten.
d Ich habe an der Universität Abteilungsleiter – Wirtschaft – Marketing studiert.

D1 **25 Wer ist das? Schreiben Sie. Beginnen Sie die Sätze mit den markierten Wörtern.**

Schreib-training

Ich bin Jorge Diaz. Ich bin 29 Jahre alt und komme aus Spanien. Ich bin Architekt ***von Beruf****. Ich war neun Monate arbeitslos* ***in Spanien****. Ich bin dann* ***vor drei Monaten*** *nach Österreich gekommen. Ich habe sofort einen Job als Fahrer bekommen. Ich arbeite tagsüber, von 9.00 bis 17.00 Uhr. Ich gehe* ***dreimal in der Woche*** *in den Deutschkurs. Ich will schnell Deutsch lernen und bald einen anderen Job suchen. Ich kann dann* ***vielleicht*** *wieder als Architekt arbeiten.*

Das ist Jorge Diaz. Er ist 29 Jahre alt und kommt aus Spanien. Von Beruf ist er ...

D2 **26 Jobinserate**

a Ergänzen Sie.

A
MaxiPreis Supermärkte
Für die Supermärkte in Tirol
suchen wir ab sofort Au s h i l fe n
für 15 Stunden.
Wann?
Mo ... a ... bis Sa ... t ... ,
v ... mi ... gs oder
... ch ... ta ... s
Anruf unter: 37463201

B
S ... ül ... r ... n sucht Job im
S ... v ... ce als
K ... ll ... .
info@h.pohringer.at

C
Restaurant am Schobermarkt
Wir suchen dringend Arbeitskräfte
im Service (V ... zeit) und
einen K ... c ... (T ... zeit),
bef ... st ... t bis 30.6.

D
Studentin gibt a ... nd ... oder am
Wochenende Na ... h ... fe in
Deutsch, Mathematik und Englisch.
claudia@steininger.at

E
Mobiler Pf ... e ... edienst sucht
K ... an ... en ... ch ... e ... ern für
die Pflege von S ... io ... en:
ha ... ta ... s oder g ... n ... ags.
Informationen unter: info@mobilPflege.at

b Lesen Sie die Inserate und ordnen Sie zu.

1 Wer sucht eine Arbeit / einen Job? ...
2 Wo gibt es eine Arbeit / einen Job? A, ...

D2 27 Im Kaffeehaus

🔊 5 a Was ist richtig? Hören Sie und kreuzen Sie an.

Josiane und Norah sprechen über
○ ihre Arbeit. ○ Jobinserate.

🔊 5 b Was ist richtig? Hören Sie noch einmal und kreuzen Sie an.

1 ☒ Josiane sucht einen Job als Kellnerin.
2 ○ Josiane kann immer nur am Abend arbeiten.
3 ○ Josiane hat bei einer Zeitung gearbeitet.
4 ○ Josiane ruft bei den „MaxiPreis Supermärkten" an.

D4 28 Um Informationen bitten und Informationen geben: Thema „Arbeit".

Prüfung a Schreiben Sie jeweils zwei Fragen zu den Kärtchen.

Wie lange | Wann | Seit wann | Wo | Wie | Wer | Was | Hast du | ...

Thema Arbeit
Kollegen

Thema Arbeit
Ausbildung

Thema Arbeit
Arbeitszeit

Thema Arbeit
Pause

Thema Arbeit
Traumjob

Thema Arbeit
Firma

Arbeitszeit:
Wie lange arbeitest du am Abend?
Möchtest du gern ...

b Gruppenarbeit: Fragen Sie und antworten Sie.

D5 29 Anruf im Kaufhaus

a Wer sagt was? Lesen Sie und ergänzen Sie: Frau Adamczyk (A), Kaufhaus Wendler (K).

Kaufhaus Wendler

Verkäufer/Verkäuferin mit Erfahrung in Vollzeit gesucht

Aushilfen im Bereich Sport gesucht
freitags und samstags jeweils drei Stunden

Bewerbungen bitte an die Wendler GmbH
Telefonische Nachfragen unter 030 / 22 76 77

- ◯ ...... Aha. Das passt eigentlich. Und wie ist der Stundenlohn?
- ◯ ...... Gut, dann bis morgen, Frau Adamczyk. Auf Wiederhören!
- ◯ ...... Grüß Gott, mein Name ist Adamczyk. Ich habe Ihr Jobinserat gelesen. Sie suchen eine Aushilfe im Bereich Sport. Ist die Stelle noch frei?
- (1) K Kaufhaus Wendler, grüß Gott.
- ◯ A Ja, da kann ich.
- ◯ ...... Ja, wir suchen eine Aushilfe für Freitag und Samstag, jeweils für drei Stunden.
- ◯ ...... Aha, jeweils für drei Stunden. Und wie sind die Arbeitszeiten?
- ◯ ...... Dann kommen Sie doch einmal vorbei. Können Sie morgen um 12.00 Uhr zu Mittag?
- ◯ K Am Freitag von 17.00 Uhr bis 20.00 Uhr und am Samstag von 12.00 Uhr bis 15.00 Uhr.
- ◯ ...... Wir zahlen 8,50 € pro Stunde.
- (8) A Gut.

b Ordnen Sie und schreiben Sie das Gespräch.

K: Kaufhaus Wendler, grüß Gott.
A: ...

6 c Hören Sie und vergleichen Sie.

D6 30 Was ist richtig? Kreuzen Sie an.

a Anna ist ☒ seit einer Woche ◯ für eine Woche fertig mit der Schule. Nun möchte sie ◯ für ein Jahr ◯ seit einem Jahr im Ausland arbeiten. Sie hat schon ◯ für drei Monate ◯ vor drei Monaten eine Bewerbung geschrieben und einen Job im Café bekommen.

b Nadim lernt zurzeit fünf Tage pro Woche Deutsch, aber am Wochenende hat er Zeit. Er sucht ◯ für einen Monat ◯ vor einem Monat einen Job. Er möchte eine Arbeit ◯ vor einem Tag ◯ für einen Tag am Wochenende.

D6 31 Markieren Sie in 30 und ergänzen Sie die Tabelle.

Grammatik entdecken

	• der Monat/Tag	• das Jahr	• die Woche	• drei Monate
seit/vor	ein...... Monat/Tag	ein...... Jahr	ein er Woche	drei Monate......
für	ein...... Monat/Tag	ein / Jahr	ein...... Woche	drei Monate......

Test Lektion 8

8

1 Wie heißen die Wörter? Ordnen Sie zu.

1 ...... /9 Punkte

WÖRTER

arlosbeits stänselbstdig leStel dungbilAus Bebungweren ~~chinöK~~ geeine diertstu boJ xifahTarer

a Jennifer macht eine .... als Köchin.
b Emilo .... Wirtschaft. Am Abend hat er einen ....
als ....
c Ida ist Ärztin. Sie ist .... und hat eine .... Ordination.
d Cem ist zurzeit .... Er sucht eine .... als Krankenpfleger und schreibt viele ....

...... ● 0–4 ● 5–7 ● 8–9

2 Ergänzen Sie in der richtigen Form: *haben – sein*.

2 ...... /7 Punkte

GRAMMATIK

◆ Hattest (a) du ein schönes Wochenende?
○ Ja, Alba .... (b) doch Geburtstag. Ich .... (c) auf der Party.
◆ Und wie .... (d) die Party? .... (e) viele Leute da?
○ Ja. Wir .... (f) viel Spaß. Und wo .... (g) ihr?
◆ Wir .... (h) in der Firma. Wir hatten (i) viel Arbeit.

3 Was ist richtig? Kreuzen Sie an.

3 ...... /5 Punkte

◆ Wann bist du nach Österreich gekommen?
○ ○ Vor ○ Seit (a) zwei Jahren. Zuerst habe ich ☒ / ○ seit (b) ein Jahr einen Deutschkurs gemacht. Und ○ für ○ seit (c) fast drei Jahren mache ich eine Ausbildung zur Altenpflegerin.
◆ Wie lange dauert die Ausbildung noch?
○ Noch ○ für ○ / (d) zwei Monate. Und dann möchte ich ○ für ○ vor (e) einen Monat zu meiner Familie in die Ukraine fahren.
◆ Wie lange hast du deine Familie nicht gesehen?
○ ○ Vor ○ Seit (f) einem Jahr.

...... ● 0–6 ● 7–9 ● 10–12

4 Ordnen Sie zu.

4 ...... /5 Punkte

KOMMUNIKATION

Wir zahlen elf Euro wir suchen eine Aushilfe Und wie sind die Arbeitszeiten Ist die Stelle noch frei ~~Ich habe Ihr Inserat gelesen~~ wie ist der Stundenlohn

◆ Pflegedienst Antonius, grüß Gott.
○ Guten Tag. Mein Name ist Kiriac. Ich habe Ihr Inserat gelesen (a).
.... (b)?
◆ Ja, ... für die Tagespflege (c).
○ Gut. .... (d)?
◆ Von Montag bis Freitag jeweils zwei Stunden am Vormittag.
○ Das passt. Und .... (e)?
◆ .... (f).
○ Gut, okay. Vielen Dank.

...... ● 0–2 ● 3 ● 4–5

Fokus Beruf: Ein Inserat schreiben

1 Jobsuche

a Welcher Link passt zu den Inseraten 1–4? Lesen Sie und ordnen Sie zu.

Ö-Regio

Stellengesuche
Stellenangebote
KFZ-Markt
Haushalt / Möbel
Verkäufe

Stellengesuche

◯	Brauchen Sie eine Kellnerin?	Inserat vom 24.3.
①	Englischunterricht	Inserat vom 23.3.
◯	Altenpflegerin mit Erfahrung	Inserat vom 21.3.
◯	Nachhilfe gesucht?	Inserat vom 21.3.

1

Sie möchten Englisch lernen? Sie brauchen Englisch-Nachhilfe für Ihr Kind? Muttersprachler aus den USA sucht nachmittags und abends einen Job als Englischlehrer. Ich gebe Englischunterricht für Kinder und Englisch-Nachhilfe. Bitte schreiben Sie an: andrew@johnson.at

2

Hallo,
mein Name ist Marta. Ich bin eine deutschsprachige Altenpflegerin. Ich habe viel Erfahrung als Pflegerin von Senioren. Ich suche eine Arbeit als Aushilfe für einen Tag in der Woche.
marta.bobanic@gmx.at

3

Ihr Kind hat Probleme in der Schule? Dann sind Sie hier richtig: Ich heiße Eva und bin Studentin. Ich arbeite gern mit Kindern und ich habe viel Erfahrung als Nachhilfelehrerin (Englisch, Mathematik und Deutsch). Ich suche für ein bis zwei Stunden am Tag einen Job als Nachhilfelehrerin oder für Hilfe bei der Hausübung. Tel.: 0911/12 34

4

Hallo alle miteinander,
ich bin Schülerin, 17 Jahre alt und suche für zwei Nachmittage pro Woche einen Job als Kellnerin. Ich habe schon Erfahrung im Service und ich kann auch kochen. Ich kann am Montag, Mittwoch und am Wochenende arbeiten. Franzi
Tel.: 0911/56 78 oder franzi@web.at

b Lesen Sie die Inserate noch einmal und markieren Sie: Wer sucht einen Job und was kann die Person? Welchen Job sucht die Person? Wann kann die Person arbeiten?

2 Ein Inserat für einen Job

a Lesen Sie die Fragen und notieren Sie.

1 Wer sind Sie und was können Sie? ....
2 Welchen Job suchen Sie? ....
3 Wann haben Sie Zeit? ....

b Schreiben Sie ein Inserat für das Internet.
Schreiben Sie auch eine passende Überschrift.

Sekretärin gesucht?
Ich bin …

1 Alicja macht ein Praktikum im Hotel. Welche Aufgaben passen zu den Bildern?
Ordnen Sie zu. Achtung: Nicht alles passt.

/ Zimmer aufräumen ☐ Betten machen A den Frühstücksraum vorbereiten ☐ die Speisekarte schreiben ☐ im Büro arbeiten ☐ an der Rezeption arbeiten ☐ Essen kochen

2 Lisa ist krank. Alicja möchte wissen: Wer macht was in den nächsten Tagen?
Schreiben Sie die Fragen.

a die Zimmer – aufräumen – wer – ?
b in der Früh für das Frühstück – verantwortlich sein – wer – ?
c ich – wieder die Speisekarte – schreiben können – ?
d im Büro – arbeiten können – ich – wann – ?

a Wer räumt die Zimmer auf?
...

3 Frau Hochleitner, Jan und Alicja planen zusammen die nächsten beiden Tage.

7 a Hören Sie das Gespräch. Was sind Alicjas Aufgaben? Markieren Sie in 1.

7 b Hören Sie noch einmal. Wann macht Alicja was? Ergänzen Sie.

	Aufgaben
in der Früh	
am Vormittag (2 Stunden)	
zu Mittag	
am Nachmittag	Zimmer aufräumen

A Sie **müssen** einen Antrag **ausfüllen**.

A1 **1 Was ist richtig? Kreuzen Sie an.**

a ○ Ich ☒ Du musst 10 Euro bezahlen.
b ○ Wir ○ Ihr müssen den Antrag ausfüllen.
c ○ Sie ○ Er müssen einen internationalen Führerschein haben.
d ○ Du ○ Ihr müsst hier unterschreiben.
e ○ Wir ○ Maria muss eine Fahrkarte kaufen.
f ○ Ich ○ Jan und Eva muss viele Papiere zum Amt mitbringen.

A1 **2 Schreiben Sie Sätze und ergänzen Sie die Tabelle.**

Grammatik entdecken

a Sie – das Formular – müssen – ausfüllen – .
b Wo – den Ausweis – kann – abholen – ich – ?
c wir – da – Was – ankreuzen – müssen – ?
d er – muss – hier – machen – Was – ?
e schnell – will – Ich – Deutsch – lernen – .
f am Samstag – arbeiten – du – Musst – ?

Sie	müssen	das Formular	ausfüllen	.

A1 **3 Satzakzent**

8 Phonetik

a Hören Sie und markieren Sie die Betonung: ___.

1
- Ich muss jetzt gehen.
- Oh, nein!
- Doch, ich muss gehen. Ich muss noch einkaufen.

2
- Kannst du heute kommen?
- Nein, tut mir leid.
- Du kannst kommen, da bin ich sicher, aber du willst nicht.

3
- Ich kann stricken.
- Das glaube ich nicht.
- Doch, ich kann stricken.

b Spielen Sie die Gespräche mit Ihrer Partnerin / Ihrem Partner.

A2 **4 Schreiben Sie Sätze mit *müssen* in der richtigen Form.**

A

den Ausweis im Zimmer 107 abholen

Sie müssen ....

B

zuerst das Ziel wählen

Also, wir ....

C

aufstehen

Guten Morgen. Es ist 7 Uhr. Du ....

D

jetzt schlafen

Es ist schon spät. Ihr ....

◇ A2 5 Was ist richtig? Kreuzen Sie an.

- Sie ☒ können ○ müssen den Bus nicht nehmen. Die Fahrkarte ist hier nicht gültig.
- Oh! Wo ○ will ○ kann ich die richtige Fahrkarte kaufen?
- Da ist ein Fahrkartenautomat.
- Danke. Und wie funktioniert er? Was ○ kann ○ muss ich da machen?
- Sie ○ müssen ○ können zuerst ein Ziel wählen. Wohin ○ können ○ möchten Sie fahren?
- Nach Liezen.
- Okay, und nachher ○ müssen ○ wollen Sie auswählen: Erwachsener oder Kind ...

❖ A2 6 Ergänzen Sie in der richtigen Form: *können – müssen – wollen*.

a
- Anna! Du musst aufstehen, es ist sechs Uhr!
- Aber ich .... heute nicht aufstehen!

b
- Wir .... fernsehen!
- Ihr .... jetzt nicht fernsehen, ihr .... noch die Hausübung machen.

c
- Kannst du heute einkaufen?
- Ich .... lange arbeiten.

d
- Mit 18 .... man den Führerschein machen, aber man .... nicht.

A2 7 Lösen Sie das Rätsel.

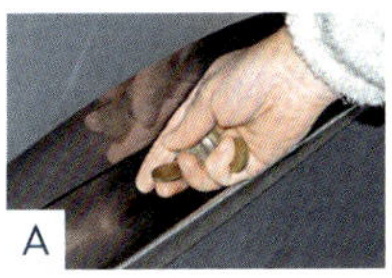
A

B

C

A W E C H S E L G E L D
B _ Ü _ _ _ S _ _ _ _
C _ _ _ _
D A _ _ _ _
E W Ä H L E N
F _ _ _ W E _ _ _ _
G T _ _ _ T
H _ _ W _ _ _

Lösung: Das kann man auch am Automaten kaufen: ....

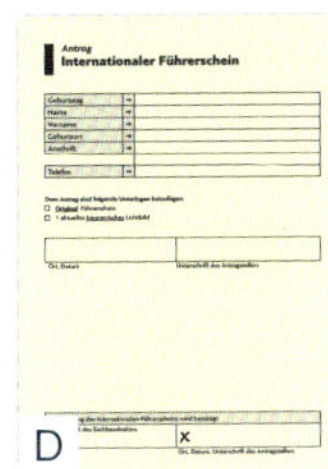
D

E

F

G

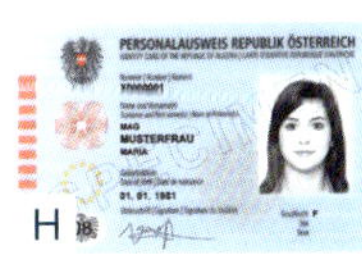

H

A2 8 Den Führerschein machen: Was muss man machen? Schreiben Sie.

Schreib-training

für Gesundheitstests zum Arzt gehen → eine Fahrschule suchen → dort Unterricht nehmen → zum Amt gehen und den Führerscheinantrag abholen → den Antrag ausfüllen und viel zum Amt mitbringen: die Gesundheitstests, den Ausweis, ein Foto → die Führerscheinprüfung machen

Zuerst muss man ... Danach ...
Und dann ... Dann ...
Und man muss ... Zum Schluss ...

- die Prüfung = • der Test

B Schau einmal!

B2 **9 Was ist richtig? Kreuzen Sie an.**

a ○ Schaust du einmal: ☒ Schau einmal: Das Auto schaut super aus!
b Wir gehen schwimmen. ○ Komm doch mit! ○ Du kommst mit?
c ○ Macht ○ Machst bitte die Musik leise!
d ○ Sei ○ Bist pünktlich!
e ○ Nimmst ○ Nimm doch noch einen Apfel.

B2 **10 Streichen Sie und ergänzen Sie.**

Grammatik entdecken

	?	!	?	!
a	Schreib~~st du~~ bald?	Schreib bitte bald!	Schreibt ~~ihr~~ bald?	Schreibt bitte bald!
b	Rufst du an?	……… bitte an!	Ruft ihr an?	……… bitte an!
c	Arbeitest du heute?	……… nicht so viel!	Arbeitet ihr heute?	……… nicht so viel!
d	Hörst du zu?	……… bitte zu!	Hört ihr zu?	……… bitte zu!
⚠ e	Lie~~st du~~ den Text?	Lies bitte den Text!	Lest ihr den Text?	……… bitte den Text!
⚠ f	Isst du gern Eis?	……… nicht so schnell!	Esst ihr gern Eis?	……… nicht so schnell!
⚠ g	Schläf~~st du~~ schon?	Schlaf gut!	Schlaft ihr schon?	……… gut!

B2 **11 Schreiben Sie.**

A

Rad fahren oder ein Buch lesen oder Florian treffen oder Fußball spielen
aber um 6 Uhr zu Hause sein

◆ Mama, was kann ich heute Nachmittag machen?
○ Fahr doch Rad oder ………
……… .
Aber ……… !

B

die Oma anrufen oder ein Bild malen oder schwimmen gehen oder im Park spielen aber zuerst die Hausübung machen

▲ Was können wir jetzt machen?
□ Ruft doch die Oma an oder ………
……… .
Aber ……… !

◇ B2 **12 Ergänzen Sie in der richtigen Form.**

	Marcel, …	Marcel und Tanja, …
a bitte das Radio ausschalten	schalt bitte das Radio aus!	schaltet bitte das Radio aus!
b bitte pünktlich kommen		
c bitte aufräumen		
d nicht so lange schlafen		
e bitte leise sein		

❖ B2 13 Was sagt Petra zu Max und Nina? Ordnen Sie zu und ergänzen Sie in der richtigen Form.

nicht so laut sein ~~das Vorzimmer aufräumen~~ nicht immer meine Sachen essen
Nina die Übungen erklären nicht so lange im Bad bleiben

A B C D E

A Räumt doch bitte das Vorzimmer auf!
B Max!
C
D .... Ich muss lernen.
E .... Nina hat morgen einen Test.

B3 14 Satzmelodie

9 a Hören Sie und ergänzen Sie die Satzmelodie: ↗ oder ↘.

Phonetik

1 Warten Sie einen Moment? ↗
2 Unterschreiben Sie da! ......
3 Machen Sie einen Deutschkurs! ......
4 Warten Sie einen Moment! ......
5 Bezahlen Sie an der Kassa? ......
6 Machen Sie viel Sport? ......

10 b Hören Sie noch einmal und sprechen Sie nach.

11 c Hören Sie und ergänzen Sie: *?* oder *!*

1 Kommen Sie heute ?
2 Essen Sie eine Semmel ......
3 Lernen Sie jeden Tag 10 Wörter ......
4 Kommen Sie heute um fünf ......
5 Essen Sie einen Apfel ......
6 Lernen Sie jeden Tag eine Stunde ......

B3 15 Schreiben Sie Sätze in der *Sie*-Form.

a Ich bin so müde. (→ einen Kaffee trinken oder ein bisschen spazieren gehen)
Trinken Sie einen Kaffee oder gehen Sie ein bisschen spazieren.

b Ich spreche kein Deutsch. (→ einen Sprachkurs machen)

c Ich suche eine Wohnung. (→ die Inserate in der Zeitung lesen)

d Ich brauche ein Formular. (→ die Sekretärin fragen)

e Heute fängt mein Deutschkurs an. (→ die Kursgebühren an der Kassa bezahlen)

C Sie **dürfen** in der EU Auto **fahren**.

C1 16 Ergänzen Sie *dürfen* in der richtigen Form.

a Frau Kurz, Sie dürfen die Unterschrift nicht vergessen.
b ………… ich Sie etwas fragen?
c Papa, ………… wir jetzt fernsehen?
d In der Bibliothek ………… ihr nicht laut lachen.
e Mario, du ………… da kein Eis essen.
f ………… man hier fotografieren?

C2 17 Ordnen Sie zu.

Hier darf man nicht telefonieren. | Hier darf man doch telefonieren. | Wir müssen warten. | Hier dürfen wir fahren. | Wir dürfen nicht fahren. | ~~Sie müssen das Handy ausschalten.~~ | Aber man muss leise sprechen.

A

◆ Entschuldigung. Aber Sie müssen das Handy ausschalten.
○ Warum?
◆ …………

B

◆ Können Sie bitte leise sein?
○ Warum? …………
◆ Ja. …………

C

◆ Schau einmal. Es ist rot. Was müssen wir machen?
○ …………
◆ Genau! …………

D

◆ Schau einmal. Ein Radweg!
○ …………

◇ C2 18 Was ist richtig? Kreuzen Sie an.

a  Hier ☒ darf ○ muss man rauchen.

b  Hier ○ darf ○ muss man nicht parken.

c  Hier ○ darf ○ muss man die Zigarette ausdämpfen.

d 

Hier ○ darf ○ muss man parken.

e  Hier ○ dürfen ○ müssen Autos nicht fahren.

f 

Hier ○ darf ○ muss man langsam fahren.

❖ C2 19 Ergänzen Sie in der richtigen Form: *müssen – dürfen – wollen – können*.

◆ Grüß dich, Eva. Da ist die Birgit. Hör einmal, Hanna und ich wollen am Wochenende ein Auto mieten und nach Bad Aussee fahren. .... du mitkommen?

○ Gern. Aber am Freitag .... ich bis 8 Uhr am Abend arbeiten.

◆ Kein Problem. Wir fahren erst am Samstagvormittag. .... du bitte was zum Essen für die Fahrt mitbringen?

○ Ja, sicher. Und darf mein Hund auch mitkommen?

◆ Hm, ich weiß nicht ... Ich glaube, wir .... die Autovermietung fragen. Ich .... dort ja einmal anrufen.

○ Okay. Du rufst die Autovermietung an: Sind Hunde erlaubt? Dann kommen wir mit. .... Hunde nicht mitkommen? Dann bleibe ich auch daheim.

◆ Gut, Eva. Dann bis später! Baba.

C3 20 Im Schwimmbad

a Erlaubt oder verboten? Lesen Sie und kreuzen Sie an.

	Kinder mitbringen	parken	rauchen	Hunde mitbringen	Picknick machen
erlaubt	☒	○	○	○	○
verboten	○	○	○	○	○

Schwimmbad Wagrain – Informationen für Besucher

Öffnungszeiten

Das Schwimmbad ist jeden Tag von 10 bis 21 Uhr geöffnet. Bitte gehen Sie spätestens um 20.30 Uhr zu den Duschen.

Eintritt

Erwachsene: 10 Euro
Kinder (ab 6 Jahren) und Jugendliche: 6 Euro
Für Kinder bis 5 Jahre ist der Eintritt frei.

! Kinder unter 8 Jahren dürfen das Schwimmbad nur mit einer erwachsenen Person benützen!

Parken

Kommen Sie mit dem Auto oder mit dem Rad. Es gibt Parkplätze am Joseph-Mohr-Weg.

Hygiene

Bitte duschen Sie vor dem Schwimmen!
Das Rauchen ist im Schwimmbad und auch im Café nicht erlaubt. Hunde sind nicht erlaubt.

Speisen und Getränke

Herzlich willkommen in unserem Café. Hier bieten wir kleine Speisen und Getränke an. Das Mitbringen von eigenen Speisen und Getränken ist im Picknick-Bereich und im Garten erlaubt.

Wir wünschen viel Spaß beim Schwimmen!

b Lesen Sie noch einmal und ergänzen Sie in der richtigen Form: *müssen – dürfen*.

1 Kinder bis fünf Jahre .... keinen Eintritt bezahlen.
2 Man .... mit dem Auto zum Schwimmbad kommen.
3 Hunde .... nicht ins Schwimmbad.
4 Im Garten darf man essen und trinken.

D Meldezettel

D2 21 Ordnen Sie zu.

Können Sie das bitte erklären? | Was heißt … / Was bedeutet … | Das Wort verstehe ich nicht. | ~~Können Sie das bitte wiederholen?~~

a
- ◆ Füllen Sie bitte das Formular aus und geben Sie es dann ab.
- ○ Nicht so schnell, bitte. Können Sie das bitte wiederholen?

b
- ◆ Seit wann sind Sie arbeitslos?
- ○ Entschuldigung. ………… „arbeitslos“?

c
- ◆ Sie müssen da noch unterschreiben.
- ○ Was muss ich machen? Das habe ich nicht verstanden. …………

d
- ◆ Sind Sie verheiratet oder ledig?
- ○ Was bedeutet „ledig“? …………

D3 22 Lesen Sie die Nachricht und schreiben Sie die Antwort.

Schreibtraining

Liebe Kathi, ich bin in meine neue Wohnung in Wien gezogen. Aber was muss ich jetzt machen? ☺ Yasmin

auf www.wien.gv.at den Meldezettel suchen
das Formular ausfüllen
das Formular beim Amt abgeben

Liebe Yasmin, Du bist schon in Deine neue Wohnung in Wien gezogen. Jetzt hast Du eine neue Adresse und musst einen Meldezettel ausfüllen. Das ist ganz einfach!
Du kannst auf www.wien.gv.at ………….
Dann ………….
Und danach ………….
Dann ist alles okay. Liebe Grüße Kathi

D3 23 Füllen Sie den Meldezettel für Yasmin Brahimi aus.

Prüfung

Ihre Freundin heißt Yasmin Brahimi und ist in Sousse, in Tunesien geboren. Sie ist ledig und wohnt jetzt in der Reinlgasse 130/12 in 1140 Wien. Vorher hat sie in der Kirchstetterngasse 13/45 in 1160 Wien gewohnt.

Anmeldung beim Meldeamt

FAMILIENNAME oder NACHNAME, AKAD. GRAD	VORNAME			
GEBURTSDATUM 30.10.1989	GESCHLECHT ☐ männlich ☐ weiblich	RELIGIONSBEKENNTNIS Islam.		
GEBURTSORT lt. Reisedokument; Bundesland (Inland) und Staat (Ausland)	PERSONENSTAND ☐ ledig ☐ verheiratet ☐ eingetragene Partnerschaft ☐ geschieden ☐ verwitwet			
ANMELDUNG der Unterkunft in …. Straße	Haus Nr.	Tür Nr.	Postleitzahl	Ort
ABMELDUNG der Unterkunft in …. Straße Kirchstetterngasse	Haus Nr. 13	Tür Nr. 45	Postleitzahl	Ort

E Einreise nach Österreich

E1 24 Was brauchen Sie? Verbinden Sie.

a ein Auto fahren
b eine Reise ins Ausland machen
c den Bus nehmen
d ein Visum beantragen
e krank sein und zum Arzt gehen

1 • das Formular von der Botschaft
2 • das Ticket
3 • die Krankenversicherung
4 • der Führerschein
5 • der Pass oder • der Ausweis

◇ E1 25 Was passt nicht? Streichen Sie.

a • einen Antrag — unterschreiben – ~~mieten~~ – ausfüllen
b • eine Auskunft — brauchen – verstehen – erklären
c • ein Visum — besuchen – beantragen – bekommen
d • die Ausländerbehörde — anrufen – suchen – warten
e • Geld — verdienen – bezahlen – kaufen
f • ein Dokument — zeigen – zuhören – lesen
g • das Gepäck — mitnehmen – verstehen – abgeben

❖ E1 26 Ergänzen Sie.

FAQ – Häufig gestellte Fragen: Visum für Österreich

A **Brauche ich ein Visum?**
Personen aus der Europäischen Union brauchen zur R ___ nach Österreich kein Visum.
Für andere Länder: Staatenliste

B **Welche Dokumente muss ich mitbringen?**
Sie müssen ein Antragsformular a ___ fül ___ und un ___ rsch ___ b ___.
Sie brauchen einen Reisepass. Er muss lange genug gü ___ ti ___ sein. Sie brauchen eine Krankenversicherung und einen Ei ___ k ___ e ___ snachweis.

C **Bekomme ich das Visum sofort?**
Nein. Die B ___ t ___ ft braucht zwei bis zehn Tage Zeit für den Antrag.
Im Sommer müssen Sie länger w ___ rt ___.

D **Was kostet ein Visum?**
Die G ___ ü ___ ist im Mo ___ t 60 Euro.
Sie können mit Karte oder b ___ bezahlen.

E2 27 Was ist richtig? Hören Sie die Gespräche und kreuzen Sie an.

12–14

Achtung: Manchmal gibt es mehrere Lösungen.

a  Aymen
- ☒ reist im Sommer nach Marokko.
- ○ hat Angehörige in Marokko.
- ○ braucht ein Visum für Marokko.

b  Florian
- ○ braucht ein Visum für die Reise.
- ○ hat keinen Pass.
- ○ will nicht mitfahren.

c  Die Mitarbeiterin vom Amt erklärt:
- ○ Florian muss den Personalausweis und ein Foto mitbringen.
- ○ Er bekommt den Pass nicht sofort.
- ○ Der Pass kostet 57,90 Euro.

Test Lektion 9

1 Bilden Sie Wörter und ordnen Sie zu. Ergänzen Sie mit *der – das – die*.

1 .... /4 Punkte

WÖRTER

~~schaft~~ de Füh weis hör Be pass Aus schein se Rei rer ~~Bot~~

a Orte: die Botschaft ....

b Dokumente: ....

....

2 Ergänzen Sie.

2 .... /3 Punkte

a  Hier dürfen Sie nicht ....

b  Hier dürfen Sie nicht .... !

c  Sie müssen bitte da unterschreiben .

d  Hier dürfen Sie nicht ....

.... 0–3 / 4–5 / 6–7

3 Ergänzen Sie in der richtigen Form.

3 .... /5 Punkte

GRAMMATIK

a ◆ Dürfen (dürfen) wir fernsehen?
○ Zuerst .... (müssen) ihr die Hausübung machen.

b ◆ Ich komme gern. .... (dürfen) ich meine Kinder mitbringen?
○ Natürlich .... (dürfen) du deine Kinder mitbringen. Gern!

c ◆ Sonja, du .... (müssen) Äpfel und Bananen kaufen.
○ Ich .... (müssen) Obst kaufen?! Ich esse doch gar kein Obst.

4 Schreiben Sie Bitten.

4 .... /4 Punkte

a Sie müssen dort warten. Warten Sie bitte dort.

b Ihr müsst Frau Dollinger zuhören. ....

c Du musst das Formular abgeben. ....

d Du musst pünktlich sein. ....

e Sie müssen den Pass herzeigen. ....

.... 0–4 / 5–7 / 8–9

5 Ordnen Sie zu.

5 .... /4 Punkte

KOMMUNIKATION

~~Wie bitte?~~ Darf ich Sie etwas fragen? Können Sie das bitte erklären?
Können Sie das bitte wiederholen? Ich kann noch nicht so gut Deutsch.

a ◆ Füllen Sie bitte das Formular aus.
▲ Wie bitte?
◆ Ja, gern. Füllen Sie bitte das Formular aus.

b ◆ Entschuldigung. ....
○ Ja, natürlich. Gern. Wie kann ich helfen?

c ▲ Was bedeutet „Personenstand“? ....
□ Ja, sicher. Also, sind Sie ledig, verheiratet oder ... ?
▲ Ah ja, vielen Dank. ....

.... 0–2 / 3 / 4

Fokus Alltag: Beim Wohnservice

1 Was ist richtig? Lesen Sie und kreuzen Sie an.

Mein Name ist Mehmet Karadeniz. Ich bin verheiratet und habe drei Kinder. Wir haben eine 2-Zimmer-Wohnung. Die Wohnung ist sehr klein. Wir brauchen eine 4-Zimmer-Wohnung. Ich habe einen Antrag an „Wiener Wohnen" geschickt. Dann habe ich diesen Brief bekommen. Mit dem Brief soll ich zum Amt gehen.

Herr Karadeniz möchte ○ eine andere Wohnung. ○ in der Wohnung bleiben.

2 Lesen Sie und markieren Sie: Adresse – Öffnungszeiten – Ansprechpartner.

Herzlich willkommen auf den Seiten der Wohnberatung Wien

Wie können wir Ihnen helfen? | Serviceangebote | Formulare downloaden | So finden Sie uns

Adresse: Guglgasse 7–9
1030 Wien

Öffnungszeiten: Mo, Di, Do, Fr 8.00–19.00 Uhr
Mi 8.00–12.00 Uhr

Ihre Ansprechpartner: Wohnraumvermittlung

Geförderte Wohnungen
Helga Roth
h.roth@wiewo.at
Telefon: 01/23456-7

Gemeindewohnungen
Julian Meininger
j.meininger@wiewo.at
Telefon: 01/23456-8

3 Auf dem Amt

a Ordnen Sie zu.

Na ja, das sehe ich aber anders. | Kein Problem. Das ist nicht so schlimm. | ~~Bin ich da richtig?~~ | Wohin muss ich jetzt gehen? | Muss ich Ihnen das sagen? Das ist doch meine private Sache.

1

◆ Bin ich da richtig?
○ Ja, da sind Sie richtig.
◆ ....
....
○ Ziehen Sie zuerst eine Nummer und warten Sie dann bitte vor dem Zimmer 28.

2

▲ Muss es denn wirklich eine 4-Zimmer-Wohnung sein? So klein ist Ihre Wohnung doch gar nicht.
◆ ....
.... Ich finde, zwei Zimmer sind sehr wenig für fünf Personen.

3

▲ Aha. Fünf Personen: Sie, Ihre Frau und Ihre Kinder. Sie haben sicher auch oft Besuch, oder?
◆ ....
....
....
▲ Da haben Sie recht. Tut mir leid, Herr Karadeniz.
◆ ....
....

15–17 **b** Hören Sie und vergleichen Sie.

Fokus Beruf: Einen Arbeitsplan absprechen

1 Mirkos Arbeitsplan

Mirko ist Hausmeister. Er hat einen Arbeitsplan für den Tag. Aber Herr Furtner, sein Chef macht immer neue Termine aus.

18 **a** Was ist heute anders? Hören Sie und markieren Sie im Arbeitsplan.

18 **b** Hören Sie noch einmal und korrigieren Sie.

Arbeitsplan *Name:* Mirko *Tag:* Mittwoch, 11.04.

09.00	Frau Köppl, Parkallee 12
10.00	Köppl
11.00	~~Büro, Termin mit Chef~~ Braun, Schubertstraße 27
12.00	Mittagspause
13.00	Schachinger, Frommgasse 3
14.00	Schachinger
15.00	Schachinger
16.00	frei
17.00	

Braun, Schubertstraße 27

Zeman, Gartenstraße 17

Herdorfer, Kölblweg 3

2 Ordnen Sie zu.

A Wie bitte? ○ Noch einmal, bitte. ○ Stimmt das? ○ Tut mir leid, ich verstehe Sie nicht. B Okay, ich verstehe. ○ Nicht am Montag? ○ Nicht um 18 Uhr? ○ Richtig? ○ Gut. Alles klar. ○ Ich verstehe.

A nicht verstehen / fragen 

B verstehen 

3 Ergänzen Sie passende Sätze aus 2.

Achtung: Manchmal gibt es mehrere Lösungen.

a

◆ Der Chef ist heute nicht da. ……

○ Ja, er ist erst morgen wieder da.

◆ ……

b

▲ Fahren Sie bitte noch in die Schubertstraße zur Familie Braun.

◆ ……

▲ In die Schubertstraße zu Herrn und Frau Braun.

Party-Service Müller
Mittwoch, 10.10.
Ginzinger 18.00 Uhr

c

▲ Bringen Sie bitte alles um 19 Uhr zu Ginzinger.

◆ ……

▲ Nein, erst um 19 Uhr.

◆ ……

Bis morgen also.

▲ Gut. Alles klar.

A Ihr Auge tut weh.

A1 **1 Lösen Sie das Rätsel.**

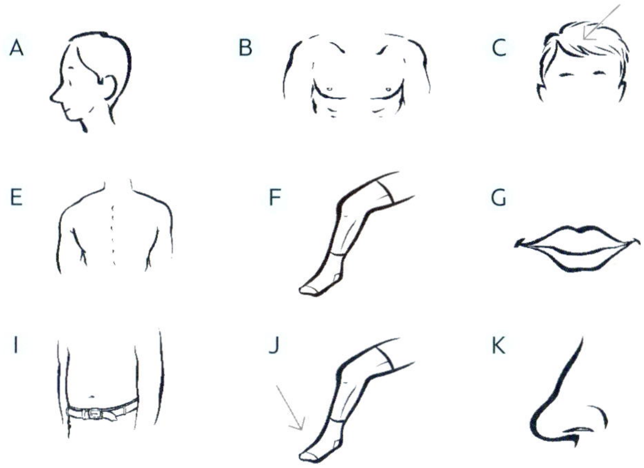

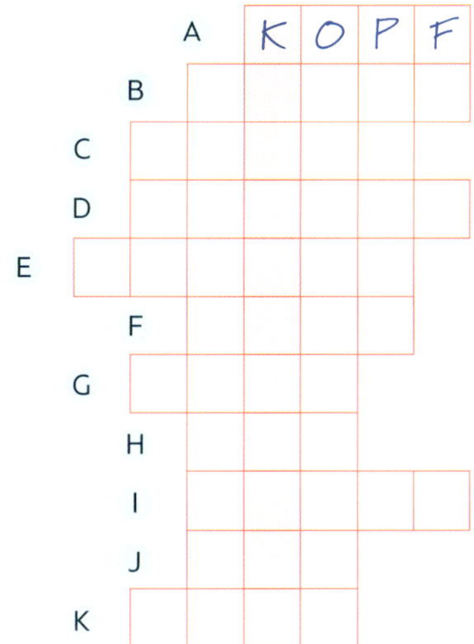

Lösung: ....

A1 **2 Schreiben Sie die Wörter aus 1 mit • *der* – • *das* – • *die* und • *die*.**
Arbeiten Sie auch mit dem Wörterbuch.

a • der Kopf • die Köpfe
b ...
c • das Haar • die Haare

A1 **3 Ergänzen Sie: *mein – meine – dein – deine – Ihr – Ihre*.**

Wieder-holung A1, L2

a
◆ Grüß Gott, Frau Müller. Ist das Ihre Tochter?
○ Nein, das ist .... kleine Schwester.

b
▲ Klara, warte einmal, ... Freund Niko ist am Telefon.
□ Das ist doch nicht .... Freund!

c
✚ Einen Moment bitte, Frau Abt, ... Mann ist am Telefon.
● Wer? .... Mann? Danke, Frau Schneider.

d
◆ .... Augen sind ja ganz grün!

e
○ Wie alt sind .... Kinder?
▲ Sieben und elf.

A2 **4 Was ist richtig? Kreuzen Sie an.**

a
Alba hatte einen Unfall.
☒ Ihr ○ Sein Auge tut weh.

b
Tomoko hat Schmerzen.
○ Ihr ○ Sein Hals tut weh.

c
Kweku kann nicht Fußball spielen.
○ Ihr ○ Sein Arm tut weh.

d
Ben geht heute nicht in die Schule.
○ Ihre ○ Seine Hand tut weh.

A2 5 Markieren Sie und ergänzen Sie Pfeile.

Grammatik entdecken

A

Réka

Ihr Vater lebt in Westungarn.

Ihr Hobby ist Tanzen.

Ihre Mutter lebt in Eger.

Ihre Eltern sind geschieden.

B

Hung

Sein Bruder heißt Minh.

Sein Hobby ist Badminton spielen.

Seine Frau heißt Lan.

Seine Kinder leben in Linz.

A2 6 Ergänzen Sie: *sein – seine – ihr – ihre.*

Das ist meine Freundin Basima aus Syrien. Ich kenne sie aus dem Schwimmbad. Schwimmen ist *ihr* Hobby. Sie ist verheiratet und sie hat zwei Kinder: ___ Tochter ist zehn Jahre alt und ___ Sohn ist acht. ___ Kinder schwimmen auch gern. ___ Mann Kalil schwimmt nicht so gern. ___ Hobby ist Schachspielen. Früher haben Kalil und ___ Vater oft zusammen Schach gespielt. Aber ___ Eltern leben nicht in Österreich. Sie leben in den USA. Dort lebt auch ___ Schwester. ___ Mann ist Amerikaner.

◇ A2 7 Ergänzen Sie: -*e* oder /.

a Sandro kommt heute etwas später. Sein */* Sohn muss zum Arzt.
b Hakan arbeitet als Koch in einem Restaurant. Sein___ Chef ist sehr professionell, aber sein___ Kollegen sind nicht besonders nett.
c Vor zwei Tagen haben wir Petre besucht. Sein___ Wohnung ist sehr schön.
d Ilena kann nicht in den Deutschkurs kommen. Ihr___ Kinder sind krank.
e Meine Schwester hat zwei Kinder, ihr___ Sohn heißt Leo und ihr___ Tochter heißt Lena.

❖ A2 8 Was erzählt Marina? Schreiben Sie.

Name: Dario
aus Italien
Dario: sehr nett und lustig
ganze Familie: seit 25 Jahren in Österreich
Schwester und drei Brüder in Österreich geboren
Schwester: hat ein Restaurant
Restaurant: am Kirchplatz
Spaghetti und Lasagne: sehr gut
dort: Dario treffen
dann: heiraten

◇ Grüß dich, Marina, wie geht es dir?
● Super! Ich habe am Wochenende geheiratet.
◇ Echt? Wen denn? Erzähl einmal.
● Also, sein Name ist …

B Unsere Augen sind so blau.

B2 9 Ordnen Sie zu.

Ihr | Unser | eure | euer | ihre | ~~Unser~~ | unsere

A

Frau Winter ist krank. Unser Deutschkurs fällt aus. Informierst du bitte Kiril? Danke! Asma

B
Liebe Maria, ich bin wieder gesund, aber jetzt sind ______ Kinder krank. Ich kann also nicht kommen. ______ Treffen muss leider ausfallen. Nächste Woche bin ich hoffentlich wieder da. Grüße Rosina

C
Hallo ihr zwei, was machen ______ Töchter? Sind ______ Freundinnen aus Spanien schon da? Bussi Ina

D
Hallo Leo! Hallo Max! Wie war ______ Ausflug? Seid ihr schon daheim? LG Mama

E
Elke und Rainer können am Wochenende doch nicht kommen. ______ Sohn ist seit zwei Tagen krank. Baba, Peter

◇ B2 10 Was ist richtig? Kreuzen Sie an.

A

☒ Unsere ○ Eure Lehrerin ist super, oder?

B

Sind das ○ ihre ○ eure Fahrräder?

C

Entschuldigung, das ist ○ ihr ○ unser Ball.

D

▲ Wer war das? Du, Julian?
□ Nein, ich nicht! Das war ○ eure ○ ihre Idee.

❖ B2 11 Ergänzen Sie in der richtigen Form: *unser – euer – ihr.*

◆ Schau einmal. Das sind meine beiden Brüder Anton und Max. Und das sind unsere Eltern.
○ Ist das ______ Oma?
◆ Ja, und das ist ______ Opa.
○ Was war ______ Opa denn von Beruf?
◆ Er war Bäcker. ______ Großeltern hatten eine Bäckerei. Da, das ist ______ Bäckerei.
○ Und gibt es die Bäckerei heute noch?
◆ Nein, ______ Vater hat die Bäckerei verkauft. Heute ist dort ein Gemüsegeschäft.

B2 12 *Unser* oder *unseren*?

Grammatik entdecken

a Ordnen Sie zu.

unseren Hund | deinen Papa | euer Auto | eure Tests | ihre Telefonnummer | ~~euren Lehrer~~

1
◆ Hallo, ihr zwei. Ich habe heute euren Lehrer getroffen. Er hat gesagt, ihr habt morgen .... in Mathematik und Deutsch.
○ Stimmt! Aber wir haben schon gelernt!

2
▲ Rufst du bitte Klaus und Silvia noch an?
□ Ja, hast du ....?

3
□ Wo ist denn der Balou? Hast du .... gesehen?
✚ Balou ist im Garten.

4
◆ Mama, kann ich heute Abend vielleicht .... haben?
□ Frag bitte ....

b Markieren Sie in a: Wen?/Was? Ergänzen Sie dann.

● einen	meinen		seinen	ihren			ihren	Lehrer, Papa, Hund
● ein	mein	dein	sein	ihr	unser		ihr	Auto
● eine	meine	deine	seine	ihre	unsere	eure		Telefonnummer
● –	meine	deine	seine	ihre	unsere	eure	ihre	Tests

B2 13 Ergänzen Sie.

a
◆ Hast du dein Geld und d.................... Ausweis?
○ Ja, Schatzi, ich habe m.................... Geld und m.................... Ausweis.

b
Tragen Sie bitte I.................... Telefonnummer und Ihre Adresse in das Formular ein.

c
● Dominik und Lena, macht jetzt bitte e.................... Hausübung.
▲ Wir möchten u.................... Hausübung aber nicht machen!

d
◆ Hast du u.................... Hund gesehen?
○ Schaut einmal! Ist das e.................... Hund?

C Ich **soll** Schmerztabletten **nehmen**.

C2 14 Ergänzen Sie *sollen* in der richtigen Form.

a .... ich wirklich zwei Tage daheim bleiben?
b Du .... ein paar Schritte gehen.
c Er .... Sarah in der Früh die Medizin geben.
d .... wir immer noch ruhig sein?
e Ihr .... nicht so viele SMS schreiben.
f .... die Kinder wirklich die Tabletten nehmen?
g Frau Erl, Sie sollen im Wartebereich warten.

C2 15 Ergänzen Sie die Sätze aus 14.

Grammatik entdecken

....	....	....	....	....
....	....	....	....	....
....	....	....	....	....
....	....	....	....	....
....	....	....	....	....
....	....	....	....	....
Frau Erl, Sie	sollen	im Wartebereich	warten	.

C2 16 Schreiben Sie die Sätze neu.

a Geh nicht so spät ins Bett! — Du sollst nicht so spät ins Bett gehen.
b .... — Du sollst endlich aufstehen.
c .... — Ihr sollt leise sein.
d Unterschreiben Sie bitte hier! — ....
e .... — Sie sollen „Ja“ oder „Nein“ ankreuzen.
f .... — Sie sollen zum Chef kommen.
g Wartet bitte da! — ....
h .... — Du sollst nicht so viel Schokolade essen.

C3 17 Ordnen Sie zu.

darf Willst soll ~~Sollst~~ darf Willst soll

a
- Na, was hat die Ärztin gesagt? Sollst du im Bett bleiben?
- Nein, aber ich .... meinen Hals warm halten.

b
- War Lukas schon in der Apotheke?
- Ja, die Apothekerin hat gesagt, er .... Schmerztabletten nehmen und er .... leider nicht Fußball spielen.

c
Du schaust nicht gut aus. Du hast sicher Fieber. .... du nicht lieber zum Arzt gehen?

d
- Sina und ich gehen morgen ins Schwimmbad. .... du auch mitkommen?
- Nein, ich .... nicht. Das erlauben meine Eltern nicht. Ich habe immer noch Husten.

C

◇ C3 18 **Verbinden Sie.**

a Sagen Sie Herrn Mujevis, er soll
b Ihre Hand schaut ja schlimm aus. Sie müssen
c Wir haben keine Milch mehr. Kannst du
d Das ist verboten. Du darfst
e Du hast jetzt genug gespielt. Du musst
f Der Arzt hat gesagt, ich soll

1 bitte einen Liter kaufen?
2 hier nicht rauchen.
3 meine Ohren warm halten.
4 die Salbe da verwenden.
5 bitte in mein Büro kommen.
6 deinen Computer ausschalten.

❖ C3 19 **Ergänzen Sie die Gespräche mit *müssen – sollen – können – dürfen – wollen* in der richtigen Form.**

~~viel trinken~~ | bis 20.00 Uhr arbeiten | ~~Almdudler trinken~~ | mitkommen | hier nicht telefonieren | das Handy ausschalten | leider nicht mitkommen | ~~Tee trinken~~

A

- Der Arzt hat gesagt, ihr sollt viel trinken.
- Können wir Almdudler trinken?
- Nein. Ihr sollt Tee trinken.

B

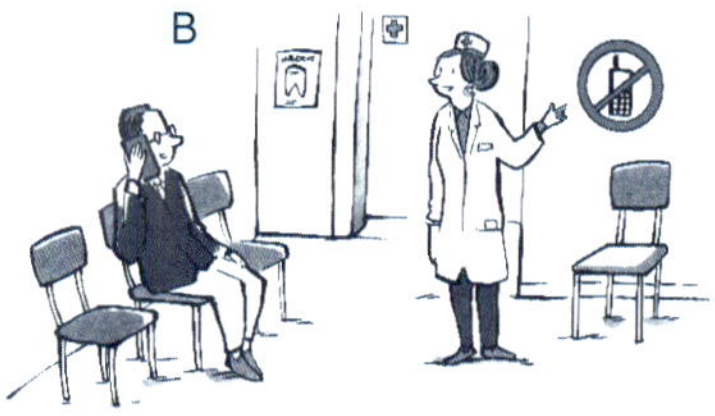

- Entschuldigung. Sie ……………………………… .
  Sie ……………………………… .
- Oh, tut mir leid. Ich habe das Schild nicht gesehen.

C

- Sabine und ich gehen jetzt ins Kino.
  ……………………………… ?
- Tut mir leid, ……………………………… . Ich ……………………………… .

C4 20 **Gesundheitstag**

19 a Was ist richtig? Hören Sie und kreuzen Sie an.

1

2

1 Herr Özkan hat ○ Zahnschmerzen. ○ Schlafprobleme.
2 Frau Burtscher hat ○ Schnupfen. ○ Kopfschmerzen.

19 b Was ist richtig? Hören Sie noch einmal und korrigieren Sie.

1 Herr Özkan schläft seit zehn ~~Tagen~~ nicht gut. Wochen
2 Er hat gerade keinen Job. ………………
3 Dr. Stallinger sagt: Er soll in der Früh spazieren gehen. ………………
4 Frau Burtscher hat seit zwei Wochen Kopfweh. ………………
5 In ihrer Freizeit kocht sie oder surft im Internet. ………………
6 Sie soll am Abend Freunde treffen oder früh ins Bett gehen. ………………

D Krankmeldung

D1 21 Lesen Sie die Krankmeldung und ergänzen Sie.

Familienname, Vorname(n): Monique Douda	Versicherungsträger: SVA St. Pölten
Krankenstandsadresse: Teufelhofer Straße 66 3100 St. Pölten	Versicherungsnummer: 9231290275
Arbeitsunfähig von: 29.11.	bis: 04.12.

a Wer ist krank? Monique Douda

b Seit wann ist die Person krank? ……

c Wann kann die Person wieder arbeiten? ……

D2 22 Einen Brief schreiben

a Markieren Sie noch sieben Wörter.

DEKUABSENDEROLAUANREDEDAMPOUNTERSCHRIFTKAEMPFÄNGERPELO
SAMORTTIEMERGRUSSNUDATBETREFFEKODATUMUMA

b Ordnen Sie die Wörter aus a zu und ergänzen Sie mit • *der* – • *das* – • *die*.

1 Die Person schreibt den Brief: ……
2 Die Person bekommt den Brief: ……
3 Ein anderes Wort für „die Stadt“: ……
4 Wann schreiben Sie den Brief?: ……
5 Warum schreiben Sie den Brief?: ……
6 Das steht vor dem Brieftext: ……
7 Das steht nach dem Brieftext: • der Gruß
8 Das schreiben Sie zum Schluss: ……

D3 23 Ordnen Sie zu.

~~Sehr geehrte Frau Winter~~ | Liebe Grüße | Sehr geehrte Damen und Herren | Lieber Jakob | Mit freundlichen Grüßen | Hallo, Schatzi | Sehr geehrter Herr Sommer | Liebe Klara

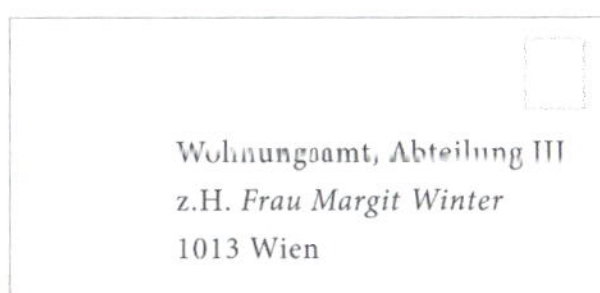

	Sie sagen „Sie“:	Sie sagen „du“:
Anrede	Sehr geehrte Frau Winter	
Gruß		

D3 24 Hören Sie und sprechen Sie nach.

20 Phonetik

Haus – aus | Hund – und | hier – ihr | haben – Abend | am Abend | heute Abend | um ein Uhr | Otto und ich | Hans und Anna

Hast du heute gearbeitet? – Am Wochenende nie!
Mein Hals tut weh. – Warst du schon beim Arzt?
Was macht Ihre Hand, Herr Achleitner? – Meine Hand ist wieder okay.

E Anruf beim Arzt / Notruf

E2 25 Ordnen Sie zu.

Ihre E-Card mit | einen Termin haben | gleich vorbei | bitte heute kommen | einen Termin frei | ist dringend | ~~grüß Gott~~

- ◆ Ordination Doktor Stahlmeier, grüß Gott .
- ○ Guten Morgen, da spricht Aboudi. Könnte ich bitte ……………………?
- ◆ Ja, morgen haben wir …………………….
- ○ Ich möchte …………………….
  Es …………………….
- ◆ In Ordnung, dann kommen Sie doch …………………….. Und bringen Sie bitte …………………….
- ○ Vielen Dank. Bis gleich.

E3 26 Lesen Sie die Nachricht. Ordnen Sie dann und schreiben Sie die Antwort.

Schreib-training

> Liebe Jana, wie geht es deinem Fuß? Wann musst du wieder zum Arzt? Du kannst ja sicher noch nicht wieder gehen. Ich kann mit dem Auto kommen und dann fahren wir zusammen. Du wohnst ja ganz in der Nähe. Schreib mir doch deine Termine. Bis dann, Melanie

- ◯ Am Mittwoch, also morgen, habe ich einen Termin um 10 Uhr.
- ◯ vielen Dank, das ist sehr nett.
- ◯ Liebe Melanie,
- (6) Ich hoffe, du hast Zeit und du kannst kommen.
- (3) Ich kann wirklich noch gar nicht gut gehen.
- ◯ Bussi, Jana
- ◯ Und dann habe ich noch einen Termin nächste Woche am Freitag um 9 Uhr.

Liebe Melanie, …

E4 27 Lesen Sie den Text im Kursbuch auf Seite 41 noch einmal und verbinden Sie.

Achtung: Manchmal gibt es mehrere Lösungen.

a Ein Notfall ist passiert: Sie sind plötzlich sehr krank und brauchen einen Notarzt.	1 Gehen Sie zu einer Ordination mit Bereitschaftsdienst.
b Es ist Wochenende und Sie brauchen Medikamente.	2 Rufen Sie den ärztlichen Notdienst an.
c Es ist 22.00 Uhr und Sie brauchen dringend einen Arzt.	3 Gehen Sie zum Apotheken-Notdienst.
d Sie möchten Informationen über den Apotheken-Notdienst.	4 Gehen Sie in die Ambulanz in ein Krankenhaus.
e Sie möchten wissen: Wo gibt es eine Ordination mit Bereitschaftsdienst und wann sind die Sprechstunden?	5 Rufen Sie die Telefonnummer 144.
	6 Aktuelle Informationen finden Sie in der Zeitung oder im Internet.
	7 Aktuelle Informationen finden Sie bei der nächsten Apotheke.

E5 28 Was passt nicht? Streichen Sie.

a eine Verletzung — haben – ~~treffen~~ – kühlen
b auf dem Boden — schlafen – liegen – passieren
c eine Nachricht — schicken – schreiben – informieren
d Hilfe — holen – anrufen – bekommen
e einen Notarzt — geben – brauchen – holen
f ein Motorrad — kaufen – fahren – bleiben
g einen Bekannten — verwenden – treffen – anrufen

E5 29 Verbinden Sie.

a ◆ Hallo. Wo sind Sie?
b ◆ Aha. Und was ist passiert?
c ◆ Ist jemand verletzt?
d ◆ Welche Verletzung hat die Frau?
e ◆ Und wie heißen Sie?
f ◆ Gut, Frau Spengler. Der Notarzt ist in ein paar Minuten bei Ihnen. Bleiben Sie bitte am Unfallort.

1 ○ Spengler. Sandra Spengler.
2 ○ In Ordnung.
3 ○ Ich bin hier in der Juliusstraße.
4 ○ Ja, eine Frau.
5 ○ Ein Unfall mit einem Auto.
6 ○ Sie sagt, ihr Arm tut weh. Sie hat starke Schmerzen.

E5 30 Was ist richtig? Hören Sie und kreuzen Sie an.

21–23
Prüfung

Sie hören jeden Text zweimal.

1 Wann haben Alex und Sergej Fußballtraining?

a ○ Heute. 

b ○ Morgen. 

c ○ Am Donnerstag. 

2 Für wann hat die Ordinationshilfe Frau Böhm in den Terminplan geschrieben?

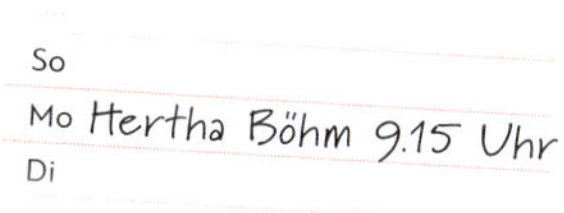

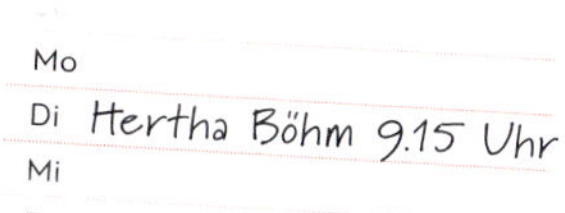

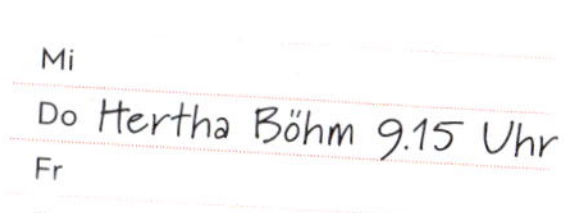

a ○ Für Montag.
b ○ Für Dienstag.
c ○ Für Donnerstag.

3 Was soll der Mann tun?

a ○ Am Unfallort bleiben.
b ○ Die Polizei anrufen.
c ○ Nicht mit der Frau sprechen.

Test Lektion 10

1 Was passt nicht? Streichen Sie.

1 ...... /5 Punkte — WÖRTER

a die Salbe – ~~das Motorrad~~ – die Medizin – das Medikament
b der Schnupfen – der Husten – die Tablette – das Fieber
c die Schritte – die Augen – die Arme – die Ohren
d kühlen – schicken – schlafen – warm halten
e der Absender – der Empfänger – die Anrede – der Boden
f der Unfall – das Bussi – die Verletzung – der Notfall

...... 0–2 / 3 / 4–5

2 Was ist richtig? Kreuzen Sie an.

2 ...... /7 Punkte — GRAMMATIK

☒ *Unser* ○ *Unsere* ○ *Ihr* *Sommer* (a)
Im Sommer waren ○ dein ○ meine ○ deine Schwester (b) und ich in Rumänien. Das ist ○ euer ○ unsere ○ unser Heimatland (c). Wir haben ○ euer ○ unseren ○ euren Bruder Andrej (d) in Sulina besucht. Dort sind wir alle geboren. ○ Unser ○ Ihre ○ Unsere Eltern (e) wohnen jetzt in Bukarest. Andrej lebt aber nicht allein in Sulina: ○ Ihre ○ Seine ○ Ihr Frau Livia (f) und Livias Vater leben auch da. Ich habe ○ sein ○ ihren ○ euren Vater (g) im Sommer das erste Mal getroffen. Er ist sehr lustig. Wir hatten viel Spaß. Und wie war ○ euer ○ unser ○ ihre Sommer (h)?

3 Was hat der Arzt gesagt? Schreiben Sie Sätze mit *sollen*.

3 ...... /5 Punkte

a *Ihr sollt Tabletten nehmen.* (Tabletten – ihr – nehmen)
b ...... (eine Salbe – ich – kaufen)
c ...... (wir – machen – Sport)
d ...... (viel – trinken – Tee – Ida)
e ...... (kühlen – Bein – du – dein)
f ......
(im Bett – Flavia und Sofie – bleiben)

...... 0–6 / 7–9 / 10–12

4 Ordnen Sie.

4 ...... /6 Punkte — KOMMUNIKATION

○ ◆ Wann haben Sie denn Zeit? Morgen Vormittag haben wir noch einen Termin frei.
(1) ◆ Ordination Doktor Stein, guten Morgen.
○ ● Ich möchte bitte heute kommen. Es ist dringend!
○ ● In Ordnung. Bis gleich.
○ ◆ Und bringen Sie bitte Ihre E-Card mit.
○ ◆ Dann kommen Sie doch in einer halben Stunde vorbei.
○ ● Guten Morgen, da spricht Greil. Könnte ich bitte einen Termin haben?
(6) ● Das passt sehr gut, danke. Dann komme ich gleich vorbei.

...... 0–3 / 4 / 5–6

1 Schauen Sie den Text an. Was ist das? Kreuzen Sie an.

a ○ eine Krankmeldung b ○ ein Rezept c ○ eine Information für Patienten

DOBENPHARM – Hals- und Rachen-Lutschtabletten

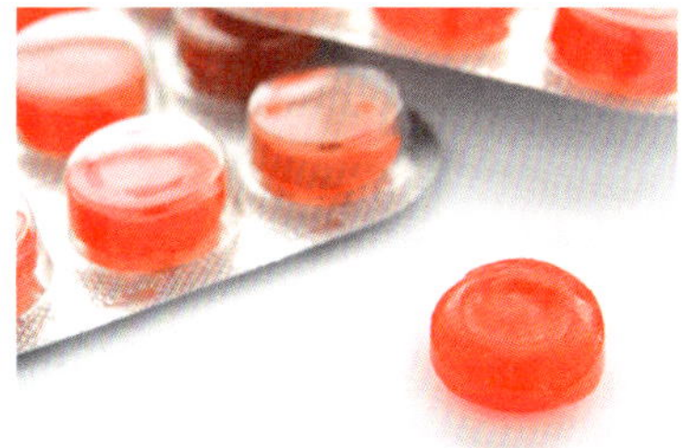

Zur Schleimlösung,
z.B. bei Heiserkeit und Husten

Lesen Sie diese Gebrauchsinformation gut durch. Sie enthält wichtige Informationen. Sie haben Fragen? Dann fragen Sie bitte Ihren Arzt oder Apotheker.

1. **Wann nehmen Sie die Tabletten?**
Dobenpharm hilft bei Halsschmerzen, Heiserkeit und Husten.

2. **Was müssen Sie vor der Einnahme von Dobenpharm beachten?**
In folgenden Fällen dürfen Sie *Dobenpharm* nicht nehmen:
- Sie haben Bluthochdruck.
- Sie sind schwanger.
- Sie stillen ein Baby.

Geben Sie *Dobenpharm* nicht an Kinder unter 12 Jahren.

3. **Wie oft und wie nehmen Sie Dobenpharm?**
Nehmen Sie *Dobenpharm* genau nach dieser Packungsbeilage ein. Ihr Arzt hat nichts anderes gesagt? Dann nehmen Erwachsene alle zwei Stunden eine Tablette. Lassen Sie die Tablette langsam im Mund zergehen. Nehmen Sie nicht mehr als 9 Tabletten am Tag.

	Einzeldosis	Tagesgesamtdosis
Erwachsene und Kinder über 12 Jahren	1 Tablette	bis zu 9 Tabletten

4. **Wie lange sollen Sie Dobenpharm nehmen?**
Nehmen Sie *Dobenpharm* maximal drei Tage ein.

5. **Wann sollen Sie zum Arzt gehen?**
- Sie haben mehr als 3 Tage Schmerzen.
- Sie haben Fieber.
- Sie haben Atemnot.

6. **Welche Nebenwirkungen gibt es?**
Manchmal: allergische Reaktionen der Haut. Nehmen Sie dann keine Tablette mehr und gehen Sie sofort zum Arzt.

2 Lesen Sie den Text in 1. Dürfen die Personen die Tabletten nehmen? Kreuzen Sie an.

A
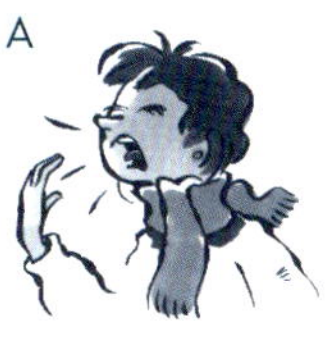
☒ ja ○ nein

B

○ ja ○ nein

C

○ ja ○ nein

D

○ ja ○ nein

E

○ ja ○ nein

F

○ ja ○ nein

3 Lesen Sie den Text in 1 noch einmal. Was ist richtig? Kreuzen Sie an.

a ☒ Man darf maximal neun Tabletten pro Tag nehmen.
b ○ Man soll alle zwei Stunden eine Tablette nehmen.
c ○ Man muss die Tabletten drei Tage nehmen.
d ○ Bei Fieber soll man zum Arzt gehen.
e ○ Es gibt keine Nebenwirkungen.

Fokus Beruf: Informationen zu Sicherheitsvorschriften

1 Verbinden Sie.

A

B

C

D

E

Man muss in einer Küche einen Haarschutz tragen.

Man soll einen Gehörschutz tragen.

Beim Fahren darf man nicht mit dem Handy telefonieren.

Auf einer Baustelle muss man spezielle Kleidung tragen.

Man darf im Lager nicht rauchen.

2 Was dürfen Sie nicht? / Was müssen Sie bei Ihrer Arbeit?

Erzählen Sie.

Ich arbeite in einem Kindergarten. Da darf ich natürlich nicht rauchen. Und ich darf nicht mit meinem Handy telefonieren.

3 Was bedeuten diese Schilder?

Erklären Sie.

Das Schild A findet man zum Beispiel in einer Bibliothek. Hier muss man leise sein. Man darf nicht sprechen.

A

Bitte Ruhe!

B

Notausgang

C

Feuerlöscher

D

Schutzbrille tragen!

E

Notfalltelefon

F

Betreten verboten!

A Fahren Sie dann **nach links**.

A2 1 Wie heißen die Wörter? Ergänzen Sie mit • *der* – • *das* – • *die*.

a Muumse	• das Museum	e teloH	
b naBk		f tsoP	
c stelTankle		g nhaBhof	
d kreWstatt		h leSchu	

A3 2 Wo ist da …? Hören Sie und zeichnen Sie die Wege in den Stadtplan.

24–26

a die Post
b die Apotheke
c das Hotel

Sie sind hier.

A3 3 Ergänzen Sie in der richtigen Form.

a Fahren Sie die dritte (drei) Straße rechts 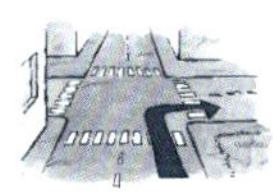.

b Fahren Sie die ………… (zwei) Straße ………… .

c Fahren Sie 300 Meter …………  und dann ………… .

A3 4 Ordnen Sie zu.

in der Nähe | Ich suche | ~~wo ist denn da~~ | auch nicht von da | da rechts | dann bei der Ampel links | Fahren Sie | Wo ist bitte

a
◆ Entschuldigung, wo ist denn da das Kino?
○ ………… immer geradeaus.

b
◆ Gibt es einen Supermarkt …………?
● Tut mir leid, ich bin ………… ………….

c
▲ ………… den Bahnhof.
□ Gehen Sie ………….

d
◆ ………… die Autobahn?
□ Fahren Sie zuerst geradeaus und ………… ………….

B Wir fahren **mit dem Auto**.

B1 **5 Finden Sie noch acht Verkehrsmittel und ergänzen Sie mit • *der* – • *das* – • *die*.**

S	T	R	A	ß	E	N	B	A	H	N
A	U	T	O	T	O	C	U	X	E	T
ß	C	H	W	E	ß	T	S	E	G	R
F	L	U	G	Z	E	U	G	B	S	A
A	M	U	T	T	L	-	M	R	O	R
H	U	-	B	A	H	N	L	A	H	E
R	C	B	O	S	S	-	B	A	H	N
R	B	A	M	Z	E	O	P	A	R	B
A	O	H	A	U	K	I	U	D	E	A
D	S	L	H	G	T	A	X	I	R	H

• das Auto
....
....
....
....
....
....
....
....

B1 **6 Ordnen Sie die Wörter aus 5 zu und ergänzen Sie in der richtigen Form.**

Grammatik entdecken

	• der	• das	• die
Ich fahre/fliege/ reise mit ...	.....	dem Auto	.....
	.....	.....	.....
		.....	.....
		.....	

B2 **7 Ergänzen Sie: *zum – zur*.**

Heute ist Herr Roth in der Stadt: Zuerst bringt er Briefe zur Post. Dann fährt er mit der Straßenbahn .... Gemeindeamt. Er hat dort einen Termin. Danach geht er .... Fleischhauer und kauft Faschiertes. Zum Schluss geht er .... Bushaltestelle. Er möchte heimfahren.

◇ B2 **8 Ergänzen Sie: *mit dem – mit der – zum – zur*.**

a ◆ Am Samstag sind wir mit dem Fahrrad .... Landesmuseum gefahren.
○ Wirklich? Das ist aber weit. Warum seid ihr denn nicht .... Bus gefahren?
◆ Na, das Wetter war so schön.

b ◆ Wie komme ich .... Innbrücke?
○ Fahren Sie immer geradeaus. .... Auto sind Sie in zwei Minuten dort.

c ◆ Kann ich zu Fuß .... Meldeamt gehen?
○ Nein. Das ist viel zu weit. Fahren Sie doch .... Straßenbahn. Bei der Station „Schlossberg" ist dann das Meldeamt.

◆ B2 **9 Mit welchem Verkehrsmittel und wohin fährt/geht Frau Singer?**

27 **a** Hören Sie und verbinden Sie.

1	S-Bahn	Schule
2	Auto	Supermarkt
3	Fahrrad	Salzburg Aigen
4	Zu Fuß	Bahnhof

b Schreiben Sie Sätze.

Frau Singer fährt mit dem Fahrrad zum Bahnhof. Dann ... Danach ... Am Nachmittag ...

C Da! **Vor der Brücke** links.

C2 10 Ordnen Sie zu.

an ~~auf~~ hinter in neben über unter vor zwischen

A  auf

B  ...

C  ...

D  ...

E  ...

F  ...

G  ...

H  ...

I  ...

◇ C2 11 Wo ist das Auto? Kreuzen Sie an.

A 

B 

C 

D 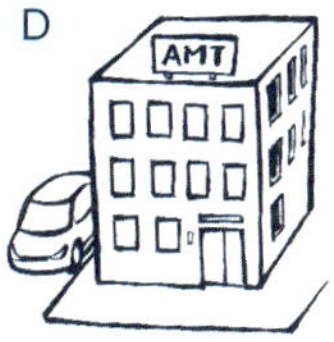

E 

F 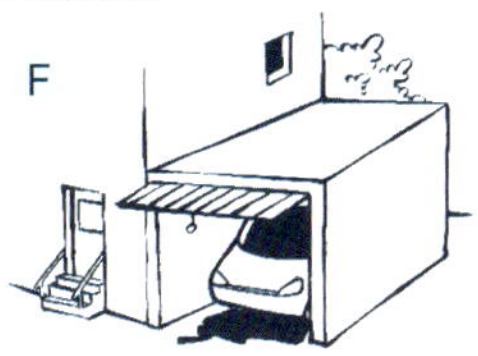

a Das Auto ist ☒ vor ○ neben dem Bahnhof.

b Das Auto ist ○ zwischen ○ hinter dem Restaurant.

c Das Auto ist ○ über ○ an der Tankstelle.

d Das Auto ist ○ neben ○ unter dem Amt.

e Das Auto ist ○ auf ○ in dem Parkplatz.

f Das Auto ist ○ unter ○ in der Garage.

❖ C2 12 Ergänzen Sie.

a Manfred liegt im Bett.

b Das Auto steht ... der Garage.

c Flocki ist ... dem Sofa.

d Flocki ist ... dem Tisch.

e Die Apotheke ist ... der Post.

f Patricia sitzt ... Mario.

g Eva wartet ... der Bushaltestelle.

h Die Schule ist ... der Bank.

A 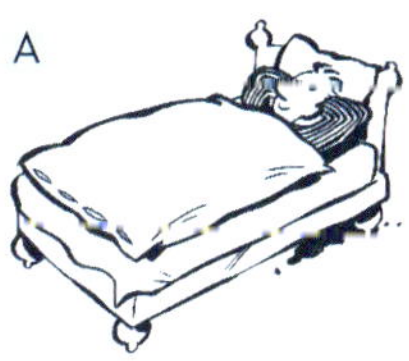

B 

C 

D 

E 

F 

G 

H 

C

13 Wo ist der Einkaufszettel?

Grammatik entdecken

a Schauen Sie das Bild an und ergänzen Sie.

Der Einkaufszettel ist ...

1 unter dem ______ Tisch.
2 ______ Regal.
3 ______ Uhr.
4 ______ Milch.
5 ______ Herd.
6 ______ Flaschen.
7 ______ Buch.
8 am ______ Kühlschrank.
9 ______ Büchern.

b Ordnen Sie aus a zu.

Wo?	● der	● das	● die	● die
an, auf, hinter, in, neben, über, unter, vor, zwischen	unter dem Tisch	⚠		
	⚠ am Kühlschrank			

14 Schauen Sie das Bild an und ordnen Sie zu.

Neben der | Im | zwischen den | Vor dem | Hinter dem | ~~In der~~ | In der | Über der | unter den | Auf dem

In der Linzer Straße 40 gibt es eine Buchhandlung. ______ Buchhandlung kann man Bücher kaufen. ______ Buchhandlung ist eine Bäckerei. ______ Buchhandlung und der Bäckerei ist die Ordination von Dr. Zahnstein. Die Ordination ist ______ Wohnungen von Familie Georgos und Frau Schön. Sie ist also ______ Wohnungen und der Buchhandlung und der Bäckerei. ______ Haus sind eine Straße und ein kleiner Parkplatz. ______ Parkplatz stehen oft Autos. ______ Haus ist ein Park mit vielen Bäumen. ______ Park gibt es ein Café.

D Wir gehen **zu Walter** und holen das Auto.

D3 15 Wo warst du und wohin fährst du?

Grammatik entdecken

a Markieren Sie: Wo? und Wohin?

1
- Wo warst du am Samstag? Bei Paul?
- Ich war zuerst bei Paul im Garten und dann waren wir im Kino.

2
- Wohin fährst du? Zu Felix?
- Ja, ich fahre zu Felix. Wir gehen in den Park oder ins Kino.

3
- Was hast du gestern gemacht?
- Ich war in der Bäckerei und beim Zahnarzt.

4
- Was machst du heute?
- Zuerst gehe ich zum Arzt und dann zur Apotheke.
- Ah, ich muss auch noch in die Apotheke!

5
- Wo hast du studiert?
- Zuerst in Italien, in Rom. Und dann in der Schweiz.

6
- Wohin fährst du im Sommer? Wieder nach Spanien?
- Nein, in die Türkei. Nach Izmir.

7
- Ich war gestern erst um drei Uhr in der Früh zu Hause. Die Party war echt super!
- Mir hat die Party nicht gefallen! Ich bin schon um zehn Uhr nach Hause gegangen.

b Ordnen Sie aus a zu.

	Wo?		Wohin?	
Person	bei	Paul	zu	Felix
		Zahnarzt		Arzt
Geschäft/„Haus"/Ort		Bäckerei	/	Apotheke
		Kino		Kino
	im	Garten	in den	Park
Land/Stadt		Italien		Spanien
		Schweiz		Türkei
		Rom		Izmir
	⚠	Hause	⚠	Hause

D3 16 Was ist richtig? Kreuzen Sie an.

a Fährt der Lkw ○ bei ☒ nach Ungarn?
b Ich gehe noch schnell ○ zur ○ nach Post.
c Im Herbst fahren wir ○ zur ○ in die USA.
d Warst du schon ○ beim ○ zum Arzt?
e Ulli sitzt ○ zum ○ im Garten und liest.
f Gehen wir später ○ im ○ ins Konzert?
g Morgen fahren wir ○ nach ○ zu Salzburg.
h Am Freitag fahre ich ○ zu ○ bei Oma und Opa.
i Ich bin müde. Ich gehe ○ zu ○ nach Hause.
j Ludwig arbeitet ○ in die ○ in der Schweiz.
k Wir haben ○ nach ○ in Wien studiert.

D

17 Ordnen Sie zu.

Zur | im | ins | nach | ~~bei~~ | in | nach | zu | beim | zu | ins

a
- Wo warst du am Wochenende?
- Ich war *bei* meinen Großeltern.

b
- Wohin gehst du denn?
- Ich gehe .... Denis.

c
- Wohin fährst du?
- .... Bäckerei, Semmeln kaufen.

d
- Was hast du gestern gemacht?
- Ich war .... Deutschkurs und dann .... Arzt.

e
- Gehst du mit .... Museum?
- Nein, ich habe keine Lust.

f
- Wo wohnst du?
- Gleich da, ... der Mariengasse.

g
- Fährst du bald wieder .... Prag?
- Ja! Die Parks und die Brücken dort sind so schön.

h
- Bist du um 20 Uhr schon .... Hause?
- Nein, ich komme heute erst um 22 Uhr .... Hause. Ich gehe noch .... Konzert.

18 Schreiben Sie.

am Montag in der Früh: Auto → Arzt fahren
keinen Parkplatz finden → am Bahnhof parken müssen
dann: Straßenbahn → Ordination fahren
sofort: Bäckerei gehen → Kuchen essen
danach: Hause fahren wollen

Laura hat Zahnweh. Am Montag in der Früh *fährt sie mit dem Auto zum Arzt*. Aber .... Laura .... Dann .... Dr. Stückler kann Laura helfen und sie hat keine Schmerzen mehr. Sofort .... und .... Danach .... Aber: Wo ist der Autoschlüssel?

19 Verbinden Sie und schreiben Sie Sätze.

a die Fleischhauerei — 3
b die Bücherei
c der Copyshop
d das Hotel
e die Buchhandlung
f die Trafik

1 Bücher ausleihen
2 Bücher kaufen
3 Fleisch kaufen
4 Zeitungen, Zigaretten kaufen
5 essen und schlafen
6 kopieren

a In der Fleischhauerei kann man Fleisch kaufen.

D5 20 Wo finde ich …?

a Ordnen Sie zu.

1 Wo finde ich einen Copyshop? ◯ Gleich da drüben am Eck, neben der Post.
◯ Ist die Adalbertstraße da hinten? ◯ Und wo gibt es eine Trafik? ◯ Nein, sie ist gleich da vorn.
◯ Da müssen Sie in eine Trafik oder in eine Buchhandlung gehen.
◯ Wo kann ich denn da eine Zeitung bekommen? 2 In der Adalbertstraße ist ein Copyshop.

1 nach Orten und Wegen fragen 2 Auskunft geben

b Schreiben Sie zwei Gespräche mit den Sätzen aus a.

◇ Wo finde ich einen Copyshop?
● In der …

D5 21 Neu in der Stadt

Schreibtraining

a Lesen Sie die SMS und verbinden Sie.

1 Ich habe den Job in der Bücherei bekommen. Jetzt brauche ich eine Kinderbetreuung für Mia. Kannst Du helfen? LG Anni

2 Servus Michi, heute will ich eine Pizza machen. Da brauche ich Schinken. Wo finde ich eine Fleischhauerei?

3 Hallo Elfi, ich habe schon wieder Husten! Kannst Du bitte einen Hustensaft kaufen? Danke! Arno

A Geh in die Fleischhauerei Wurmbichler in der Ufergasse. Die ist in der Nähe vom City-Kino.

B Sicher. Ich geh grad heim und noch schnell in die Apotheke. Bis nachher! Bussi

C Frag doch einmal im Kindergarten „Kunterbunt“. Der ist gar nicht weit weg, am Hoferplatz. Bis bald! Maria

b Wählen Sie eine Situation und schreiben Sie Nachrichten wie in a.

1 Eine Freundin / Ein Freund ist neu in Ihrer Stadt und möchte wissen: Wo ist die Post? Antworten Sie.

2 Sie sind krank. Bitten Sie eine Freundin / einen Freund um Hilfe: Sie / Er soll in die Apotheke gehen und Medikamente kaufen.

D6 22 z hören und sprechen

Phonetik

28 a Was hören Sie? Kreuzen Sie an.

1 ◯ s ☒ z	3 ◯ s ◯ z	5 ◯ s ◯ z	7 ◯ s ◯ z
2 ◯ s ◯ z	4 ◯ s ◯ z	6 ◯ s ◯ z	8 ◯ s ◯ z

29 b Hören Sie und sprechen Sie nach.

1 Zug – mit dem Zug – mit dem Zug in die Schweiz – Wir fahren mit dem Zug in die Schweiz.
2 zwischen – zwischen der Post und dem Parkplatz – Zwischen der Post und dem Parkplatz gibt es eine Trafik.
3 Zahnarzt – zum Zahnarzt – mit dem Bus zum Zahnarzt – Isa fährt mit dem Bus zum Zahnarzt.

E Am Bahnhof

E1 23 Ergänzen Sie.

A

einsteigen

B

____

C

____

E2 24 Ordnen Sie zu und ergänzen Sie in der richtigen Form.

Verspätung ~~fahren~~ Circa Durchsagen ankommen hin und retour Bahnsteig abfahren Einfach

- ▲ Entschuldigung, wann fährt der nächste Zug nach Wolfsberg?
- ◻ Also, der nächste Zug _______________ um 10.38 Uhr vom Bahnsteig 5 _______________. Der Zug fährt aber nicht direkt. Sie _______________ um 11.24 Uhr in Graz _______________ und um 11.42 Uhr haben Sie dann Anschluss nach Wolfsberg.
- ▲ Ah, das passt, danke! Dann bitte eine Fahrkarte nach Wolfsberg.
- ◻ _______________ oder _______________?
- ▲ Einfach bitte.
- ◻ Gern. Oh, ich sehe gerade: Der Zug nach Graz hat leider _______________.
- ▲ Oje! Wie viel?
- ◻ _______________ 20 Minuten. Aber achten Sie bitte auch auf die _______________. Vielleicht fährt der Zug auch von einem anderen _______________ ab.
- ▲ Gut. Vielen Dank.

◇ E2 25 Ordnen Sie das Gespräch.

- ◯ Um 16.23 Uhr. Vom Bahnsteig 8.
- (3) Und muss ich umsteigen?
- ◯ Nein, einfach.
- (1) Ich brauche eine Auskunft. Wann fährt der nächste Zug nach Lech?
- ◯ Ja, in Salzburg. Sie haben Anschluss um 18.31 Uhr.
- ◯ Ich brauche auch noch eine Fahrkarte. Bekomme ich die bei Ihnen?
- ◯ Ja, hin und zurück?

❖ E2 26 Schreiben Sie Gespräche.

A

B

C

E3 27 Fahrpläne

a Wo finden Sie die Fahrpläne? Schauen Sie die Pläne an und ordnen Sie zu.

(3) An der Haltestelle. ○ Am Bahnhof. ○ Im Internet oder am Schalter.

1 **Abfahrt** **Bahnhof Ried im Innkreis** 14.12.–13.06.

Zeit	Zug	Richtung	Gleis
08:09	R 3466	Ried im Innkreis 08:09 – Oberbrunn im Innkreis 08:13 – Eberschwang 08:17 – Hausruck 08:22 – Ottnang-Wolfsegg 08:35 – **Attnang-Puchheim** 08:48 täglich	4
08:31	R 5946	Ried im Innkreis 08:31 – Neuratting 08:39 – Gurten OÖ 08:42 – Geinberg 08:46 – Obernberg-Altheim 08:49 – Mühlheim/Inn 08:53 – Mining 08:58 – **Braunau/Inn** 09:08 Mo - Fr, nicht an Feiertg.	3

Zeit	Zug	Richtung	Gleis
08:31	REX 353	Ried im Innkreis 08:31 – Peterskirchen 08:36 – Pram-Haag 08:41 – Wendling 08:44 – Neumarkt-Kallham 08:50 täglich	2
08:35	R 14961	Ried im Innkreis 08:35 – **Ried im Innkreis Bad** 08:38 15.12.–23.3.	1

2

Bahnhof/Haltestelle	Datum	Zeit	Gleis
Bischofshofen Hbf	31.07.	ab 10:05	1
Salzburg Hbf	31.07.	an 11:06	9
Salzburg Hbf	31.07.	ab 11:27	8
Linz Hbf	31.07.	an 12:05	3

Dauer: 2:00; fährt täglich

3

Haltestellen:			
Gebietskrankenkassa	20:33	20:48	21:03
Wielandgasse Süd	20:34	20:49	21:04
Wielandgasse	20:35	20:50	21:05
Jakominiplatz	20:37	20:52	21:07
Kaiser-Josef-Platz	20:38	20:53	21:08
Tummelplatz	20:39	20:54	21:09
Urania	20:40	20:55	21:10
Schauspielhaus	20:41	20:56	21:11
Karmeliterplatz	20:43	20:58	21:13

b Schauen Sie die Fahrpläne an. Welche Informationen finden Sie? Kreuzen Sie an.

1 ○ Wann kommen die Züge in Ried an? ☒ Wann fahren die Züge in Ried ab?
2 ○ Wo muss man umsteigen? ○ Was kostet die Fahrkarte?
3 ○ Hat der Bus Verspätung? ○ Wie oft fährt der Bus?

c Ergänzen Sie die Informationen

1 Sie möchten um ca. 8.10 Uhr nach Attnang-Puchheim fahren.
Abfahrt: Zugnummer: R 3466
Gleis: Ankunft Attnang:

2 Sie fahren von Bischofshofen nach Linz
Abfahrt: Gleis: 1
Umsteigen in: Fahrtzeit:

3 Sie sind am Kaiser-Josef-Platz und müssen um 21 Uhr am Karmeliterplatz sein.
Abfahrt: Ankunft:

E3 28 Hören Sie und kreuzen Sie an: richtig oder falsch. Sie hören jeden Text einmal.

30–33 Prüfung

a Das Kinderessen kostet 3,90 Euro. ○ richtig ○ falsch
b Der Zug fährt nach Wien. ○ richtig ○ falsch
c Die Fahrgäste sollen mit dem Bus fahren. ○ richtig ○ falsch
d Für aktuelle Fahrplaninformationen muss man „Zwei“ wählen. ○ richtig ○ falsch

Test Lektion 11

1 Markieren Sie noch vier Wörter und ordnen Sie zu.

1 ...... /4 Punkte

WÖRTER

VAMPELS(VERSPÄTUNG)BUZUGAHALTESTELLEXAUTOBAHN

◆ Gestern hatte der Bus Verspätung (a). Ich habe 40 Minuten bei der .... (b) gewartet.

○ Das Problem kenne ich. Ich fahre nie mit dem Bus oder mit dem .... (c). Ich fahre nur mit dem Auto.

◆ Aber mit dem Auto musst du an der .... (d) warten.

○ Na geh, ich fahre auf der .... (e). Das geht schnell.

2 Ordnen Sie zu.

2 ...... /3 Punkte

geradeaus rechts links ~~an der Ecke~~

◆ Wo ist die Bank?

○ Die Bank ist gleich  an der Ecke (a). Fahren Sie zuerst  .... (b) und bei der Ampel nach 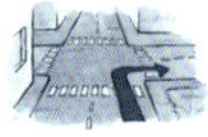 .... (c). Fahren Sie dann die zweite Straße  .... (d).

...... 0–3 / 4–5 / 6–7

3 Ergänzen Sie.

3 ...... /7 Punkte

GRAMMATIK

Linda fährt mit d...... Bus (a) in ...... Arbeit (b). Sie arbeitet bei einem Arzt (c). Die Ordination ist zwischen d...... Hotel Rohrer (d) und d...... Post (e). Am Abend fährt sie wieder nach Hause (f). Sie geht noch in ...... Supermarkt (g) und kauft ein. Daheim wartet ihr Hund Burli. Am Abend geht Linda mit Hanni i...... Kino (h). Am Wochenende fährt sie in d...... Schweiz (i).

4 Ergänzen Sie: Der Ball ist …

4 ...... /5 Punkte

a  neben dem Kasten.

b  .... Tisch.

c  .... Bett.

d  .... Küche.

e  .... Büchern.

f  .... Lampe.

...... 0–6 / 7–10 / 11–12

5 Was ist richtig? Kreuzen Sie an.

5 ...... /4 Punkte

KOMMUNIKATION

a Entschuldigung, ich suche den Bahnhof.
☒ Tut mir leid, ich bin nicht von da. ○ Da drüben ist ein Fahrkartenautomat.

b Wie komme ich zum Krankenhaus?
○ Das ist in der Nähe. ○ Fahren Sie mit dem Bus bis zum Barbaraplatz.

c Wo gibt es denn da eine Bäckerei?
○ Ja, in der Baumstraße. ○ An der Ecke, neben der Apotheke.

d Kann ich zu Fuß in die Schule gehen?
○ Nein, das ist viel zu weit. ○ Gehen Sie immer geradeaus.

e Wo kann ich Bücher ausborgen?
○ Tut mir leid, ich habe keine Bücher. ○ Da gehen Sie zur Bücherei.

...... 0–2 / 3 / 4

Fokus Familie: Eine Kinderbetreuung finden

1 Lesen Sie den Text und füllen Sie das Formular aus.

Achtung: Manchmal gibt es mehrere Lösungen.

Ich heiße Edit Nagy und wohne in Wiener Neustadt. Ich suche einen Kindergarten für meine Tochter Dorina. Sie ist vier. Der Weg dorthin darf maximal 1000 Meter sein, dann kann ich Dorina zu Fuß hinbringen. Ich arbeite von Dienstag bis Samstag von acht bis zwölf Uhr. Für diese Zeit brauche ich die Kinderbetreuung.

Kinderbetreuung // Suche

Postleitzahl 2700 und Ort Wiener Neustadt (a)

Entfernung bis ○ 1 km ○ 2,5 km ○ 5 km ○ 10 km (b)

Betreuungstyp ○ Tagesmutter ○ Krippe ○ Kindergarten ○ Hort (c)

Alter Kind .... Jahre (d)

Betreuungszeiten ○ alle Zeiten ○ halbtags ○ ganztags ○ auch am Wochenende (e)

2 Welche Betreuung passt? Ergänzen Sie Adresse und Telefonnummer für Edit Nagy.

Kindergarten St. Andreas
Kirchenplatz 3
2700 Wiener Neustadt
Telefon: 02622 822193

Betreuungsalter: 3 bis 6 Jahre
freie Plätze: 4
Entfernung zum Suchort: ca. 450 Meter
geöffnet: Montag bis Freitag, 7.00 bis 19.00 Uhr

Landeskindergarten Rosengasse
Rosengasse 1
2700 Wiener Neustadt
Telefon: 02622 37324

Betreuungsalter: 3 Jahre bis 6 Jahre
freie Plätze: unbekannt
Entfernung zum Suchort: ca. 1,1 Kilometer
geöffnet: Montag bis Samstag, 7.00 bis 17.00 Uhr

Privatkindergarten Schneewittchen
Winterstraße 43
2700 Wiener Neustadt
Telefon: 02622 228888

Betreuungsalter: 3 Jahre bis 6 Jahre
freie Plätze: 7
Entfernung zum Suchort: ca. 890 Meter
geöffnet: Montag bis Samstag, 7.30 bis 17.00 Uhr

Termin im Kindergarten vereinbaren
Adresse:
Telefonnummer:

3 Edit Nagys Weg zum Kindergarten

Schauen Sie den Stadtplan an und ergänzen Sie.

Edit muss zuerst geradeaus gehen
und dann die ....
Nachher muss sie wieder .... gehen
und dann die vierte Straße links.
Das ist die Hussargasse. Nach circa
200 Metern muss sie ....
in die Winterstraße gehen. Der Kindergarten
ist .... dem Schwimmbad.

Fokus Beruf: Ein Termin bei einer Firma

34–36 **1 Was ist richtig? Hören Sie und kreuzen Sie an.**

a Was soll Alejandro López machen?
- ○ Er soll eine Bewerbung schicken.
- ○ Er soll am Donnerstag einen Termin ausmachen.
- ☒ Er soll Frau Moser anrufen.

b Was möchte Alejandro wissen?
- ○ Passt der Termin am Donnerstag?
- ○ Wie kommt man zur Firma Brunner & Brunner?
- ○ Kann man zu Fuß vom Hauptbahnhof gehen?

c Wie soll Alejandro nach Ottakring fahren?
○ Mit dem Zug. ○ Mit dem Auto. ○ Mit der U-Bahn.

2 Ein E-Mail

a Lesen Sie und markieren Sie: Termin – Adresse – Weg vom Bahnhof.

E-Mail senden

Von: moser@brunnerbrunner.at
An: a.lopez@netz.net
Betreff: Ihr Termin

Sehr geehrter Herr López,

gern bestätigen wir Ihnen den Termin zum Bewerbungsgespräch am Donnerstag, 5. September, 15.00 Uhr.
Wir sind in der Hubergasse 18 in Wien.
Und so finden Sie zu Brunner & Brunner:
Nehmen Sie die U-Bahn (U6) und steigen Sie bei der Station Josefstädter Straße aus, gehen Sie dann über die große Straße (Gürtel) in die Gaullachergasse. Gehen Sie nach circa 300 Metern die zweite Straße rechts. Das ist die Hubergasse. Dann sind es noch 100 Meter bis zu uns.
Im Anhang ist auch ein kleiner Stadtplan.

Mit freundlichen Grüßen
Ursula Moser

b Lesen Sie noch einmal und korrigieren Sie.

1. Alejandro soll mit ~~dem Bus~~ fahren. der U-Bahn
2. Er muss an der Station Josefstädter Straße umsteigen. ______
3. Von der U-Bahn bis zur Firma Brunner & Brunner sind es circa 300 Meter. ______
4. Vom Gürtel muss er zuerst in die Gaullachergasse und dann links in die Hubergasse gehen. ______

37 **3 Hören Sie und ergänzen Sie.**

Alejandros U-Bahn hat Verspätung. Die nächste U-Bahn kommt erst in ______ Minuten.
Frau Moser sagt, das ist kein ______. Alejandro soll ein ______ nehmen.

A Gleich **nach dem Kurs** gehe ich hin.

A1 **1 Ergänzen Sie: *vor – nach*.**

Wieder- holung A1, L5

a  Viertel nach eins.

b  Viertel .... sieben.

c  Zwanzig .... neun.

d  Fünf .... acht.

A1 **2 Ergänzen Sie: *beim – bei der – bei den – nach dem – nach den – vor dem – vor der*.**

Das ist Kioko ...

A  .... Deutschkurs.

B  .... Deutschkurs.

C  beim Training.

D 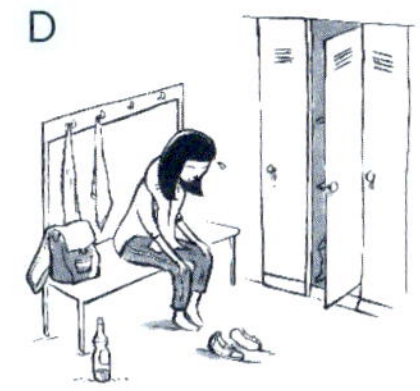 .... Training.

E  vor der Arbeit.

F  .... Arbeit.

G  .... Tests.

H  .... Tests.

A1 **3 Markieren Sie in 2 und ergänzen Sie.**

Grammatik entdecken

	• der Deutschkurs	• das Training	• die Arbeit	• die Tests
vor/nach			der	
bei	⚠	⚠ beim		

A1 **4 Sorins Tag: Schreiben Sie.**

Schreib- training

6.30 aufstehen | joggen ← Frühstück | Frühstück + Zeitung lesen | Frühstück → mit dem Rad in die Arbeit fahren | 12.00 Mittagspause machen | 20 Minuten spazieren gehen ← Mittagessen | Mittagessen + mit Kollegen sprechen | bis 17.00 arbeiten | Arbeit → sofort heimfahren | Abendessen machen | Abendessen + fernsehen | Abendessen → mit Ella telefonieren

← vor
+ bei
→ nach

Sorin steht um halb sieben auf.
Vor dem Frühstück ...

A

A2 **5 Ergänzen Sie: *vor – seit*.**

Wiederholung A1, L8

- ◆ Grüß dich, Maria! Wie geht es dir? Ich habe dich ja seit fast drei Monaten nicht mehr gesehen.
- ○ Danke, sehr gut. Ich war doch in den USA. Ich bin erst .... einer Woche zurückgekommen. Und wie geht es dir?
- ◆ Super. Danke. Ich arbeite .... zwei Wochen wieder. Ich habe .... zwei Monaten endlich einen Job gefunden.

A2 **6 Was ist richtig? Kreuzen Sie an.**

a
Hast du wieder einmal Zeit?
☒ Ja, nach den Prüfungen.
○ Ja, bei den Prüfungen.

b
Ist dein Auto schon lange kaputt?
○ Ja, seit dem Picknick am Sonntag.
○ Ja, vor der Arbeit.

c
Wann war deine Deutschprüfung?
○ Seit zwei Wochen.
○ Vor einem Jahr.

d
Meine Waschmaschine ist kaputt. Wann kannst du mir helfen?
○ Vor einer Stunde.
○ Nach dem Unterricht.

e
Wann hast du die Waschmaschine gekauft?
○ Vor einem Monat.
○ Seit einem Monat.

f
Und seit wann ist sie kaputt?
○ Nach drei Tagen.
○ Seit einer Woche.

A2 **7 Markieren Sie in 6 und ergänzen Sie.**

Grammatik entdecken

	• der/ein	• das/ein	• die/eine	• die/drei …n
nach/vor/seit	.... Unterricht	.... Picknick	.... Arbeit	den Prüfungen
	.... Monat	.... Jahr	.... Woche	.... drei Tagen

A3 **8 Ordnen Sie zu.**

Bei der | nach der | ~~seit drei~~ | seit einer | nach dem | Bei den | Vor einem | vor einem | Seit einem

a
Der Kühlschrank war erst .... Monat bei der Reparatur, aber seit drei Tagen funktioniert er nicht mehr.

b
- ◆ Wann hast du deine Tasche genäht?
- ○ .... Jahr.

c
Ich warte schon .... Stunde.

d
.... Arbeit darfst du nicht rauchen.

e
- ◆ Wann gehst du immer zum Training?
- ● Am Mittwochabend .... Arbeit.

f
- ▲ Wie lange lernst du schon Deutsch?
- ■ .... Monat.

g
Gehen wir .... Deutschkurs noch spazieren?

h
.... Prüfungen schaltet Lea ihr Smartphone aus.

B Sie bekommen sie **in vier Wochen**.

B1 9 Verbinden Sie und schreiben Sie.

in einer
in einem
in zwei

Stunden	in zwei Stunden
Tagen	………
Woche	………
Monaten	………
Stunde	………
Jahr	………
Wochen	………
Monat	………
Jahren	………

B1 10 Ergänzen Sie: *bis – ab – in*.

a
- ▲ Bis wann machst du die Hausübung?
- ◻ ……… vier Uhr.
- ▲ Ich arbeite bis fünf Uhr. ……… fünf Uhr habe ich Zeit.

b
- ✚ Wann fährst du nach Zürich?
- ○ Am Montag. Also ……… einer Woche.
- ✚ Und ab wann bist du wieder zurück?
- ○ ……… Sonntag. Also ……… zwei Wochen.

c
- ◆ Wann kann ich Sie morgen anrufen?
- ○ ……… acht Uhr bin ich bei der Arbeit.
- ◆ Und wie lange?
- ○ ……… zwölf Uhr.

d
- ◆ Hallo Tanja, ist die Iris da?
- ▲ Nein, sie hat ……… sechs Uhr Kurs, sie kommt aber sicher gleich.
- ◆ Gut, dann rufe ich ……… einer Stunde wieder an.

B1 11 Was passt nicht? Streichen Sie.

a
- ◆ Wann bist du nach Österreich gekommen?
- ○ Im Sommer. – ~~Morgen~~. – Vor einem Monat.

b
- ◆ Ab wann kannst du in den Deutschkurs gehen?
- ○ Ab Montag. – Ab heute. – Bis morgen.

c
- ◆ Wann kommen deine Eltern nach Graz?
- ○ Zwei Wochen. – In zwei Tagen. – Am Sonntag.

d
- ◆ Wie lange bleibt Markus in Lienz?
- ○ Bis Montag. – Im Herbst. – Zwei Monate.

B2 12 Ordnen Sie zu.

~~Seit wann~~ | Wie lange | Wann | Ab wann | Wie lange | Bis wann

a
- ◆ Meine Heizung funktioniert nicht.
- ○ Seit wann ist denn die Heizung kaputt?
- ◆ Seit gestern Abend. ……… kann der Techniker kommen?
- ○ In einer Stunde.
- ◆ ……… braucht er für die Reparatur?
- ○ Das kann ich Ihnen nicht sagen.

b
- ▲ Mein Drucker druckt nicht mehr. ……… kann ich den Drucker abgeben?
- ◻ Bis 18:00 Uhr.
- ▲ ……… dauert die Reparatur?
- ◻ Eine Woche. Am Freitag ist er fertig.
- ▲ ……… kann ich kommen?
- ◻ Ab 8.00 Uhr.

◇ B2 13 Was ist richtig? Kreuzen Sie an.

a
- ☒ Bis wann ○ Seit wann können Sie den Fernseher reparieren?
- Bis Samstag.
- Holen Sie den Fernseher heute noch ab?
- Ja, ○ seit ○ in einer Stunde.

b
- ○ Ab wann ○ Seit wann kann ich Sie morgen anrufen?
- ○ Bis ○ Ab sieben Uhr und ich bin ○ bis ○ ab 16 Uhr da.

c
- ○ Wie lange ○ Wann kann ich den Computer abholen?
- ○ In ○ Ab 17 Uhr. Wir haben ○ seit ○ bis 19 Uhr offen.

d
- ○ Wann ○ Wie lange bringen Sie das Gerät wieder?
- ○ In ○ Am Freitag.

e
- Wann kommen Sie?
- ○ Am ○ Um 15 Uhr. Sind Sie da daheim?
- Ja, ich bin ○ ab ○ bis 14 Uhr daheim.

❖ B2 14 Kamilas Woche: Was macht Kamila wann?

a Schreiben Sie vier Fragen mit *wann? – wie lange? – ab wann? – bis wann?* und die Antworten.

	MONTAG	DIENSTAG	MITTWOCH	DONNERSTAG	FREITAG	SAMSTAG	SONNTAG
08:00–10:00	Deutschkurs	Deutschkurs	Deutschkurs	Deutschkurs			1 Woche zu Peter fahren →
10:00–12:00							
12:00–14:00							
14:00–16:00							
16:00–18:00						Arbeiten	
18:00–20:00	Arbeiten		Arbeiten				
20:00–22:00		Fitness-Center		Kino mit Samira			

Bis wann ist Kamila am Dienstag im Fitness-Center? – Bis 22 Uhr.
Wie lange arbeitet Kamila am Samstag? – ...

b Stellen Sie die Fragen Ihrer Partnerin / Ihrem Partner und vergleichen Sie mit Ihrer Antwort.

B3 15 Anruf beim Kundenservice

a Ordnen Sie.

- ○ Grüß Gott, mein Name ist Lechner. Mein Smartphone funktioniert nicht mehr.
- ○ Gut, dann bis später. Auf Wiederhören.
- ○ Was für ein Modell ist es denn?
- (6) Wie lange dauert die Reparatur?
- ○ Ein Vony S5. Ich habe noch ein Jahr Garantie.
- ○ Gut, dann bringen Sie Ihr Smartphone bitte vorbei. Wir schicken es dann zur Reparatur.
- ○ Media-Kaufhaus, guten Tag. Sie sprechen mit Cosima Radu. Was kann ich für Sie tun?
- ○ Tut mir leid, das kann ich Ihnen nicht sagen.

38 b Hören Sie und vergleichen Sie.

C **Könnten** Sie mir das bitte **zeigen**?

C1 16 Schreiben Sie höfliche Bitten.

a Ich brauche ein Wörterbuch. (du mir – mein Wörterbuch – zurückgeben – könntest – bitte)
Könntest du mir bitte mein Wörterbuch zurückgeben ?

b Tut mir leid, der Chef ist nicht da. (Sie – später noch einmal – anrufen – bitte – könnten)
?

c So, wir fangen jetzt an. (ihr – zuhören – würdet – bitte)
?

d Wir haben kein Brot mehr. (bitte – zum Bäcker – würdest – gehen – du)
?

C1 17 Markieren Sie in 16 und ergänzen Sie.

Grammatik entdecken

	könnte-	würde-	
du	Könntest du		bitte ...?
Sie		Würden Sie	bitte ...?
ihr	Könntet ihr		bitte ...?

C2 18 Schreiben Sie höfliche Bitten.

a Mein Herd ist kaputt. Kommen Sie doch bitte vorbei.
Könnten Sie bitte vorbeikommen?
Würden Sie

b Wo ist die Mozartstraße? Erklären Sie mir bitte den Weg.
K
W

c Du darfst da nicht telefonieren. Schalte bitte dein Handy aus.
K
W

d Eure Schwester macht einen Mittagsschlaf. Seid bitte leise.
K
W

◇ C2 19 Was ist höflich? Kreuzen Sie an.

a
- ☒ Würdest du bitte nicht so schnell fahren?
- ○ Fahr bitte nicht so schnell!

b
- ○ Unterschreiben Sie bitte hier.
- ○ Würden Sie bitte hier unterschreiben?

c
- ○ Duscht jetzt bitte!
- ○ Würdet ihr jetzt bitte duschen?

d
- ○ Räumt bitte ein bisschen auf!
- ○ Könntet ihr bitte ein bisschen aufräumen?

e
- ○ Könnten Sie bitte Papier kaufen?
- ○ Kaufen Sie bitte Papier!

f
- ○ Könntest du bitte noch ein Kilo Erdäpfel mitbringen?
- ○ Bring bitte noch ein Kilo Erdäpfel mit!

❖ C2 20 Ordnen Sie zu und schreiben Sie Bitten mit *könnte-* oder *würde-* in der richtigen Form.

~~noch einmal wiederholen~~ | die Zigarette ausdämpfen | mir bei der Hausübung helfen | dein Zimmer aufräumen

A

B

C

D

Ⓐ Entschuldigung, ich habe Sie nicht verstanden. Könnten Sie das bitte noch einmal wiederholen?

C2 21 Ordnen Sie zu: *aufmachen – zumachen – einschalten – ausschalten.*

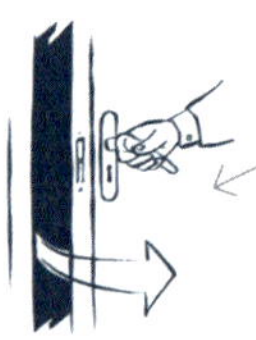

a
die Tür aufmachen
Ich mache die Tür auf auf .

c
das Radio einschalten
Ich .... das Radio ....

b
die Tür zumachen
Ich .... die Tür ....

d
das Radio ausschalten
Ich .... das Radio ....

C2 22 Ordnen Sie zu und ergänzen Sie in der richtigen Form.

~~• ein Ausflug~~ • das Radio • die Tür • das Buch ~~• der Fernseher~~ • der Computer • die Augen • eine Party • der Kasten • das Fenster • der Mund • ein Picknick • ein Kuchen • ein Kurs • die Dose • die Flasche • die Kaffeemaschine • eine Reise

machen	aufmachen, zumachen	einschalten, ausschalten
einen Ausflug,		den Fernseher,

C3 23 Hören Sie und ergänzen Sie die Satzmelodie: ↗ oder ↘. Sprechen Sie dann nach.

39 Phonetik

◆ Erwin, hast du das Radio ausgeschaltet? ......
◆ Hast du die Balkontür zugemacht? ......
◆ Und die Fenster? ......

○ Ja, das Radio habe ich ausgeschaltet. ......
○ Aber sicher. Die Balkontür habe ich zugemacht. ......
○ Oje! Die Fenster sind offen! ......

D Telefonansagen

D2 24 Was ist richtig? Hören Sie und kreuzen Sie an.

40–42

Prüfung

Sie hören jeden Text zweimal.

1 Wann hat das Amt Sprechzeiten?
a ○ Am Montagnachmittag.
b ○ Am Mittwochnachmittag.
c ○ Am Donnerstagnachmittag.

2 Wie lange dauert die Reparatur?
a ○ Bis morgen.
b ○ Bis Freitag.
c ○ Bis neunzehn Uhr.

3 Wann ruft Gitti noch einmal an?
a ○ Vor dem Training.
b ○ Nach dem Training.
c ○ Morgen vor der Arbeit.

D3 25 Wie heißen die Wörter? Ergänzen Sie.

Sie sind verbunden (bunverden) mit dem Anschluss von Familie Staudinger. Im .... (mentoM) sind wir nicht .... (rabreicher). Bitte .... (lashinsenter) Sie eine .... (hcaNricht) nach dem Ton. Wir .... (fenru uzrück).

D4 26 Reklamationen

Schreib-training

a Ordnen Sie.

E-Mail senden

kundenservice@koppitsch.at

Bestellnummer 123456

○ ich habe vor zwei Wochen eine Tasche bei Ihnen gekauft.
○ Aber leider haben Sie nicht zurückgerufen.
○ Sehr geehrte Damen und Herren,
4 Ich habe schon Ihre Service-Nummer angerufen und eine Nachricht auf Ihrer Mailbox hinterlassen.
○ Mit freundlichen Grüßen
○ Sie ist leider schon kaputt.
○ Ich schicke Ihnen die Tasche jetzt zurück. Würden Sie die Tasche bitte reparieren?
○ Nyota Tubok

b Schreiben Sie ein E-Mail an die Firma Koppitsch. Schreiben Sie auch eine Anrede und einen Gruß.

Sie haben vor einem Monat ein Kleid bei Koppitsch gekauft. Sie haben das Kleid noch nicht bekommen. Sie haben schon vor einer Woche ein E-Mail geschrieben. Aber Koppitsch hat nicht geantwortet. Schreiben Sie noch ein E-Mail und fragen Sie: Wann kommt das Kleid?

Sehr geehrte ...

E Hilfe im Alltag

E1 **27 Hören Sie und schreiben Sie die Antwort.**

43

a
Warum möchte Frau Bertram gut ausschauen? Ihre Enkel kommen.

b
Was kostet eine Frisur bei Frau Lex? ....

c
An welchem Tag kommt Frau Lex zu Frau Bertram? ....

d
Um wie viel Uhr ist der Termin? ....

Michaelas *mobiler* Friseur

Meisterbetrieb
Tel.: 0176/36 50 49 87

Liebe Kundin, lieber Kunde,
ich komme zu Ihnen nach Hause, ins Büro oder ins Hotel und frisiere oder schneide Ihre Haare. Denn schöne Haare und eine gute Frisur sind wichtig, im Job oder in der Freizeit.

Michaela Lex

E1 **28 Sie möchten ein spezielles Service anbieten.**

Schreib-training

Schreiben Sie eine Anzeige wie im Kursbuch auf Seite 64.

Angebot: ....
....
....

Kontakt: ....

Englischunterricht · mobile Altenpflege · mobiler Koch · Einkaufsservice · Nähservice · Urlaubsservice · Computerservice · Nachhilfe für Kinder und Jugendliche · ...

E3 **29 Finden Sie noch sechs Wörter und ordnen Sie zu.**

a Sie wollen wissen, wie Ihre Kaffeemaschine funktioniert? Dann lesen Sie die Gebrauchsanweisung.
b Vor der Reinigung müssen Sie den .... aus der .... ziehen.
c Für die .... öffnen Sie den Deckel oben am Gerät und nehmen den Wasserbehälter heraus.
d Sie wollen das Gerät einschalten? Dann drücken Sie bitte 3 Sekunden lang die .... auf der Rückseite.
e Reparaturservice: Ihre Kaffeemaschine oder Ihre Waschmaschine ist kaputt? Wir reinigen und reparieren alle .... zu einem guten Preis.
f Das Gerät ist erst drei Monate alt. Ich habe noch ....

D	I	G	A	R	B	R	U
F	S	E	T	U	Z	A	A
L	Ö	B	B	L	O	M	R
G	A	R	A	N	T	I	E
P	X	A	U	W	S	Y	I
E	V	U	E	T	T	B	N
L	S	C	T	G	E	O	I
R	Ä	H	C	I	C	L	G
E	Q	S	E	F	K	G	U
I	R	A	T	S	D	B	N
M	E	N	J	S	O	L	G
A	N	W	T	Q	S	Ü	L
S	T	E	C	K	E	R	T
C	T	I	A	I	Z	L	C
H	U	S	U	T	K	R	C
I	W	U	K	A	S	B	A
N	Ü	N	T	S	E	C	H
E	O	G	A	T	O	L	M
N	V	D	A	E	M	Ä	O

◇ E3 **30 Ergänzen Sie jeweils drei bis fünf Wörter.**

die Ansage – die Telekommunikation – verbunden

die Hilfe – das Kundenservice – bestellen

der Essig – die Gebrauchsanweisung – die Reinigung

❖ E3 **31 Ergänzen Sie Wörter wie im Beispiel.**

Walter will weg – im Restaurant reservieren –
die Augen aufmachen – viel verdienen – sauer sein …

E4 **32 Formulieren Sie Bitten zu den Kärtchen und reagieren Sie.**

Prüfung

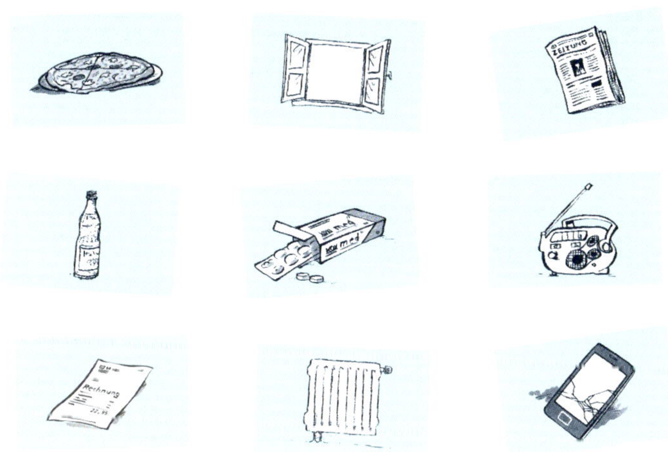

Kann ich bitte … bekommen/haben/nehmen?
Können Sie bitte … bringen/mitbringen/kaufen/reparieren?
Könnten Sie …?
Würden Sie …?

Natürlich, hier bitte.
Ja, natürlich. | Ja, gern.
Okay, mache ich. | Na, sicher!
Nein, das geht leider nicht.
Nein, tut mir leid.

E4 **33 Wörter mit *ng***

44 **a** Hören Sie und sprechen Sie nach.

Phonetik

die Rechnung – die Heizung – das Training – die Wohnungstür – singen – der Hunger – der Finger – anfangen – vorbeibringen – langsam – Ich brauche dringend Hilfe. – Könntest du bitte die Zeitung mitbringen? – Wie lang? – Schon sehr lang.

b Ergänzen Sie andere Wörter mit *ng* und lesen Sie laut.

Entschuldigung, ……………

Test Lektion 12

1 Ordnen Sie zu.

1 ...... /7 Punkte — WÖRTER

reservieren zumachen ~~Drucker~~ Urlaub drücken aufdrehen reparieren kaputt

a ◆ Kannst du meinen Drucker schnell .... ? Er ist ....
□ Du musst einfach die rote Taste da .... !

b ● Mir ist kalt.
◇ Du kannst ja das Fenster .... und die Heizung ....

c ○ Oh, ich muss ja noch ein Zimmer .... !
✚ Stimmt, ihr fahrt ja schon in zwei Wochen auf ....

...... 0–3 / 4–5 / 6–7

2 Ergänzen Sie: *vor – nach – beim – in – bis – ab und dem – der.*

2 ...... /8 Punkte — GRAMMATIK

a ○ Mein Deutschkurs dauert noch bis nächsten Freitag.
◆ Und was machst du .... Deutschkurs?
○ Ich arbeite. Und .... sechs Monaten möchte ich studieren.

b ✚ Ich gehe .... Party noch ins Schwimmbad. Kommst du mit? .... wann hast du Zeit?
▲ .... halb vier bin ich .... Training. Nachher habe ich Zeit.

3 Schreiben Sie Bitten mit *könnte-* oder *würde-*.

3 ...... /3 Punkte

a Frau Kratochwil ist nicht da. Rufen Sie bitte später noch einmal an.
Könnten Sie bitte später noch einmal anrufen?

b Max, du musst jetzt schlafen. Dreh bitte das Licht ab.
W............ ?

c Mein Computer funktioniert nicht mehr. Hilf mir bitte.
K............ ?

d Mein Herd ist kaputt. Schicken Sie bitte heute noch einen Techniker.
W............
.... ?

...... 0–5 / 6–8 / 9–11

4 Verbinden Sie.

4 ...... /4 Punkte — KOMMUNIKATION

a ◆ TechnikWelt, grüß Gott. Was kann ich für Sie tun?
b ▼ Was für ein Modell ist es?
c ✚ Können Sie das Gerät abholen?
d ● Bis wann können Sie das Gerät reparieren?
e □ Mein Herd funktioniert nicht. Ich brauche dringend Hilfe. Wann kann der Techniker kommen?

1 ○ Nein, bringen Sie das Gerät bitte vorbei.
2 ▲ In einer Stunde.
3 ◇ Tut mir leid, das kann ich noch nicht sagen.
4 ✱ Guten Tag. Mein Name ist Kaminski. Mein Smartphone funktioniert nicht.
5 ■ Ein Apfel7.

...... 0–2 / 3 / 4

Fokus Beruf: Angebote verstehen

1 Im Büro: Welche Produkte muss Frau Engel bestellen?

Schauen Sie das Bild an und sprechen Sie.

Es gibt noch genug Papier.

Ja, aber nur DIN-A3-Papier. Frau Engel muss DIN-A4-Papier bestellen.

2 Lesen Sie die Angebote. Was ist richtig? Kreuzen Sie an.

Ordner – günstig und stabil! Ab 100 St. 28 % gespart!

Best.-Nr.	€/St.	€/St. ab 20 St.	€/St. ab 100 St.
11 1583-44	1,75	1,55	1,25

Kopierpapier DIN A4 – Für Laser- und Inkjet-Drucker

Best.-Nr.	€/Pack.	€/Pack. ab 10 Pack.	€/Pack. ab 50 Pack.	€/Pack. ab 100 Pack.
38 1913-44	5,59	5,09	4,39	3,79

50 Kugelschreiber Diamant – 1 Pack. = 50 Stück! Ab 3 Pack. 0,17 €/St.

Best.-Nr.	€/Pack.	€/Pack. ab 3 Pack.
83 1453-23	9,93	8,50

a ☒ Eine Firma kauft 100 Ordner. Dann kostet ein Ordner 1,25 Euro.
b ○ Ein Ordner kostet immer 1,55 Euro.
c ○ 100 Packungen Kopierpapier kosten 3,79 Euro.
d ○ Eine Firma kauft 15 Packungen Kopierpapier. Dann kostet eine Packung 5,59 Euro.
e ○ In einer Packung sind immer 50 Kugelschreiber.

Best. Nr. = ● die Bestellnummer
St. = ● das Stück
Pack. = ● die Packung

3 Frau Engel bestellt 25 Ordner, 30 Packungen DIN-A4-Kopierpapier und 3 Packungen Kugelschreiber.

Ergänzen Sie den Bestellschein mit den Informationen aus 2.

Artikelbezeichnung	Bestellnummer	Menge	Preis pro Stück/Pack. (€)	Preis gesamt (€)
Ordner	11 1583-44	25	1,55	38,75
Kopierpapier DIN A4	38 1913-44			152,70
Kugelschreiber	83 1453-23			25,50
			Gesamtbetrag (€):	216,95

Fokus Alltag: Auf der Bank

1 Auf der Bank

a Was steht auf den Schildern? Ordnen Sie zu.

C Bankomat ○ Kontoauszüge  und Überweisungen 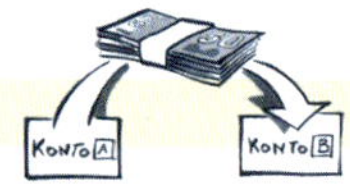

○ Information und Kassa

b Wo kann Herr Anders ...? Ergänzen Sie.
Achtung: Manchmal gibt es mehrere Lösungen.

1 Geld einzahlen A, ...

2 Geld abheben ....

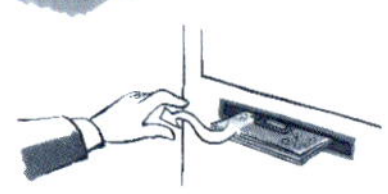

3 ein Konto eröffnen ....

4 Geld überweisen ....

2 Herr Anders ist auf der Bank. Was möchte er?

45

Hören Sie und kreuzen Sie an.

a ○ Geld abheben   b ○ ein Konto eröffnen   c ○ einen Dauerauftrag einrichten

3 Welche Informationen braucht der Bankangestellte?

46

Hören Sie und füllen Sie das Formular aus.

Schritt 1 | Schritt 2 | Schritt 3

Kontoführung
Benachrichtigungen
Persönliche Services
Verwaltung
PIN/TAN

Privatkunden
Geschäftskunden
Freie Berufe
Firmenkunden

Konto-Nr.	7349092 (Willkommenskonto)
Empfänger	Wilfried
Konto-Nr./IBAN	
Bankleitzahl/BIC	
Institut	wird automatisch für Sie eingefügt
Betrag	EUR
Ausführung jeweils zum	30. ▾
Erste Ausführung	30. ▾ Juni ▾ ▾
Intervall	monatlich ▾
Verwendungszweck	

◂ zurück   weiter ▸

A Schau einmal, **die Jacke** da! **Die** ist super!

A1 **1 Ergänzen Sie.**

A

1 ● das T- S h i r t
2 ● der ... ü l
3 ● die ... s ...
4 ● die S ... ck ... ...
5 ● die ... ... uh ...

B

1 ● das T ... ...
2 ● die ... a ... k ...
3 ● die B ... ... s ...
4 ● der ... ... ck
5 ● die St ... ... f ... ...

A2 **2 Ordnen Sie zu.**

Wiederholung
A1, L3
L4
L6

ein einen ~~eine~~ der den Das die

Hugo kauft *eine* Hose, ... Hemd und ... Pullover. ... Hemd ist hellblau und ... Pullover ist braun. Klara findet ... Hose super und ... Pullover auch sehr schön.

A2 **3 Ordnen Sie die Gespräche. Hören Sie dann und vergleichen Sie.**

47

a
- ◯ ◆ Das ist zu klein, oder?
- ◯ ◆ Die finde ich sehr schön!
- ◯ ○ Nein, das finde ich auch super!
- ◯ ○ Ja, die passt wirklich gut. Und das Hemd?
- (1) ○ Na, wie gefällt dir die Hose?

b
- ◯ ◆ Stimmt. Und wie findest du den Anzug?
- (2) ○ Ja, die finde ich auch schön, aber teuer.
- ◯ ◆ Ja, und der ist auch günstig!
- ◯ ○ Den finde ich fesch.
- ◯ ◆ Schau einmal, die Stiefel. Die sind wirklich schön.

A2 **4 Markieren Sie in 3 und ergänzen Sie.**

Grammatik entdecken

	● der Anzug	● das Hemd	● die Hose	● die Stiefel
Wer/Was **ist** schön?/ **passt** gut?/**gefällt** dir?	...	...	*die*	...
Wen/Was **findest** du schön?	...	...	*die*	...

A2 **5 Ordnen Sie zu.**

Das Das den den der ~~Die~~ Die die die

a
- ▲ Schau einmal, die Jacke dort. *Die* ist wirklich super.
- ◻ Ja, ... finde ich auch schön, aber leider ist sie etwas dünn.
- ▲ Und wie findest du das Kleid? ... ist doch zu weit, oder?
- ◻ Ja, stimmt. ... ist zu groß.

b
- ◆ Ich brauche einen Schirm. Wie findest du ...?
- ○ Hm, ... finde ich ein bisschen fad. Aber ... da ist sehr schön.
- ◆ Ja, stimmt. – Oh, schau einmal, die Stiefel da! ... sind ja cool.
- ○ Ja, ... finde ich auch spitze.

A2 6 Was ist richtig? Kreuzen Sie an.

a
- ◆ Schau einmal, ☒ der ○ den Mantel.
  ○ Der ○ Den ist doch schön!
- ○ Nein, ○ der ○ den schaut fad aus.
- ◆ Was? ○ Der ○ Den finde ich cool.

b
- ▲ Wie findest du ○ die ○ das Schuhe?
- ◻ ○ Den ○ Die finde ich gut.
- ▲ Und ○ der ○ die Jacke?
- ◻ ○ Den ○ Die auch.

c
- ◆ Wo hast du ○ das ○ den Fernseher gekauft?
- ○ ○ Das ○ Den habe ich im E-Markt gekauft.

d
- ▲ Gehst du jetzt zum Training?
- ◻ Nein, ○ die ○ das fängt erst um 17 Uhr an.

e
- ● Hast du ○ das ○ den Regal um 200 Euro oder ○ den ○ das um 350 Euro gekauft?
- ● ○ Das ○ Den um 200 Euro.

A2 7 Verbinden Sie und ergänzen Sie.

a ◆ Da kommt unser Bus.
b ◆ Findest du den Computer auch so günstig?
c ◆ Dein Mantel ist sehr schön.
d ◆ Wie findest du das Hemd da?
e ◆ Seit wann hast du denn das Auto?
f ◆ Kennst du Marions Freund?
g ◆ Sollen wir noch Orangensaft kaufen?
h ◆ Tobias braucht einen Becher.

1 ○ Nein, ... kenne ich nicht.
2 ○ Das .... finde ich nicht so schön.
3 ○ Nein, ... finde ich teuer.
4 ○ Nein, das ist nicht unser Bus. .... können wir nicht nehmen.
5 ○ Danke. .... ist ganz neu!
6 ○ .... habe ich seit drei Monaten.
7 ○ Er kann .... da nehmen!
8 ○ Nein, ... schmeckt nicht so gut. Nimm doch den Apfelsaft!

A2 8 Wie heißt das Gegenteil? Ergänzen Sie.

a teuer ≠ b i l l i g
b sehr schön ≠ _ ä _ _ _ _ _ _
c interessant ≠ f _ _
d gesund ≠ _ _ a _ _
e alt ≠ _ e _

f lang ≠ _ _ _ z
g groß ≠ _ l _ _ _
h schmal ≠ _ r _ _ t
i kalt ≠ _ a _ _
j laut ≠ _ _ _ s _

A3 9 Ordnen Sie zu.

Achtung: Manchmal gibt es mehrere Lösungen.

~~teuer~~ billig günstig alt neu modern schön hässlich breit schmal groß klein lang kurz laut leise ~~gut~~ fad interessant schnell langsam dünn

A 	B 	C 	D 	E 
teuer,		teuer, gut,		

B Die Jacke passt **dir** perfekt.

B1 10 Ergänzen Sie in der richtigen Form: *gefallen – passen – helfen*.

Wiederholung A1, L4

a ◆ Wie gefallen dir die Schuhe? ○ Die sind super. Sie passen perfekt.
b ◆ Und? .... dir die Stiefel? ○ Nein, leider nicht. Die sind zu klein.
c ◆ Wie .... Ihnen das Haus? ○ Sehr gut. Die Zimmer sind groß und hell.
d ◆ Reparierst du dein Fahrrad selber? ○ Ja, aber mein Bruder .... mir.

B1 11 Der gefällt ihm sehr gut.

Grammatik entdecken

a Ordnen Sie zu.

Ja, das schmeckt mir total gut. | Der gefällt ihm sehr gut. | ~~Die passt mir super.~~ | Natürlich, ich helfe euch gern.

1

◆ Passt Ihnen die Hose?
○ Die passt mir super.

2

▲ Wie geht's Rami mit seinem neuen Job?
□ ....

3

◆ Papa, kannst du uns helfen?
● ....

4

▼ Sag einmal, schmeckt dir das Eis?
■ ....

b Markieren Sie in a und ergänzen Sie.

		ich	du	er/sie	wir	ihr	sie/Sie
die Hose	passt						
der Job	....	mir	....	.... /ihr	....	....	ihnen/
ich	....						Ihnen
das Eis	....						

B3 12 Was ist richtig? Kreuzen Sie an.

a
◆ Wie findest du meine Brille? Die ist neu.
○ Die steht ☒ dir ○ euch sehr gut.

b
▲ Hast du Olgas Kleid gesehen? Das steht ○ ihm ○ ihr richtig gut!
□ Ja, finde ich auch.

c
◆ Wir verstehen die Hausübung nicht. Kannst du ○ uns ○ euch helfen?
● Sicher helfe ich ○ ihr ○ euch.

d
○ Mir ○ Euch gefällt Ihr Kleid, Frau Stallinger. Das steht ○ dir ○ Ihnen sehr gut.

◇ B3 13 Schreiben Sie die Sätze neu mit *er – es – sie* und *ihm – ihr – ihnen*.

a Oleks Freundin Renata hat Namenstag.
Olek bäckt Renata einen Kuchen.

Oleks Freundin Renata hat Namenstag.
Er bäckt ihr einen Kuchen.

b Sie essen den Kuchen zum Frühstück.
Der Kuchen schmeckt Renata und Olek gut.

Sie essen den Kuchen zum Frühstück.
....

c Renata möchte am Abend mit Olek essen gehen und Renata möchte Olek gefallen.

Renata möchte am Abend mit Olek essen gehen
und ....

d Am Nachmittag kauft Renata ein Kleid.
Das Kleid steht Renata perfekt.

Am Nachmittag kauft Renata ein Kleid.
....

e Im Restaurant bestellen Olek und Renata ihr Lieblingsessen.
Das Essen schmeckt Olek und Renata sehr gut.

Im Restaurant bestellen Olek und Renata ihr Lieblingsessen.
....

❖ B3 14 Schreiben Sie die Sätze neu mit *gefallen – schmecken – passen* in der richtigen Form.

a Ich finde den Kuchen wirklich gut. — Der Kuchen schmeckt mir.
b Ich finde dein Kleid zu lang. — Das Kleid passt ....
c Er findet den Mantel schön. — ....
d Sie findet die Jacke zu groß. — ....
e Wir finden den Salat wunderbar. — ....
f Wie findet ihr das Hemd? — ....
g Wie finden Sie die Pizza? — ....
h Wie finden Martin und Anna die Sessel? — ....

B4 15 Markieren Sie noch acht Wörter und schreiben Sie mit • *der* – • *das* – • *die*.

OLALEDERHOSEAMECKAFFEEIRLASCHNEEEKELMIBERGALRWEISKLUIR
SEEÄMUWALDQUISUETOMULDORFANEBACKHENDL

• der Schnee

B4 16 Ihr Heimatland: Was gefällt/schmeckt Ihnen / Ihrer Familie / Ihren Freunden besonders gut?

Schreiben Sie jeweils vier Sätze.

Lieblingsplätze
Ich: Das Meer gefällt mir besonders gut.
Meine Schwester: Der Wald gefällt ...
Mein Bruder: Die Strände im Süden ...

Spezialitäten
Ich: Salate schmecken mir besonders gut.
Meine Mutter: ...
Mein Vater: ...
Meine Großeltern: ...

B4 17 Hören Sie und sprechen Sie nach.

48
Phonetik

am Mittwoch – in Neunkirchen – aus Salzburg – mit dem Bus – Und du? – Gefällt dir das? –
Wie findest du das? – Sind das seine Bücher? – Wohnst du in Neuhofen? – Was ist denn das? –
Fährst du mit dem Rad? – Kommst du aus Salzburg? – Das Hemd ist teuer, aber es steht dir gut.

C Und da: Die ist noch **besser**.

C2 18 Lesen Sie den Text im Kursbuch auf Seite 75 noch einmal.

Was ist richtig? Kreuzen Sie an.

a
Fährt Christian Adam gern Rad?
☒ Ja, aber er spielt noch lieber Geige.
○ Ja, er fährt am liebsten Rad.

b
Was macht er am liebsten?
Rad fahren oder Geige spielen?
○ Rad fahren.
○ Beides zusammen.

c
Was trainiert er am meisten?
○ Beides zusammen: Rad fahren und Geige spielen.
○ Natürlich Geige spielen. Er ist ja Musiker von Beruf.

d
Warum steht er im Guinness-Buch der Rekorde?
○ Er ist 113 km vorwärts Rad gefahren und hat dabei Geige gespielt.
○ Er fährt rückwärts Rad und spielt dabei Geige.

C2 19 Was ist richtig? Kreuzen Sie an.

a ◆ Wie ist dein Job? Bist du zufrieden?
  ○ Es geht. Ich möchte ○ besser ☒ lieber nur halbtags arbeiten.

b ◆ Geht es dir gut?
  □ Ich war krank, aber jetzt geht es mir wieder ○ besser. ○ lieber.

c Bei Höfer kostet ein Packerl Kaffee 6,99 Euro, bei Maxi Plus kostet er
  ○ besser ○ mehr und ○ am liebsten ○ am meisten kostet er bei Superspar.

d ○ Was machst du gern am Wochenende? Bist du gern draußen?
  □ Nein, ich gehe gern tanzen oder ins Kino, aber ○ am liebsten ○ am besten koche ich.

e ◆ Was findest du ○ besser ○ lieber? Das Hemd oder die Bluse?
  ◆ Die Bluse, aber ○ am besten ○ am liebsten gefällt mir der Pullover.

C3 20 Schreiben Sie.

a Was macht Amidou viel?
☺ laufen
☺☺ Musik hören
☺☺☺ im Internet surfen

c Was machen Raluka und Adrian gern?
☺ wandern
☺☺ Rad fahren
☺☺☺ Motorrad fahren

b Was kann Ajit gut?
☺ kochen
☺☺ Fahrräder reparieren
☺☺☺ Schach spielen

a Amidou läuft viel.
Aber noch mehr hört er Musik.
Und am meisten surft er im Internet.

D Welche meinst du? – Na, diese.

D2 21 Ergänzen Sie: *Welcher – Welches – Welche* und *Dieser – Dieses – Diese*.

a ◆ Welcher Regenschirm gehört dir? ○ Dieser da.
b ◆ .... Bett gefällt Ihnen? ○ .... da.
c ◆ .... Bluse steht mir? ○ .... da.
d ◆ .... Finger tut dir weh? ○ .... da.
e ◆ .... Socken passen euch? ○ .... da.

D2 22 *Welcher ...? – Dieser.*

Grammatik entdecken

a Verbinden Sie.

1 Welcher Mantel gefällt dir am besten?
2 Welchen Film wollen wir anschauen?
3 Welches Rad gehört dir? Dieses da?
4 Welches Auto möchtest du kaufen?
5 Welche Hose steht mir?
6 Welche Brille soll ich nehmen?
7 Welche Schuhe passen dir am besten?
8 Welche Würstel soll ich kaufen?

a Na, diese da. Die anderen sind viel zu groß.
b Nein, dieses da. Mein Rad ist rot.
c Dieser da. Der ist schön warm.
d Diese da. Die passt perfekt und ist nicht zu kurz.
e Am liebsten diesen da, den Krimi.
f Kauf diese da. Die schmecken gut.
g Nimm diese da. Die ist nicht so teuer.
h Dieses da. Das ist nicht so groß. Da finde ich immer einen Parkplatz.

b Markieren Sie in a und ergänzen Sie.

	der Mantel/Film	das Rad/Auto	die Hose/Brille	die Schuhe/Würstel
Wer/ Was ...?	Welch*er*? Dies*er*.	Welch....? Dies.... .	Welch....? Dies.... .	Welch....? Dies.... .
Wen/ Was ...?	Welch*en*? Dies.... .	Welch....? Dies.... .	Welch....? Dies.... .	Welch....? Dies.... .

D2 23 Verbinden Sie und ergänzen Sie: *Dieser – Diesen – Dieses – Diese*.

◆ Welcher
◆ Welchen
◆ Welches
◆ Welche

Rad soll ich kaufen? ○ Dieses da ist nicht so teuer, aber gut.
Buch möchtest du? ○ .... da.
Schuhe soll ich nehmen? ○ .... passen gut.
Rock findest du besser? ○ .... da. Der gefällt mir.
Pullover gefällt dir besser? ○ .... da.
Pizza möchtest du lieber? ○ .... da, mit Käse und Tomaten.
Kuchen möchtest du? ○ .... Schokoladekuchen da.

◇ D2 24 Was ist richtig? Kreuzen Sie an.

a ◆ ☒ Welchen ○ Welcher Koffer findest du schön? ○ ○ Diesen ○ Dieser da.
b ◆ ○ Welches ○ Welche Musik hörst du gern? ○ Jazz.
c ◆ ○ Welche ○ Welcher Rock gefällt dir? ○ ○ Diese ○ Dieser da.
d ◆ ○ Welches ○ Welcher Buch gehört Victoria? ○ ○ Diesen ○ Dieses da.
e ◆ ○ Welchen ○ Welche Stiefel stehen mir am besten? ○ ○ Dieses ○ Diese da.

D2 25 Ergänzen Sie in der richtigen Form: *welche – diese*.

a
- Gehen wir dieses .... Wochenende ins Kino?
- Ja gern. .... Film magst du anschauen?

b
- Sag einmal, ... Übungen sollen wir machen?
- .... da.

c
- .... Formular muss ich ausfüllen?
- .... hier.

d
- Hast du .... Salat gemacht?
- .... meinst du?
- Na, ... da, den Erdäpfelsalat. Der schmeckt super.

e
- .... Getränk magst du am liebsten?
- Orangensaft.

f
- .... Bus fährt zum Bahnhof?
- .... da, Nummer 5.

D3 26 Ordnen Sie zu.

~~mögt~~ finde gefällt magst Mögen findest gefällt mag finde mag mögen gefallen mag

a
- Welche Farben mögt .... ihr am liebsten?
- Ich .... Rot und Gelb.
- Mir .... Blau besser. Und welche Farbe .... du?
- Ich .... Grün am liebsten.

b
- Es gibt heute Fisch. Ich hoffe, ihr esst Fisch?
- Ja, wir .... alles: Fisch, Fleisch und Gemüse.
- Das .... ich super. Da macht das Kochen gleich viel mehr Spaß.

c
- .... deine Kinder Bratwürstel?
- Also mein Sohn .... sehr gern Bratwürstel. Aber meine Tochter hat noch nie Bratwürstel gegessen.

d
- Welche Witze .... du lustig?
- Am besten .... mir Arztwitze.

e
- Welcher Wochentag .... dir gar nicht?
- Ich .... den Montag nicht so super. Nach dem Wochenende ist die Arbeit so schwer.

D3 27 Matteo und Elena beim Einkaufen

49 **a** Hören Sie und ergänzen Sie die Antwort.

1 Was ist im Moment günstig? ....
2 Wer kauft eine Jacke? ....

49 **b** Was ist richtig? Hören Sie noch einmal und kreuzen Sie an.

1 ☒ Matteo braucht eine Jacke.
2 ○ Er findet die Jacke zu kurz.
3 ○ Elena findet ihre Traumjacke.
4 ○ Die Jacke passt Elena perfekt.
5 ○ Die Jacke kostet 200 Euro.
6 ○ Matteo findet die Jacke zu teuer.
7 ○ Elena findet die Jacke günstig.
8 ○ Matteo kauft einen Mantel.

E Im Kaufhaus

E1 28 Markieren Sie noch neun Wörter und ordnen Sie zu. Ergänzen Sie mit • *der* – • *das* – • *die*.

A(BECHER)IZAHNBÜRSTEMPAKÜHLSCHRANKDTETAKLEIDTSEIFESGLASL
FERNLOZAHNPASTAWAUEBLUSEWÜLEROCKEINLEKAFFEEMASCHINEIO

a Geschirr: •der Becher
b Damenmode:
c Drogerie und Kosmetik:
d Elektrogeräte:

E2 29 Was ist richtig? Kreuzen Sie an.

a
▲ Entschuldigung, können Sie mir bitte helfen?
■ ○ Die finden Sie im Erdgeschoß.
■ ☒ Ja, natürlich.

b
▲ Ich suche Uhren. Wo gibt es die denn?
■ ○ Ja, Moment.
■ ○ Da müssen Sie ins Untergeschoß gehen.

c
▲ Haben Sie den Rock auch in Größe 40?
■ ○ Was kostet er denn?
■ ○ Ja, hier bitte.

d
▲ Entschuldigen Sie bitte, wo finde ich den Schmuck? Wissen Sie das vielleicht?
■ ○ Wo ist denn die Kassa, bitte?
■ ○ Den gibt es im Obergeschoß.

E2 30 Ordnen Sie zu und schreiben Sie Gespräche.

Haben Sie die Bluse auch in Rot?
Entschuldigung, wo ist denn die Kassa, bitte?
~~Entschuldigung, ich finde das Spielzeug nicht.~~
Ist die Größe so richtig? Ist die Hose nicht zu lang?

Dort vor dem Ausgang können Sie bezahlen.
Nein, mit Schuhen ist sie perfekt.
Die finden Sie gleich neben dem Eingang.
Nein, in Größe 40 haben wir sie nur noch in Blau.

A

◆ Entschuldigung, ich finde das Spielzeug nicht.
○

B

▲
■

C

✚
●

D

●
◆

E3 31 Im Kaufhaus

a Wer sagt was? Lesen Sie und ergänzen Sie: Verkäufer (V), Kundin (K).

- (1) K Können Sie mir bitte helfen? Ich suche eine Hose.
- ( ) ...... Weiß ist auch nicht schlecht. Ich ziehe sie einmal an.
- (2) V Ja, gern. Welche Größe haben Sie denn?
- ( ) ...... Ich hätte gern Schwarz oder Blau.
- ( ) ...... Ja, die passt mir. Die nehme ich.
- ( ) ...... Und welche Farbe hätten Sie gern?
- ( ) ...... Gut, dann probiere ich sie einmal.
- ( ) ...... Aber in Weiß habe ich sie auch in Größe 38. Da, bitte.
- (10) ...... Leider nicht. Die habe ich nur in dieser Größe.
- ( ) ...... Und? Passt Ihnen die Hose?
- ( ) ...... Ich brauche Größe 36.
- ( ) ...... Na ja, sie ist ein bisschen klein. Haben Sie die auch in 38?
- ( ) ...... Da habe ich eine schöne Hose in Schwarz.
- ( ) K Das ist schade.
- ( ) ...... Und, passt die besser?

b Ordnen Sie und schreiben Sie das Gespräch.

K: Können Sie mir bitte helfen? Ich suche eine Hose.
V: Ja, gern. Welche …

50 **c** Hören Sie und vergleichen Sie.

d Schreiben Sie ein Gespräch und spielen Sie mit Ihrer Partnerin / Ihrem Partner.

Kundin/Kunde
Sie wollen einen Pullover in Blau oder in Rot kaufen. Sie haben Größe 52.

Verkäuferin/Verkäufer
Sie haben den Pullover in Rot in Größe 52, den Pullover in Blau aber nur in Größe 54.

- ● Entschuldigen Sie bitte, ich suche einen Pullover.
- ◇ Welche Farbe möchten Sie?
- ● …

E3 32 Lesen Sie und kreuzen Sie an: richtig oder falsch?

Prüfung

a Im Kaufhaus

> Der Winter ist aus!
>
> **ALLES MUSS RAUS**
>
> Jacken, Mäntel, Stiefel ab sofort nur noch 50 %

Wintergewand kostet jetzt mehr als normal. ○ richtig ○ falsch

b Im Elektrogeschäft

> **Wir machen Urlaub!**
>
> Unser Geschäft ist vom 03.07. – 24.07. geschlossen.
> Wir bitten um Ihr Verständnis.

Sie können am 25.07. wieder einkaufen. ○ richtig ○ falsch

c In der Bäckerei

> **Öffnungszeiten**
>
> Montag – Freitag 8.00 – 18.00 Uhr
> Samstag 8.00 – 13.00 Uhr

Es ist Samstagnachmittag.
Sie können jetzt keine Semmeln kaufen. ○ richtig ○ falsch

E3 33 Wählen Sie eine Situation und schreiben Sie ein E-Mail.

Schreibtraining

a

Eine Freundin / Ein Freund macht bald eine Reise nach Marokko. Sie/Er soll etwas mitbringen: zwei T-Shirts von „Onyx". Sie finden die sehr schön und sie sind dort sicher günstig. Nennen Sie die Größe und Farbe. Danken Sie und schreiben Sie einen Gruß.

E-Mail senden

Liebe/r ...,
Du fährst doch bald nach Marokko ...

b

Eine Freundin / Ein Freund fährt am Wochenende nach Wien zum Spiel von Rapid. Sie/Er soll etwas mitbringen: ein Kapperl und ein Leiberl aus dem Fan-Shop.
Nennen Sie die Größe.
Danken Sie und schreiben Sie einen Gruß.

E-Mail senden

Liebe/r ...,
am Wochenende fährst Du doch nach Wien ...

Test Lektion 13

13

1 Markieren Sie noch neun Wörter und ordnen Sie zu.

1 ..... /9 Punkte

WÖRTER

AGRBERGLUPTRUPULLOVERRTJACKETURSCHUHEHOLWALD
MUDANZUGALBDORFBÜRSTSCHNEEVMANTELRUHSEEVO

a Gewand: Pullover, ...

b Natur: ....

0–4 / 5–7 / 8–9

2 Ergänzen Sie.

2 ..... /11 Punkte

GRAMMATIK

a
- ◆ Wie gefällt dir der Mantel?
- ○ Welch..... ? D..... da?
- ◆ Nein, dieser dort.
- ○ D..... finde ich nicht so schön.

b
- ▲ Welch..... Tasche gehört Ira?
- □ Ich glaube, dies..... da.

c
- □ D..... Kleid schaut ja fesch aus.
- ◆ Nein, d..... gefällt mir nicht. Aber dies..... ist schön.

d
- ✚ Welch..... Stiefel soll ich nehmen?
- ● Dies..... ! D..... sind schön.

3 Was ist richtig? Kreuzen Sie an.

3 ..... /4 Punkte

a ◆ Deine Bluse ist schön! Die steht ☒ dir ○ mir sehr gut.
  ○ Oh, danke! ○ Mir ○ Dir gefällt sie auch sehr gut.

b ◆ Kannst du ○ euch ○ uns mit den Koffern helfen?
  ○ Sicher helfe ich ○ uns. ○ euch.

c ◆ Wie findest du Marias Hose?
  ○ Super! Die passt ○ ihr ○ ihm perfekt.

4 Ergänzen Sie in der richtigen Form: *gut – gern – viel*.

4 ..... /5 Punkte

a ◆ Isst du gern Salat?
  ○ Ja, aber noch lieber ☺☺ esse ich Obst.
  Und .... ☺☺☺ esse ich Pizza.

b ✚ Kannst du gut Fußball spielen?
  □ Ja, aber noch .... ☺☺ kann ich Handball spielen.
  Und .... ☺☺☺ spiele ich Tennis.

c Im Supermarkt kostet der Kuchen viel. In der Bäckerei kostet er .... ☺☺, aber .... ☺☺☺ kostet er im Café.

0–9 / 10–15 / 16–20

5 Verbinden Sie.

5 ..... /4 Punkte

KOMMUNIKATION

a ◆ Entschuldigung, wo gibt es Gürtel? — 4
b ◆ Haben Sie das Hemd auch in Größe 56?
c ◆ Wie steht mir diese Farbe?
d ◆ Haben Sie das Kleid auch in Rot?
e ◆ Wo ist denn hier die Kassa, bitte?

1 ○ Nein, nur in Blau.
2 ○ Sehr gut.
3 ○ Da vorn.
4 ○ Im Erdgeschoß.
5 ○ Ja da, bitte.

0–2 / 3 / 4

Fokus Alltag: Einen Rabatt aushandeln

1 Lesen Sie die Inserate. Was ist richtig? Kreuzen Sie an.

a ○ Sportkleidung und Sportschuhe kosten jetzt 10 bis 25 Prozent mehr.
b ○ Rabatt heißt: Eine Ware kostet zum Beispiel 10 Euro, aber der Kunde bezahlt jetzt nur 8 Euro.
c ○ Die T-Shirts, Pullover und Jacken sind ein bisschen kaputt.

2 Lesen Sie die Texte im Internet. Was ist richtig? Kreuzen Sie an.

Frage von Karim, 13.05.

Ich habe eine Frage: Kann man in Österreich nur bei privaten Verkäufen Preise verhandeln und im Internet Rabatte bekommen oder auch in Geschäften?

Antwort von Alfred, 14.05.

Bei Privatverkäufen – im Internet oder auch direkt – ist Handeln in Österreich normal. Aber auch in Geschäften kann man Rabatte bekommen. Ist die Ware kaputt oder hat sie Fehler? Dann sind bis zu 10 % Rabatt möglich!

a ☒ In Österreich kann man bei Privatverkäufen Preise verhandeln.
b ○ Auf Waren mit Fehlern kann man in Geschäften keinen Rabatt bekommen.
c ○ In Geschäften kann man maximal 10 % Rabatt bekommen.

3 Was meinen Sie? Wann kann man einen Rabatt bekommen? Kreuzen Sie an.

A

☒ Ein Knopf fehlt.

B

○ Sie haben nur 60 Euro.

C

○ Das T-Shirt hat einen Fleck.

D

○ Sie finden die Jacke nicht mehr modern.

E

○ Der Tisch ist zu klein.

51 4 Rollenspiel: Einen Rabatt aushandeln

Lesen Sie und hören Sie die Gespräche.
Wählen Sie dann eine Situation und spielen Sie.

◆ Ich hätte gern den Fahrradhelm. Aber schauen Sie, er hat da einen kleinen Fehler. Gibt es einen Rabatt?

○ Na ja, wir können Ihnen 5 Euro Rabatt geben. In Ordnung?

◆ Okay. Dann nehme ich den Helm.

◆ Nein, das ist zu wenig. 10 Euro?
○ Also gut.

Fokus Beruf: Schutzkleidung

1 Lesen Sie den Text. Was ist richtig? Kreuzen Sie an.

Vorsicht ist gut, Schutz ist besser!

Jedes Jahr gibt es in Österreich viele Arbeitsunfälle. Aber die Arbeiterinnen und Arbeiter in Österreich tragen ihre eigene Schutzkleidung. Denn Sie wissen: Sicherheit kann so einfach sein!

Schutzkleidung gegen die häufigsten Verletzungen:
45% Handverletzungen: Schutzhandschuhe
20% Fußverletzungen: Sicherheitsschuhe
17% Beinverletzungen: Schutzanzug
9% Hautverletzungen: Schutzanzug, Schutzhandschuhe
6% Kopfverletzungen: Schutzhelm
2% Augenverletzungen: Schutzbrille

a ○ In Österreich gibt es keine Arbeitsunfälle.
b ○ Die Arbeiter haben keine eigene Schutzkleidung.
c ○ Die meisten Verletzungen gibt es an den Händen.

2 Schauen Sie die Schilder an und ordnen Sie zu.

• der Schutzhelm • die Schutzbrille • der Schutzanzug • die Schutzhandschuhe • ~~die Sicherheitsschuhe~~

A 
B 
C 
D 
E 

A: • *die Sicherheits-schuhe*
B: ....
C: ....
D: ....
E: ....

3 Schutzkleidung

a Suchen Sie die Berufe im Wörterbuch.

• der Automechaniker • der Bauarbeiter • der Chemiker • der Schweißer

b Wer braucht was? Kreuzen Sie an und vergleichen Sie mit Ihrer Partnerin / Ihrem Partner.

	Schutzbrille	Schutzhelm	Schutzhandschuhe	Sicherheitsschuhe	Schutzanzug
Automechaniker	○	○	○	○	○
Bauarbeiter	○	○	○	○	○
Chemiker	○	○	○	○	○
Schweißer	○	○	○	○	○

Ich denke, ein Automechaniker braucht eine Schutzbrille, Handschuhe und Sicherheitsschuhe.

Aber manchmal braucht er auch einen Schutzhelm.

Nein, ich glaube, das stimmt nicht. ...

c Brauchen Sie in Ihrem Beruf auch besondere Kleidung oder Schutzkleidung? Erzählen Sie.

◆ Ich bin Feuerwehrmann. Da brauche ich einen Schutzhelm.
○ Ich arbeite als Verkäuferin. Ich brauche keine Schutzkleidung.

A Am **fünfzehnten** Jänner fange ich an.

A2 **1 Jahreszeiten und Monate in Europa: Ergänzen Sie.**

A  Frühling
März ....

B  ....
.... August

C  ....
....

D  ....
....

A3 **2 Was macht Bruno im Mai? Schauen Sie den Kalender an und ergänzen Sie.**

a Am ersten Mai muss Bruno nicht arbeiten.
b .... spielt er Fußball.
c .... kann er sein Auto abholen.
d .... frühstückt er mit Julia.
e .... muss er zum Zahnarzt.
f ....
hat er Urlaub.
g .... kauft er Blumen für Julia.
h ....
besucht er seine Tante Eva in St. Pölten.

{Mai}

1	Fr	Feiertag! Frei! ☺
2	Sa	Tante Evas 50. Geburtstag
3	So	
4	Mo	
5	Di	Werkstatt!
6	Mi	
7	Do	Zahnarzttermin
8	Fr	Blumen kaufen
9	Sa	Frühstück bei Julia
10	So	Fußballspiel gegen SV Puch
11	Mo	
12	Di	Juhu! Italien!
13	Mi	
14	Do	
15	Fr	
16	Sa	

A3 **3 Ergänzen Sie.**

a 23.08. der dreiundzwanzigste August
b 20.04. ....
c 15.06. ....
d 12.02. ....
e 03.11. ....
f 01.01. ....

A3 **4 Hören Sie und ergänzen Sie.**

52–56

a Omas Geburtstag: am 4. Oktober
b Antrag abgeben: ....
c neuer Termin: ....
d Konzert: ....
e Party: ....

B Ich habe **dich** sehr lieb, Opa.

B1 **5 Markieren Sie *er* – *sie* – *ihn* und ergänzen Sie Pfeile.**

Grammatik entdecken

Walter feiert heute Geburtstag. Er macht eine kleine Party. Sofia, Lara und Lili kommen und schenken Walter Patschen. Er mag sie. Tim kommt auch. Er gratuliert und schenkt Walter einen Hula-Hoop-Reifen. Alle finden ihn lustig. Lara sagt: Sie muss bald zurück nach Polen. Und Tim erzählt: Er hat einen neuen Job in Österreich. Alle sind ein bisschen traurig. Aber am Ende trinken sie Kaffee und essen Walters Geburtstagskuchen. Er schmeckt sehr gut. Und alle machen zusammen ein Foto. Ende gut, alles gut!

B1 **6 Markieren Sie und ergänzen Sie die Tabelle.**

Grammatik entdecken

a Marta bringt die Getränke für die Party mit. Ich habe sie gerade gefragt.
b Was schenken wir Sandra? Soll ich was kaufen? Ruf mich bitte an.
c Hakim kommt auch zu Henrys Geburtstag. Ich habe ihn lange nicht mehr gesehen.
d Bist du daheim? Ich rufe dich gleich an.
e Wir sind im Fasching in Villach. Besucht uns doch.
f Die Blumen für Opas Geburtstag sind im Wohnzimmer, vergiss sie nicht!
g Was macht ihr am Feiertag? Wir fahren nach Meran. Sollen wir euch mitnehmen?

ich	....
du	....
er	ihn
es	es
sie	....
wir	....
ihr	....
sie/Sie	......../Sie

B2 **7 Ordnen Sie zu.**

dich euch es Ihn ~~mich~~ sie ~~sie~~ Sie

a
◆ Ricardos Mutter ist jetzt auch in Wien. Hast du sie schon gesehen?
○ Ja, ich habe .... letzte Woche mit Ricardo beim Einkaufen getroffen.

b
Das ist mein Auto. Es ist neu. Ich liebe .... einfach!

c
▲ Grüß dich, Paula. Wie geht's dir?
◆ Hallo, Johanna. Hallo, Simon. Ich habe .... ja schon lange nicht mehr gesehen. Was macht ihr denn so?

d
◆ Schau dir den Film an, der ist super. Ich habe .... schon zweimal gesehen.
○ Gehst du noch einmal mit?
◆ Ja, sicher! Ich hole .... um 19 Uhr ab, um 20 Uhr fängt der Film an.

e
◆ Ich fahre später zum Supermarkt.
○ Wunderbar! Nimmst du .... mit?

f
◆ Entschuldigung, Frau Schober, kann ich .... etwas fragen?
○ Natürlich.

B

◇ B2 **8 Ergänzen Sie.**

A 

Alles Gute zum Valentinstag. Ich habe *dich* ……………… sehr lieb! Bussi Max

B

Hallo Norbert und Kathi, kann ich ……………… am Wochenende besuchen? Ich glaube, das Wetter wird super!:-) Luki

C

Hallo Tom, vergiss bitte nicht die Tickets für Rocky! Oder hast du ……………… schon gekauft? Und Lena? Kommt sie? Hast du ……………… gefragt? Gruß, Jo

D

Opa hat heute Geburtstag! Hast du schon das Geschenk für ……………… gekauft oder soll ich ……………… kaufen? Eine Geburtstagskarte brauchen wir auch noch. Ruf ……………… doch bitte an. LG Michi

E

Hi Mario, ruf ……………… doch bitte an. Eli + Semra

❖ B2 **9 Schreiben Sie die Sätze neu mit *er – ihn – es – sie*.**

a Meine Freundin wohnt in Judenburg.
Meine Freundin hat zwei Kinder.
Sie hat zwei Kinder.

b ◆ Kennst du John?
○ Ja, natürlich. Ich kenne John schon lange.
………………………………

c ◆ Wo finde ich die Rezeption?
○ Sie finden die Rezeption da hinten.
………………………………

d Frank ist von Beruf Taxifahrer.
Frank arbeitet bei „Taxandgo".
………………………………

e ◆ Kaufst du den Rock?
○ Nein. Ich finde den Rock nicht so schön.
………………………………
………………………………

f ◆ Kannst du das Hotel „Gfrettner" empfehlen?
○ Nein. Ich kann das Hotel „Gfrettner" nicht empfehlen.
………………………………

g Vielen Dank für die Blumen.
Die Blumen sind sehr schön.
………………………………

B4 **10 Hannahs Geburtstagsparty: Schreiben Sie.**

die Küche putzen
die Blumen kaufen
die Getränke holen
die Nachspeise machen
die Pizza backen
das Geschenk kaufen
das Geschirr waschen

Ich habe sie schon geputzt.

C Wir feiern Abschied, **denn** ...

C2 11 Ordnen Sie zu.

heute Abend kommen Freunde | er muss noch lernen | ~~er hat nicht genug Geld~~ | es ist schon so spät

a
Herr Kurz kann das Auto nicht kaufen, denn er hat nicht genug Geld.

c
Steffi darf nicht in den Klub gehen, denn ....

b
Frau Kurz putzt die Wohnung, denn ....

d
Leo darf nicht fernsehen, denn ....

◇ C2 12 Schreiben Sie Sätze mit *denn*.

a Meine Großmutter fährt viel Rad, ...
(keinen Führerschein – hat – sie)
b Herr Kaiser fährt lieber mit dem Auto, ...
(keine – er – mag – Busse und Züge)
c Alina gibt das Gepäck ab, denn in einer Stunde geht ihr Flug.
(in einer Stunde – ihr Flug – geht)
d Stefan nimmt gern den Bus, ...
(nicht viel – ein Busticket – kostet)
e Herr Irger kann nicht in die Arbeit fahren, ...
(heute nicht – fährt – die S-Bahn)

❖ C2 13 Und Sie? Schreiben Sie Sätze mit *denn*.

a Ich kann dir kein E-Mail schreiben, denn mein Laptop ist kaputt.
b Ich mache eine Feier, ...
c Ich gehe nicht in den Deutschkurs, ...
d Ich kann beim Sportfest nicht mitmachen, ...
e Ich bin sauer, ...
f Mir geht es heute nicht so gut, ...
g Meine Lieblingsjahreszeit ist ...., denn ....

C3 14 Hören Sie und sprechen Sie nach.

57
Phonetik

a Wir feiern heute Abschied, → denn nächste Woche endet der Deutschkurs. ↘
b Ich bringe einen Salat mit → und Peter kauft die Getränke. ↘
c Ich möchte gern ein Auto kaufen, → aber ich habe kein Geld. ↘
d Heute Nachmittag gehe ich schwimmen → oder ich fahre mit dem Rad. ↘
e Kommst du um drei Uhr ↗ oder kannst du erst um fünf kommen? ↘
f Trinkst du einen Kaffee ↗ oder möchtest du lieber einen Tee? ↘

D Einladungen

D1 15 Was ist richtig? Kreuzen Sie an.

a ein Fest ☒ organisieren ○ einladen
b Geburtstag ○ freuen ○ feiern
c Bescheid ○ geben ○ haben
d Glück und Freude ○ bekommen ○ wünschen
e eine Einladung ○ nehmen ○ schreiben
f ein Geschenk ○ wünschen ○ kaufen
g Gäste ○ einladen ○ freuen

D1 16 Wie alt werden Sie?

a Ergänzen Sie *werden* in der richtigen Form.

1 Mein Mann und ich, wir *werden* dieses Jahr zusammen 65 Jahre alt.
2 Wie alt .... ihr?
3 Was? Du .... schon 30?!
4 Marina und Carina .... im Juni 18.
5 Sie .... heute 80? Herzlichen Glückwunsch, Frau Muster.
6 Ich .... nächste Woche 40.

b Ihre Kollegen, Ihre Freunde ...
Wer wird wann wie alt? Schreiben Sie fünf Sätze.

Mein Kollege Hans wird am 21. Mai 49.
Meine Deutschlehrerin ...

D2 17 Eine Einladung schreiben

Schreibtraining

a Ordnen Sie.

E-Mail senden

○ Ich würde mich freuen.
○ am Freitag ist mein letzter Arbeitstag.
(5) Wann und wo: am Freitag, 29.3., um 15 Uhr in meinem Büro.
○ Liebe Kolleginnen und Kollegen,
○ und lade Sie alle zur Kaffeejause ein.
○ Können Sie kommen?
○ Herzliche Grüße
(8) Bitte geben Sie bis Mittwoch, 27.3., Bescheid.
○ Alexandra Schmid-Riemer
○ Ich möchte meinen Abschied mit Ihnen feiern

b Schreiben Sie eine Antwort an Frau Schmid-Riemer.

Liebe Frau Schmid-Riemer,
vielen Dank ...

c Schreiben Sie eine Einladung an Ihre Arbeitskollegin / Ihren Arbeitskollegen.

Grund: Sie laden auf Schnitzel und Erdäpfelsalat ein, denn Sie haben Geburtstag.
Datum, Uhrzeit: 4. April, 12.30 Uhr
Ort: Wirtshaus „Mader“
Bitten Sie um Antwort bis 1. April.
Schreiben Sie auch eine Anrede und einen Gruß.

Liebe Frau Korinek,
ich feiere meinen Geburtstag ...

E Feste und Glückwünsche

E2 18 Wie heißen die Wörter? Ergänzen Sie.

Was ist euer Lieblingsfest?

A

Glückspilz

vor einer Stunde

Mein Lieblingsfest ist Weihnachten (nachWeihten), denn dann bekommt man .... (Gekeschen) ☺ und der .... (baumChrist) ist immer so schön.

B

Hasi

vor drei Stunden

Ich mag .... (ternsO), denn ich mag den Frühling sehr. Wir .... (ernief) immer mit allen Verwandten, und die Kinder bekommen Schokoladehasen und .... (tenSüßkeiig).

C

Andreas 1986

vor einem Tag

Meine Lieblingsfeste sind .... (vesterSil) und .... (ueNjahr), denn am 1. Jänner habe ich .... (Gegatburts).

Alle Freunde .... (liegraturen) um 0 Uhr und .... (schennüw) alles Gute! Und ich finde immer das .... (erwerkueF) so schön.

D

Jo2812

vor zwei Tagen

Ich finde .... (zeihcoHten) einfach wunderbar! Das ist immer so romantisch ☺. Im Sommer feiert meine beste Freundin ihre Hochzeit und ich freue mich schon total! Juhu!

E3 19 Ergänzen Sie die Glückwünsche.

A

....
....

B
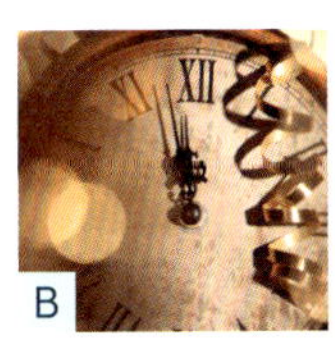
....
....

C

....
....

D

Wir gratulieren zur Hochzeit!

E

E3 20 Verbinden Sie und schreiben Sie.

a	Herzlichen	1	Glück!	
b	Viele	2	Gute!	
c	Viel	3	Glückwunsch!	Herzlichen Glückwunsch!
d	Alles	4	Grüße!	

E3 21 Lesen Sie die Texte und die Aufgaben. Wo finden Sie die Informationen? Kreuzen Sie an.

Prüfung

a Sie brauchen ein Hochzeitskleid.

1 ○ www.boutiqueadonis.at 2 ○ www.carmenpereira.at

b Sie wollen eine Geburtstagsfeier für Ihr Kind machen.

1 ○ Malschule Kunterbunt 2 ○ Konrads Clown-Service

c Sie haben am 27. Juli Ihren Hochzeitstag und möchten ihn daheim mit Gästen feiern.

1 ○ www.party-catering-linz.at 2 ○ www.sommerparty-podersdorf.at

Test Lektion 14

14

1 Ordnen Sie zu.

1 ____ /6 Punkte — WÖRTER

August Einladung Geschenk Glückwunsch feiern ~~liebe~~ Blumen

Am 24. ____________ (a) sind Maria und Horst zehn Jahre verheiratet. Horst kauft dann ____________ (b) für Maria und sagt: „Ich liebe dich" (c). Auch Maria hat ein ____________ (d) für Horst, zum Beispiel eine ____________ (e) für einen Ausflug. Ihren Hochzeitstag ____________ (f) sie mit der ganzen Familie. Alle sagen: „Herzlichen ____________ (g)!"

____ 0–3 / 4 / 5–6

2 Ergänzen Sie in der richtigen Form.

2 ____ /4 Punkte — GRAMMATIK

a ◆ Wann fährst du nach Bozen?
 ○ Am einunddreißigsten (31.) Juli.

b ▼ Wie lange fährst du weg?
 ■ Vom ____________ (1.) bis zum ____________ (7.) Mai.

c ✚ Hast du noch Urlaub?
 ● Ja, noch bis zum ____________ (3.) Oktober.

d ▲ Welches Datum ist heute?
 □ Der ____________ (11.) März.

3 Ergänzen Sie.

3 ____ /5 Punkte

A
Hallo Leo! Kannst du mich später abholen? Mein Rad ist kaputt. Vielleicht kannst du ________ reparieren. Dorli

B
Hallo Ali, hallo Zoltán, ich feiere am 3.3. meinen Abschied und lade ________ herzlich dazu ein. Bringt auch eure Freunde mit. Ich möchte ________ gern kennenlernen.

C
Servus Paul, Opa wird am Samstag 75. Hast du schon ein Geschenk für ________? Ich rufe ________ heute Abend an, ok? Babsi

4 Schreiben Sie die Sätze neu mit *denn*.

4 ____ /3 Punkte

a Galina braucht ein Kleid. Sie geht auf eine Hochzeit.
b Bob feiert seinen Geburtstag nicht. Er findet Geburtstage nicht wichtig.
c Herbert fährt am Montag nach Villach. Es ist Fasching.
d Mandy organisiert eine Party. Sie hat eine neue Wohnung.

a Galina braucht ein Kleid, denn sie geht auf eine Hochzeit.

____ 0–6 / 7–9 / 10–12

5 Ordnen Sie.

5 ____ /6 Punkte — KOMMUNIKATION

◯ am 13. Jänner, um 15 Uhr, im Café Mozart.
◯ Ich würde mich freuen! Anastasia
◯ am Mittwoch habe ich Geburtstag und werde 33 Jahre alt!
◯ Liebe Sarah,
④ Ich lade alle zum Kaffee ein:
◯ Kannst du kommen?
◯ Das möchte ich mit meinen Freunden feiern.

____ 0–3 / 4 / 5–6

Fokus Beruf: Veranstaltungshinweise verstehen

1 Lesen Sie und markieren Sie: Thema – Datum/Uhrzeit – Stadt.
Ergänzen Sie dann die Tabelle.

A

Hochzeitsmesse Wels
01.–03. Mai
Mehr als 50 Firmen präsentieren alles zum Thema Hochzeit: ihre Produkte, Serviceangebote und Ideen rund ums Heiraten und Feiern. Präsentationen, Workshops für Friseurinnen/Friseure, Floristinnen/Floristen und Kosmetikerinnen/Kosmetiker, eine Brautmodeschau und vieles mehr warten auf die Gäste.
Öffnungszeiten täglich: 10.00–18.00 Uhr

B

7. NACHT DER AUSBILDUNG IN HERMAGOR
15 Unternehmen stellen sich vor und laden dich ein. Lern deinen Wunschberuf kennen!

Deine Chancen:
- mehr als 40 Ausbildungsberufe kennenlernen
- die Firmen direkt vor Ort besichtigen
- mit Lehrlingen und Ausbilderinnen und Ausbildern sprechen

Termin: 20. September, 17.00–23.00 Uhr
Abfahrt: 16.00 Uhr vom Bahnhof mit dem Shuttle-Bus zur Nacht der Ausbildung

C

Die Bewerbung – Werbung für mich

Art: Infoveranstaltung
Thema: Arbeitssuche
Termin: 18.05., 17–19 Uhr
Anmeldung: keine Anmeldung nötig
Veranstalter: Agentur für Arbeit
Ort: Berufsinformationszentrum Innsbruck, Haller Straße 1, 6020 Innsbruck
Inhalt: Informationen und Tipps für eine erfolgreiche Bewerbung
Kontakt: Tel. 0800 123654, E-Mail: BiZ_Innsbruck@agentur.at

	Thema	Datum/Uhrzeit	Stadt
A	Hochzeit		
B			
C			

2 Was passt? Ordnen Sie den Personen die Veranstaltungen aus 1 zu.

1

Mesut Genç

(B) Mesut Genç ist bald mit der Schule fertig. Welchen Beruf soll er wählen?

2

Ivan Baric

○ Ivan Baric ist zurzeit arbeitslos. Er möchte gute Bewerbungen schreiben.

3

Irene Meindl

○ Irene Meindl arbeitet als Friseurin und lernt gern neue Ideen kennen.

Fokus Alltag: Um Hilfe bitten

14

58–60 **1 Wer spricht? Hören Sie die Gespräche und ordnen Sie zu.**

Elfi Karl Laura Ingrid ~~Korotimi~~ Kim Sascha

2 Party-Gespräche

58–60 **a** Wer hilft wem? Hören Sie noch einmal und verbinden Sie.

1 Elfi	a Sascha
2 Laura	b Kim
3 Karl	c Korotimi

58–60 **b** Wer sucht was? Hören Sie noch einmal und kreuzen Sie an.

	ein Zimmer	ein Buch	ein Wort
Korotimi	○	○	☒
Sascha	○	○	○
Kim	○	○	○

Lernwortschatz

8 Beruf und Arbeit

FOTO-HÖRGESCHICHTE

1	• die Geschichte, -n	Die Geschichte spielt in Sofias Ordination.
	• das Krankenhaus, ¨-er 	Die Geschichte spielt im Krankenhaus.
	• das Interview, -s	Lara und Tim machen ein Interview für den Deutschkurs.
	• die Zeitung, -en 	Sie machen ein Interview für eine Zeitung.
	• das Fernsehen (Sg.)	Sie machen ein Interview für das Fernsehen.
	• die Ausbildung, -en	Sie sprechen mit Sofia über Ausbildung und Beruf.
	• der Chef, -s / • die Chefin, -nen	Der Mann ist Sofias Chef.
	• der Patient, -en / • die Patientin, -nen	Herr Koch ist Sofias Patient.
	• der Hausmeister, - / • die Hausmeisterin, -nen	Herr Koch ist Hausmeister von Beruf.
	• der Hausbesorger, - / • die Hausbesorgerin, -nen	Herr Koch ist Hausbesorger von Beruf.
	• der Journalist, -en / • die Journalistin, -nen	Er ist Journalist von Beruf.
2	• das Thema, Themen	Das Thema ist „Arbeit und Beruf“.
	eigen-	Sofia hat eine eigene Ordination.

A

A2	• der Arzt, ¨-e / • die Ärztin, -nen	Sie ist Ärztin.
	• der Mechatroniker, - / • die Mechatronikerin, -nen	Er arbeitet als Mechatroniker.
	• der Hausmann, ¨-er / • die Hausfrau, -en 	Sie ist Hausfrau.
	• der Polizist, -en / • die Polizistin, -nen	Sie arbeitet als Polizistin.
	• der Krankenpfleger, -	Er ist Krankenpfleger von Beruf.
	• die Krankenschwester, -n	Sie ist Krankenschwester von Beruf.

A3	beruflich		Was machen Sie beruflich?
	• der Schüler, - / • die Schülerin, -nen		Ich bin Schüler.
	• der Student, -en / • die Studentin, -nen		Ich bin Student.
	studieren (hat studiert)		Ich studiere noch.
	• der Job, -s		Ich habe einen Job als Hausmeister.
	• die Stelle, -n		Ich habe eine Stelle als Ärztin.
	selbstständig		Ich bin selbstständig.
	berufstätig		Ich bin nicht berufstätig.
	arbeitslos		Ich bin arbeitslos.
	zurzeit		Ich bin zurzeit arbeitslos.
	• der Taxifahrer, - / • die Taxifahrerin, -nen		Ich bin Student und habe einen Job als Taxifahrer.

B

B1	dauern (hat gedauert)		Wie lange hat die Ausbildung gedauert? – Drei Jahre.
B2	seit		Seit wann arbeiten Sie bei „TerraMaxImmobilien"? – Seit 35 Jahren.
B3	• die Bewerbung, -en		Bewerbung um ein Praktikum im Marketing
	• das Praktikum, Praktika		Frau Szabo möchte ein Praktikum bei „mediaplanet" machen.
	• die Abteilung, -en		Ich möchte in Ihrer Marketing-Abteilung ein Praktikum machen.
	• der Leiter, - / • die Leiterin, -nen		Der Abteilungsleiter hat noch Fragen.
	geehrt		Sehr geehrter Herr Winter, ...
	• die Wirtschaft (Sg.)		Ich habe in Budapest Wirtschaft studiert.
	• das Diplom, -e		Ich habe gerade mein Diplom gemacht.
	gerade		Ich habe gerade mein Diplom gemacht.
	• das Büro, -s 		Ich habe im Büro bei „S&P Media" gearbeitet.

Lernwortschatz

	• die Information, -en	Für weitere Informationen stehe ich gern zur Verfügung.
	• der Gruß, ¨-e	Mit freundlichen Grüßen
B5	heiraten (hat geheiratet) 	Wann hast du geheiratet?
	eigentlich	Wann bist du eigentlich geboren?
	später	Ich habe in Florenz und später in Rom gelebt.
	• der Reiseführer, - / • die Reiseführerin, -nen 	In Rom habe ich als Reiseführer gearbeitet.
	• der Tourist, -en / • die Touristin, -nen 	Ich habe Touristen die Stadt gezeigt.
	zeigen (hat gezeigt)	Ich habe Touristen die Stadt gezeigt.

C

C1	• die Berufserfahrung (Sg.)	Ich hatte ja noch fast keine Berufserfahrung.
C2	• das Café, -s 	Vor einem Jahr habe ich in einem Café gearbeitet.
	• der Stress (Sg.)	Ich hatte richtig viel Arbeit und oft Stress.
	manchmal	Ich habe die Kunden manchmal nicht verstanden.
	• der Kellner, - / • die Kellnerin, -nen	Ich war keine gute Kellnerin.
	• das Restaurant, -s	Heute arbeite ich in einem Restaurant.
C3	• der Architekt, -en / • die Architektin, -nen	Ich war Architektin.
	• der Koch, ¨-e / • die Köchin, -nen	Ich war Koch.
	• der Arbeiter, - / • die Arbeiterin, -nen	Ich war Arbeiter.
	wenig	Ich hatte wenig Arbeit.
	• der Kollege, -n / • die Kollegin, -nen	Die Kollegen waren nett.

D

D1	● das Ausland (Sg.)	....	Im Ausland arbeiten oder studieren?
	ander-	....	Auch heute gibt es noch das eine oder andere Problem.
	● der Arbeitsplatz, ¨e	....	Ich habe sofort einen Arbeitsplatz bekommen.
	verkaufen (hat verkauft)	....	Ich habe Arbeitskleidung verkauft.
	● der Verkäufer, - / ● die Verkäuferin, -nen	....	Ich möchte als Verkäufer arbeiten.
	● der Traum, ¨e: Traum-	....	Das ist nicht mein Traumjob.
	dreimal	....	Am Abend gehe ich dreimal pro Woche in den Deutschkurs.
	bekommen (hat bekommen)	....	Ich habe sofort einen Arbeitsplatz bekommen.
	● der Sekretär, -e / ● die Sekretärin, -nen	....	Ich habe eine Ausbildung als Sekretärin gemacht.
	● die Universität, -en 	....	Ich möchte an der Universität Pharmazie studieren.
D2	befristet	....	Wir suchen befristet für ein Jahr Verkäufer/-innen.
	● die Vollzeit (Sg.)	....	Wir suchen Verkäufer/-innen in Vollzeit.
	● die Teilzeit (Sg.)	....	Wir suchen Verkäufer/-innen in Teilzeit.
	ganztags	....	Arbeitszeiten: von Montag bis Samstag, ganztags oder halbtags
	halbtags	....	Arbeitszeiten: von Montag bis Samstag, ganztags oder halbtags
	vormittags	....	Vormittags von 7 bis 14 Uhr.
	nachmittags	....	Nachmittags von 13 bis 20 Uhr.
	● die Nachhilfe (Sg.) 	....	Wer kann Nachhilfe in Englisch geben?
	montags	....	Montags und donnerstags von 16 bis 18 Uhr.
	donnerstags	....	Montags und donnerstags von 16 bis 18 Uhr.
	● Senioren (Pl.): Senioren-	....	Wir suchen Pflegefachkräfte für die Seniorenresidenz „Isabella“.

Lernwortschatz

	• die Aushilfe, -n		Wir suchen dringend Aushilfen.
	dringend		Wir suchen dringend Aushilfen.
	• der Service / • das Service (Sg.)		Wir suchen eine Vollzeitkraft im Service.
	abends		Abends von 19 bis 21 Uhr.
	dienstags		Dienstags von 15 bis 19 Uhr.
	mittwochs		Mittwochs von 15 bis 19 Uhr.
	freitags		Freitags von 15 bis 19 Uhr.
	sonntags		Sonntags von 15 bis 19 Uhr.
D4	zahlen (hat gezahlt)		Das Café „Rudolf“ zahlt 10 Euro pro Stunde.
	• der Stundenlohn, ¨-e		Wie hoch ist der Stundenlohn?
	• die Nachfrage, -n		Telefonische Nachfragen unter 0 28 22/65 48 82 32.
D5	frei		Ist die Stelle noch frei?
	jeweils		Aushilfe gesucht, jeweils samstags von 10 bis 18 Uhr.
	samstags		Jeweils samstags von 10 bis 18 Uhr.

Berufe

• der Journalist, -en
• die Journalistin, -nen

• der Arzt, ¨-e
• die Ärztin, -nen

• der Krankenpfleger, -
• die Krankenschwester, -n

• der Mechatroniker, -
• die Mechatronikerin, -nen

• der Polizist, -en
• die Polizistin, -nen

• der Taxifahrer,
• die Taxifahrerin, -nen

• der Kellner, -
• die Kellnerin, -nen

• der Koch, ¨-e
• die Köchin, -nen

• der Architekt, -en
• die Architektin, -nen

• der Arbeiter, -
• die Arbeiterin, -nen

• der Sekretär, -e
• die Sekretärin, -nen

TiPP
Schreiben Sie neue Wörter und Beispielsätze auf Kärtchen.

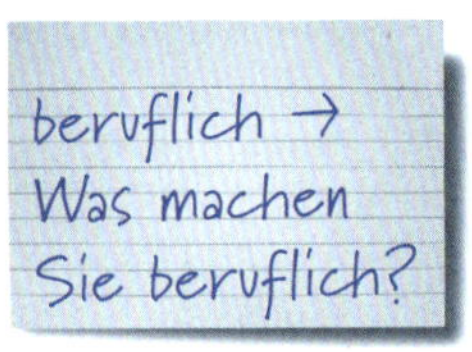

9 Ämter und Behörden

FOTO-HÖRGESCHICHTE

1	• der Führerschein, -e		Haben Sie einen Führerschein?
2	• das Ticket, -s		Sie wollen ein Busticket kaufen.
	• das Amt, ¨-er 		Sie sind auf einem Amt.
	gültig		Ist der Führerschein gültig?
	mieten (hat gemietet)		Sie wollen ein Auto mieten.
4	europäisch		Lara kommt aus der Europäischen Union.
	• die Europäische Union (EU) (Sg.)		Sie kommt aus der EU.
	jung		Sie ist zu jung.
	• die Fahrt, -en		Die Fahrt dauert nur zwei Stunden.
	• die Fahrkarte, -n 		Sie kaufen Fahrkarten beim Hbf.

A

A1	• der Antrag, ¨-e		Tim muss einen Antrag ausfüllen.
	müssen, ich muss, du musst, er muss		Sie müssen einen Antrag ausfüllen.
	aus·füllen (hat ausgefüllt)		Tim muss einen Antrag ausfüllen.
	• der Ausweis, -e		Er muss den Ausweis mitbringen.
	mit·bringen (hat mitgebracht)		Er muss den Ausweis mitbringen.
	• die Papiere (Pl.)		Sie müssen viele Papiere mitbringen.
	unterschreiben (hat unterschrieben)		Sie müssen einen Antrag unterschreiben.
	bar		Sie müssen 60,50 Euro bar bezahlen.
A2	• der Automat, -en 		Der Mann versteht den Automaten nicht.
	funktionieren (hat funktioniert)		Der Fahrkartenautomat funktioniert nicht.
	• das Ziel, -e		Sie müssen das Ziel wählen.
	wählen (hat gewählt)		Sie müssen das Ziel wählen.
	• der / • die Erwachsene, -n		Sie müssen „Erwachsener“ oder „Kind“ auswählen.
	aus·wählen (hat ausgewählt)		Sie müssen „Erwachsener“ oder „Kind“ auswählen.
	man		Man muss das Ziel wählen.

Lernwortschatz

	zuerst	Zuerst müssen Sie das Ziel wählen.
	danach	Und danach müssen Sie bezahlen.
	nachher	Und nachher müssen Sie bezahlen.
	dann	Und dann muss ich noch einkaufen.
	• der Schluss (Sg.)	Zum Schluss müssen Sie die Fahrkarte entwerten.

B

B1	leise 	Sei leise!
	erklären (hat erklärt)	Erklär Lili die Mathematikübung!
B2	laut	Seid bitte nicht so laut!
	aus·schalten (hat ausgeschaltet)	Schaltet doch die Handys aus!
	auf·machen (hat aufgemacht)	Macht bitte die Bücher auf!
	zu·machen (hat zugemacht)	Macht bitte die Bücher zu!
	zu·hören (hat zugehört)	Hört doch bitte zu!
	auf·stehen (ist aufgestanden)	Steht bitte nicht auf!
B3	warten (hat gewartet)	Warten Sie bitte im Wartebereich.
	• die Gebühr, -en	Bezahlen Sie die Kursgebühren bei der Kassa.
	• die Kassa, Kassen	Bezahlen Sie die Kursgebühren bei der Kassa.
B4	lachen (hat gelacht)	Lachen Sie viel!

C

C1	• der Moment, -e	Tim darf im Moment nicht in Österreich Auto fahren.
	beantragen (hat beantragt)	Tim muss einen internationalen Führerschein beantragen.
	dürfen, ich darf, du darfst, er darf	Lara darf in der EU Auto fahren.
C2	Achtung	Achtung! Du musst das Handy ausschalten.
	• die Zigarette, -n	Ihr müsst die Zigaretten ausdämpfen.

	rauchen (hat geraucht) 	……………	Hier darf man nicht rauchen.
	langsam	……………	Du musst langsam fahren.
	• der Parkplatz, ¨-e 	……………	Wir müssen einen Parkplatz suchen.
	parken (hat geparkt)	……………	Hier darf man nicht parken.
C3	erlaubt (sein)	……………	Was ist erlaubt?
	verboten (sein)	……………	Was ist verboten?
	• das Gepäck (Sg.)	……………	Man muss das Gepäck abgeben.
	ab·geben, du gibst ab, er gibt ab (hat abgegeben)	……………	Man muss das Gepäck abgeben.
	mit·nehmen, du nimmst mit, er nimmt mit (hat mitgenommen)	……………	Aber man darf sein Fahrrad mitnehmen.

D

D1	• der Meldezettel, -	……………	Ich habe ein Problem mit dem Meldezettel.
	• das Geburtsdatum	……………	Das Geburtsdatum ist der 29. 1. 1978.
D2	verstehen (hat verstanden)	……………	Das habe ich nicht verstanden.
	bedeuten (hat bedeutet)	……………	Was bedeutet denn „Abmeldung der Unterkunft“?
	• die Abmeldung, -en	……………	Was heißt „Abmeldung“?
	• die Unterkunft, ¨-e	……………	Was bedeutet denn „Abmeldung der Unterkunft“?
	• das Geschlecht, -er	……………	Geschlecht: männlich oder weiblich?
	männlich 	……………	„Männlich“ steht für „Mann“.
	weiblich 	……………	„Weiblich“ bedeutet „Frau“.
	• der Personenstand (Sg.)	……………	Ledig oder verheiratet?
	• die Staatsangehörigkeit, -en	……………	Was ist Ihre „Staatsangehörigkeit“?
	wiederholen (hat wiederholt)	……………	Können Sie das bitte wiederholen?
D3	• die Sprachschule, -n	……………	Sie möchten einen Kurs in der Sprachschule besuchen.
	besuchen (hat besucht)	……………	Sie möchten einen Kurs besuchen.

Lernwortschatz

	helfen (hat geholfen)		Können Sie mir helfen?
	• die Auskunft, ⸚e 		Ich brauche eine Auskunft.
	E		
E1	• die Erlaubnis (Sg.)		Sie hat eine Einreiseerlaubnis.
	• die Erklärung, -en		Lalita braucht eine Verpflichtungserklärung.
	• das Dokument, -e		Lalita muss ein Dokument unterschreiben.
	• das Geld (Sg.)		Ich habe genug Geld für eine Wohnung und Essen.
	genug		Ich habe genug Geld für eine Wohnung und Essen.
	• das Einkommen, -		Sie muss einen Einkommensnachweis mitbringen.
	• die Reise, -n		Sie hat eine Krankenversicherung für die Reise.
	• die Versicherung, -en		Sie hat eine Krankenversicherung.
	• die Botschaft, -en 		Zuerst muss sie zur Österreichischen Botschaft gehen.
	• das Visum, Visa		Lalita braucht ein Besuchervisum.
	• der Mitarbeiter, - / • die Mitarbeiterin, -nen		Der Mitarbeiter arbeitet in der Botschaft.
	• der Beamte, -n / • die Beamtin, -nen		Der Beamte arbeitet bei der Behörde.
	verdienen (hat verdient)		Verdient Eva Geld?
	• der Pass, ⸚e		Hier ist mein Reisepass.
E2	reisen		Lalita darf nicht zu Eva reisen.

Ämter und Behörden

- einen Führerschein beantragen
- einen Antrag aus·füllen
- den Ausweis mit·bringen
- den Pass mit·bringen
- viele Papiere mit·bringen

- einen Antrag ab·geben
- ein Dokument unterschreiben
- eine Gebühr bezahlen
- ein Visum bekommen

TIPP
Lernen Sie Nomen und Verben zusammen.

einen Antrag abgeben

10 Gesundheit und Krankheit

FOTO-HÖRGESCHICHTE

1	• der Klub, -s		Ioanna und Lara haben im Klub getanzt.
	• die Ambulanz, -en		Lara und Ioanna sind in der Ambulanz.
	• der Bereich, -e		Lara und Ioanna sind im Wartebereich.
	• die Tablette, -n		Der Arzt gibt Ioanna Schmerztabletten.
2	• das Auge, -n		Mein Auge tut weh!
	weh·tun (hat wehgetan) 		Mein Auge tut weh!
	• der Unfall, ⸚e		Meine Freundin hatte einen Unfall.
	• der Doktor, -en 		Der Doktor kommt gleich.
	• der Schmerz, -en		Wo haben Sie denn Schmerzen?
	sollen, ich soll, du sollst, er soll		Ich soll das Auge kühlen.
3	beide		Die beiden Mädchen sind lustig und singen.
	lustig		Die beiden Mädchen sind lustig und singen.
	schlimm		Es ist nicht schlimm.
	geben, du gibst, er gibt (hat gegeben)		Der Arzt gibt Ionna Schmerztabletten.
	• das Spital		das Spital = das Krankenhaus
4	• die Idee, -n		Wie finden Sie Laras Idee?

A

A1	• das Bein, -e		Mein Bein tut weh.
	• das Haar, -e		Ioannas Haare sind braun.
	• das Ohr, -en		Meine Ohren tun weh.
	• der Arm, -e		Mein Arm tut weh.
	• der Bauch, ⸚e		Mein Bauch tut weh.

Lernwortschatz

	• der Finger, -	Mein Finger tut weh.
	• der Fuß, ¨e	Mein Fuß tut weh.
	• der Hals, ¨e	Mein Hals tut weh.
	• der Kopf, ¨e	Mein Kopf tut weh.
	• der Rücken, -	Mein Rücken tut weh.
	• die Brust, ¨e	Meine Brust tut weh.
	• die Hand, ¨e	Meine Hand tut weh.
	• die Nase, -n	Meine Nase tut weh.
	• der Mund, ¨er	Mein Mund tut weh.
A2	sein, -e	Seine Hand tut weh.
	ihr, -e	Ihre Ohren tun weh.
A4	• der Zahn, ¨e	Frau Eder hat Zahnschmerzen.

B

B1	informieren (hat informiert)	Ioanna informiert Lara: Sie haben morgen keinen Unterricht.
	unser-	Unsere Augen sind so blau!
	aus·fallen, du fällst aus, er fällt aus (ist ausgefallen)	Unser Unterricht fällt aus.
B2	• die Nachricht, -en	Lesen Sie die Nachrichten. Wer schreibt was?
	• das Bussi, -s 	Bussis von Maria
	eu(e)r-	Ist eure Mutter wieder gesund?
	gesund	Ist sie wieder gesund?
	hoffentlich	Ist sie wieder gesund? Hoffentlich!
	• der / • die Bekannte, -n	Alle Freunde und Bekannten kommen!

C

C1	• der Schritt, -e	Ich soll ein paar Schritte gehen.
	ein paar	Ich soll ein paar Schritte gehen.
C2	• die Medizin (Sg.)	Muss ich die Medizin nehmen?
	ruhig	Ich soll ruhig sein und nicht so viel sprechen.
C3	• die Apotheke, -n	Die Apotheke hat zu.
	• das Fieber (Sg.) 	Die Kundin hat Fieber.
	• der Husten (Sg.)	Die Tochter hat Husten.

	• die Salbe, -n 		Sie soll Salbe verwenden.
	verwenden (hat verwendet)		Sie soll Salbe verwenden.
C4	• die Gesundheit (Sg.)		Geben Sie Gesundheitstipps.
	• das Kopfweh (Sg.)		das Kopfweh = die Kopfschmerzen
	• der Schnupfen (Sg.) 		Meine Freundin hat Schnupfen.
	tun (hat getan)		Was kann man da tun?

D

D1	• die Krankmeldung, -en		Sie schicken die Krankmeldung.
D2	• der Absender, -		Der Absender schreibt den Brief.
	• der Ort, -e		Ein anderes Wort für „die Stadt".
	• der Empfänger, -		Der Empfänger bekommt den Brief.
	• die Anrede, -n		Die Anrede steht vor dem Brief-text.
	• das Datum (Sg.)		das Datum: 23. Mai 2016
	• die Unterschrift, -en		Die Unterschrift schreiben Sie zum Schluss.
D3	schicken (hat geschickt)		Sie schicken die Krankmeldung.

E

E1	• die Sprechstunde, -n		Sprechstunde: Mo, Di, Do, Fr 9.00 – 11.00 Uhr 
E2	• der Notfall, ⸚e		Es ist ein Notfall.
	in der Nähe		Ich wohne ganz in der Nähe.
	• die Minute, -n		Dann kommen Sie doch in 20 Minuten.
	in Ordnung		In Ordnung. Bis später.
	vorbei·kommen (ist vorbeigekommen)		Dann komme ich gleich vorbei.
	• die E-Card, -s		Und bringen Sie bitte Ihre E-Card mit!
E4	• der Boden, ⸚		Im Büro liegt jemand auf dem Boden.
	liegen (ist gelegen)		Im Büro liegt jemand auf dem Boden.
	• die Rettung, -en		Sie sollen die Rettung rufen.
	stark		Sie haben starke Halsschmerzen.

Lernwortschatz

	• die Hilfe (Sg.)	Hilfe holen – Tipps für den Notfall
	plötzlich	Ein Mensch ist plötzlich sehr krank.
	passieren (ist passiert)	Ein Unfall ist passiert.
	• das Medikament, -e	Sie brauchen dringend ein Medikament.
E5	• das Motorrad, ¨-er	Ein Unfall mit einem Motorrad.
	• die Verletzung, -en	Welche Verletzung?

Körperteile

TIPP

Spielen Sie ein Memo-Spiel zum Thema *Gesundheit und Krankheit*. Schreiben Sie einen Satz auf zwei Karten. Mischen Sie und finden Sie Paare.

11 In der Stadt unterwegs

FOTO-HÖRGESCHICHTE

	• die Werkstatt, ¨-en 	Sie fahren mit dem Auto in die Werkstatt.
	• der Schlüssel, -	Lili hat den Autoschlüssel.
	• die Autobahn, -en	Wo ist bitte die Autobahn?
	• die Brücke, -n	Die Autobahn ist vor der Brücke links.
2	rechts 	Fahren Sie nach rechts.
	geradeaus	Fahren Sie geradeaus.
	links 	Fahren Sie nach links.
4	• der Weg, -e	Sie finden den Weg nicht.

A

	Wort	Beispiel
A2	• der Bahnhof, ⸚e	Entschuldigung, ich suche den Bahnhof.
	• die Fleischhauerei, -en	Ich suche die Fleischhauerei.
	• die Post (Sg.)	Wo ist da die Post?
	• das Hotel, -s	Gibt es ein Hotel in der Nähe?
	• das Museum, Museen	Ich suche das Museum.
	• die Ampel, -n	Sie gehen zuerst geradeaus und dann an der Ampel links.
	• die Tankstelle, -n	Ich suche die Tankstelle.
A3	• der Stadtplan, ⸚e	Schauen Sie den Stadtplan an.

B

	Wort	Beispiel
B1	fliegen (ist geflogen)	Sie fliegen mit dem Flugzeug.
	• das Flugzeug, -e 	Sie fliegen mit dem Flugzeug.
	• die Straßenbahn, -en	Sie fahren mit der Straßenbahn.
	• der Zug, ⸚e 	Sie fahren mit dem Zug.
	• die U-Bahn, -en	Sie fahren mit der U-Bahn.
	• der Bus, -se 	Sie fahren mit dem Bus.
	• die Schnellbahn, -en	Sie fahren mit der Schnellbahn.
	wohin	Wohin möchten die Personen?
B2	• die Station, -en	Fahren Sie mit dem Bus bis zur Station „Schwimmbad".
	• die S-Bahn, -en	Fahren Sie mit der S1 nach Eisenstadt.

C

	Wort	Beispiel
C2	• der Lkw, -s	Zwei Lkws stehen auf dem Parkplatz.
	• der Würstelstand, (Stände)	Ein Mann kauft am Würstelstand einen Leberkäse.
	• die Haltestelle, -n 	Die Kinder warten an der Bushaltestelle.
	• die Buchhandlung, -en	Ein Mann kauft ein Buch in der Buchhandlung.
	sitzen (ist gesessen)	Ein Paar sitzt im Café.
	• die Bücherei, -en 	Die Bücherei ist über der Bäckerei.
	• der Baum, ⸚e	Ein Baum steht zwischen der Post und der Schule.
	• die Bank, -en	Ein Baum steht zwischen der Post und der Schule.

Lernwortschatz

	Wort	Beispiel
	an 	Die Kinder warten an der Bushaltestelle.
	auf 	Zwei Lkws stehen auf dem Parkplatz.
	hinter 	Ein Baum steht hinter den Häusern.
	neben 	Der Parkplatz ist neben der Fußgängerzone.
	über 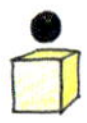	Die Bücherei ist über der Bäckerei.
	unter 	Die Bäckerei ist unter der Bücherei.
	zwischen 	Ein Baum steht zwischen der Post und der Schule.

D

	Wort	Beispiel
D3	• das Konzert, -e	Am Donnerstag geht er ins Konzert.
D5	aus·borgen (hat ausgeborgt)	Wo kann ich Bücher ausborgen?
	kopieren (hat kopiert)	Wo kann ich kopieren?
	(da) vorn(e) 	Der Copyshop ist gleich da vorne.
	(da) drüben	Es ist gleich da drüben.
	• die Ecke, -n 	Es ist da an der Ecke.
	• das Eck, -en	Es ist da am Eck.
	(da) hinten	Es ist gleich da hinten.

E

	Wort	Beispiel
E1	ab·fahren, du fährst ab, er fährt ab (ist abgefahren)	Der Zug fährt vom Bahnsteig 8 ab.
	• der Bahnsteig, -e	Der Zug fährt vom Bahnsteig 8 ab.
	ein·steigen (ist eingestiegen) 	Die Fahrgäste sollen einsteigen.
	• die Verspätung, -en	Der Zug hat Verspätung.
	an·kommen (ist angekommen)	Der Zug kommt zehn Minuten später an.
	um·steigen (ist umgestiegen) 	Die Fahrgäste können in einen Zug nach Salzburg umsteigen.
	aus·steigen (ist ausgestiegen) 	Die Fahrgäste sollen aussteigen.
	• die Abfahrt, -en	Abfahrt: 9.50 Uhr
	• die Ankunft, ¨-e	Ankunft: 11.05 Uhr

E2	• der Anschluss, ⸚e	....	Sie haben Anschluss nach Bruck an der Mur.
	direkt	....	Sie kann direkt fahren.
	• die Durchsage, -n	....	Bitte achten Sie auf die Durchsagen.
	• der Schalter, -	....	Sie kauft die Fahrkarte am Schalter.
	hin und retour	....	Einfach oder hin und retour?
E3	• der Fahrplan, ⸚e	....	Der Fahrplan ist im Internet.

In der Stadt

- das Museum
- der Bahnhof
- die Straße
- die Post
- die Tankstelle

- der Fußballplatz
- die Fleischhauerei
- der Supermarkt
- das Kino
- das Hotel
- die Ampel
- der Kindergarten
- der Platz

TIPP
Lernen Sie immer so:

abfahren – die Abfahrt

12 Kundenservice

FOTO-HÖRGESCHICHTE

1	• die Tasche, -n	....	Laras Tasche ist neu.
	• das Plastiksackerl, -	....	Der Verkäufer gibt Lara ein Plastiksackerl.
	• die Rechnung, -en	....	Lara hat noch die Rechnung.
	kaputt	....	Laras Tasche ist kaputt.
2	reparieren (hat repariert) 	....	Der Verkäufer repariert die Tasche.
4	sauer	....	Lara ist sauer.
	unfreundlich 	....	Der Verkäufer ist unfreundlich.

Lernwortschatz

	normal	Das Service ist normal.
	• das Heimatland, ¨-er	In meinem Heimatland ist das Service nicht so gut.
A		
A1	• Training, -s	Beim Training treffe ich Lisa.
A3	• das Gewand (Sg.) 	Vor dem Frühstück sortiert sie Taschen und Gewand.
	nähen (hat genäht)	Vor der Mittagspause näht Frau Müller.
	• die Reparatur, -en	Vor der Mittagspause macht sie Reparaturen.
A4	duschen (hat geduscht)	Vor dem Frühstück dusche ich.
	• die Aussage	Eine Aussage stimmt nicht.
B		
	• der Techniker, -	Wann kann der Techniker kommen?
B2	• die Heizung, -en 	Meine Heizung funktioniert nicht.
	• der Drucker, -	Mein Drucker ist schon wieder kaputt.
B3	• das Modell, -e	Was für ein Modell ist es?
	• die Garantie, -n	Ich habe noch 6 Monate Garantie.
	vorbei-: vorbei·bringen	Dann bringen Sie das Gerät bitte vorbei.
C		
C2	ein·schalten (hat eingeschaltet)	Könnten Sie bitte den Computer einschalten?
	• die Tür, -en 	Könnten Sie bitte die Tür kurz mal zumachen?
	zu·machen (hat zugemacht)	Könnten Sie bitte die Tür zumachen?
	• das Fenster, - 	Könnten Sie bitte das Fenster aufmachen?
	auf·machen (hat aufgemacht)	Könnten Sie bitte das Fenster aufmachen?
	• das Papier (Sg.)	Könnten Sie bitte Papier für den Drucker kaufen?
	• das Licht (Sg.) 	Könnten Sie bitte das Licht abdrehen?
	ab·drehen (hat abgedreht)	Könnten Sie bitte das Licht abdrehen?

C3	• der Geschirrspüler, - 	Könnten Sie bitte den Geschirrspüler reparieren?
	reservieren (hat reserviert)	Könnten Sie bitte einen Tisch im Restaurant reservieren?
	• die Rezeption, -en 	Sie sind im Hotel an der Rezeption.

D

D1	• die Ansage, -n	Hören Sie vier Ansagen.
D2	drücken (hat gedrückt)	Der Anrufer soll die Zahl 4 drücken.
	(sich) an·melden (hat angemeldet)	Frau Brückner soll ihren Sohn anmelden.
D3	verbinden (mit) (hat verbunden)	Sie sind verbunden mit dem Anschluss von ...
	hinterlassen (hat hinterlassen)	Bitte hinterlassen Sie eine Nachricht.
	zurück·rufen (hat zurückgerufen)	Ich rufe zurück.

E

E1	aus·schauen (hat ausgeschaut)	Frau Bertram möchte gut ausschauen.
	• der Urlaub, -e	Familie Cornelis ist auf Urlaub.
	draußen	Draußen vor ihrem Haus liegt Schnee.
	weg	Der Schnee muss weg.
	• die Kaffeemaschine, -n	Die Kaffeemaschine funktioniert nicht mehr.
	• der Friseur, -e / • die Friseurin, -nen 	Michaela Lex ist Friseurin.
	bestellen (hat bestellt)	Jetzt online bestellen!
	• das Angebot, -e	Unsere Angebote: jede normale Pizza nur 6,50 Euro, ...
	an·bieten (hat angeboten)	Wir bieten Nachhilfe für jede Klasse und jedes Fach an.
	• der / • die Jugendliche, -n	Unser Team arbeitet sehr gut mit Jugendlichen zusammen.
E2	• die Gebrauchsanweisung, -en	Lesen Sie die Gebrauchsanweisung.

Lernwortschatz

E3	• die Reinigung, -en		Reinigung: Reinigen Sie den Wasserbehälter mit Essig.
	• der Stecker, - 		Ziehen Sie den Stecker aus der Steckdose.
	• die Steckdose, -n		Ziehen Sie den Stecker aus der Steckdose.
	ziehen (hat gezogen)		Ziehen Sie den Stecker aus der Steckdose.
	oben		Öffnen Sie den Deckel oben am Gerät.
	• der Essig (Sg.) 		Reinigen Sie den Wasserbehälter mit Essig.
	• die Taste, -n		Drücken Sie die Taste auf der Rückseite der Maschine.
	• die Sekunde, -n		Drücken Sie die Taste drei Sekunden lang.

TIPP
Notieren Sie Gegensätze.
aufdrehen – abdrehen

13 Neues Gewand

FOTO-HÖRGESCHICHTE

1	• die Jacke, -n		Sie kaufen eine Jacke für Lara.
2	• der Mantel, ⸚		Ist der Mantel nicht super?
	dünn		Ist die Jacke nicht zu dünn?
	passen (hat gepasst)		Die Farbe passt gar nicht zu dir.
3	weit 		Die Jacke ist zu weit!
	• das Gewand (Sg.)		das Gewand = die Kleidung
	• die Kleidung (Sg.)		Laras Kleidung: der Mantel, die Jacke, ...

A

A1	• die Bluse, -n		Wie findest du die Bluse?
	• das T-Shirt, -s		Wie findest du das T-Shirt?
	• der Schuh, -e		Die Schuhe sind nicht so schön.
	• die Hose, -n		Die Hose ist fesch!
	• der Rock, ⸚e		Schau einmal, der Rock da!

	• das Kleid, -er	Und das Kleid?
	• der Stiefel, -	Die Stiefel finde ich auch fesch.
	fesch	Die Stiefel finde ich auch fesch.
	• der Pullover, -	Und der Pullover?
	• die Socke, -n	Und die Socken?
	• die Jean / • die Jeans	Die Jean finde ich sehr schön.
	• das Tuch, ¨-er	Schau einmal, das Tuch da!
A2	• das Hemd, -en	Das Hemd hier ist auch schön!
	• der Anzug, ¨-e	Und der Anzug hier!
	• die Brille, -n 	Die Sonnenbrille ist nicht schlecht.
	fad	Die Schuhe sind fad und auch zu teuer!
	• der (Regen-) Schirm, -e 	Wie findest du den Schirm?
	günstig	Die Tasche finde ich günstig.

B

B1	perfekt	Super, die Jacke passt dir perfekt!
B2	stehen (ist gestanden)	Die Brille steht ihr richtig gut.
B4	• die Landschaft, -en	Mir gefällt die Landschaft.
	• der Berg, -e	Die Berge gefallen mir.
	• das Dorf, ¨-er 	Das Dorf gefällt mir nicht.
	• der Wald, ¨-er	Der Wald gefällt mir.
	nie	Ich habe noch nie Würstel gegessen.

C

C1	besser	Und da, die Jacke ist noch besser.
	am besten	Aber mein Mantel, der steht mir am besten!
C2	rückwärts 	Können Sie auch rückwärts fahren und dabei Geige spielen?
	vorwärts 	Er kann auch vorwärts Rad fahren.
	dabei	Er kann rückwärts Rad fahren und dabei Geige spielen.
	schwer	Rad fahren ist nicht schwer.
	• der Musiker, - / • die Musikerin, -nen	Er ist Musiker von Beruf.

Lernwortschatz

	trainieren (hat trainiert)	....	Das trainiert er jeden Tag.
	Rad fahren	....	Ich fahre viel Rad.
	• der Rekord, -e	....	Mit diesem Rekord ist er ins Guinness-Buch gekommen.
	am liebsten	....	Was macht Christian Adam in seiner Freizeit am liebsten?
	am meisten	....	Was trainiert er am meisten?
	zufrieden	....	Christian Adam ist sehr zufrieden.

D

D1	• der Witz, -e	....	Soll das ein Witz sein?
	dies-	....	Welche Jacke meinst du? – Na, diese.
	welch-	....	Welche Jacke meinst du? – Na, diese.
D2	• der Koffer, - 	....	Welcher Koffer gehört Michi?
	gehören (hat gehört)	....	Welcher Koffer gehört Michi?
D3	mögen, ich mag, du magst, er mag (hat gemocht)	....	Welches Buch magst du am liebsten?
	• der Wochentag, -e	....	Welchen Wochentag magst du am liebsten?

E

E1	• das Erdgeschoß, -e	....	Die Drogerie finden Sie im Erdgeschoß.
	• das Obergeschoß, -e	....	Da müssen Sie ins Obergeschoß gehen.
	• das Untergeschoß, -e	....	Die Lampen sind im Untergeschoß.
	• die Drogerie, -n	....	Die Drogerie ist im Erdgeschoß.
	• die Kosmetik (Sg.)	....	Kosmetik finden Sie im Erdgeschoß.
	• der Schmuck (Sg.)	....	Schmuck finden Sie im Erdgeschoß.
	• das Geschirr (Sg.)	....	Glas und Geschirr gibt es im Untergeschoß.
	• das Glas (Sg.)	....	Glas und Geschirr gibt es im Untergeschoß.
	• die Mode, -n	....	Die Herrenmode ist im Obergeschoß.

	Wort		Beispiel
	• der Eingang, ¨-e		Der Eingang ist im Obergeschoß.
	(sich) entschuldigen (hat entschuldigt)		Entschuldigen Sie bitte, ich suche Stiefel.
	wissen, ich weiß, du weißt, er weiß (hat gewusst)		Wo gibt es denn hier Blusen? Weißt du das?
	• die Seife, -n 		Ich muss auch noch Seife kaufen.
	• die Zahnbürste, -n 		Ich muss auch noch eine Zahnbürste kaufen.
	• die Zahnpasta (Sg.) 		Ich muss Zahnpasta kaufen.
E2	• die Größe, -n		Haben Sie die Hose auch in Größe 52?
	an·ziehen (hat angezogen)		Welchen Rock soll ich anziehen?
E3	an·probieren (hat anprobiert) 		Sie haben eine Jacke anprobiert.

Gewand

TIPP

Schneiden Sie Bilder aus und ergänzen Sie die Wörter.

Lernwortschatz

14 Feste

FOTO-HÖRGESCHICHTE

1	• der Geburtstag, -e	Wer hat Geburtstag?
	• der Reifen, - 	Wer schenkt den Hula-Hoop-Reifen?
	erzählen (hat erzählt)	Was erzählt Tim?
2	feiern (hat gefeiert)	Die Freunde feiern nicht nur Geburtstag.
	• der Abschied, -e	Sie feiern auch Abschied.
	bald	Lara und Tim fahren bald heim.
	beginnen (hat begonnen)	Um 20 Uhr beginnt der Film.
	• der Job, -s	Sie feiern auch den neuen Job.
3	• das Glück (Sg.)	Ich wünsche dir viel Glück und Freude!
	• die Freude (Sg.)	Ich wünsche dir viel Glück und Freude!
	(sich) wünschen (hat gewünscht)	Ich wünsche dir viel Glück und Freude!
	gratulieren (hat gratuliert) 	Ich gratuliere!
	• der Glückwunsch, -e	Herzlichen Glückwunsch!
	glauben (hat geglaubt)	Ich glaube, ich mache eine Pause und besuche meine Eltern in Rumänien.

A

A1	• der November	Am 30. November fährt Lara heim.
	• der Jänner	Am 15. Jänner fängt Tim mit der Arbeit an.
	erste	Ich habe am ersten Jänner Geburtstag.
	zweite	Ich habe am zweiten Jänner Geburtstag.
	dritte	Ich habe am dritten Jänner Geburtstag.

A2	• der Februar	Und ich habe am 11. Februar Geburtstag.
	• der März	Wann hast du Geburtstag? – Am 13. März. Und du?
	• der April	Ich bin am 29. April geboren.
	• der Mai	Ich habe am 5. Mai Geburtstag.
	• der Juni	Ich habe am 16. Juni Geburtstag.
	• der Juli	Ich bin am 20. Juli geboren.
	• der August	Ich habe im August Geburtstag.
	• der September	Ich bin im September geboren.
	• der Oktober	Ich habe im Oktober Geburtstag.
	• der Dezember	Ich bin am 6. Dezember geboren.

Monate

- der Jänner
- der Februar
- der März
- der April
- der Mai
- der Juni

Jänner Februar März	Juli August September
April Mai Juni	Oktober November Dezember

- der Juli
- der August
- der September
- der Oktober
- der November
- der Dezember

A3	• die Blume, -n 	Am 14. Februar soll man Blumen kaufen.
	• der Fasching (Sg.)	Der Fasching dauert bis zum 12. Februar.
	letzt -	Die letzte Faschingswoche ist heuer vom 12.2. bis 17.2.
	mit·machen (hat mitgemacht)	Machen Sie mit und schreiben Sie.
	• der Feiertag, -e	Was machen Sie an diesem Feiertag?

B

B2	• das Geschenk, -e	Wir brauchen noch ein Geschenk für Andrej.
	(sich) lieben (hat geliebt) 	Ich liebe dich.
	wunderbar	Wirklich? Wunderbar! Ich habe sie schon seit Wochen nicht gesehen.

Lernwortschatz

B3	• die Nachspeise, -n 	....	Wir müssen noch die Nachspeise machen.
	putzen (hat geputzt)	....	Wir müssen noch das Bad putzen.
B4	• der Laptop, -s	....	Mein Laptop ist kaputt.
	dreckig 	....	Meine Bluse ist dreckig.
	waschen (hat gewaschen)	....	Kannst du sie bitte waschen?

C

C1	• der Großvater, ¨ / • die Großmutter, ¨	....	Lara muss ihre kranke Großmutter besuchen.
C2	• die Feier, -n	....	Lara und Tim organisieren eine Abschiedsfeier.
	organisieren (hat organisiert)	....	Lara und Tim organisieren eine Abschiedsfeier.
	Bescheid geben	....	Gebt bitte Bescheid bis 25. November.
	• die Einladung, -en	....	Vielen Dank für die Einladung.
	• der Flug, ¨e	....	Mein Flug nach Hause geht schon am Freitagmittag.

D

D1	werden, du wirst, er wird (ist geworden)	....	Am Donnerstag werde ich 30.
	ein·laden, du lädst ein, er lädt ein (hat eingeladen)	....	Ich lade dich zu meiner Party ein.
	sich freuen (hat sich gefreut)	....	Ich würde mich freuen.
	• das Fest, -e	....	Einladung zum Sommerfest im Kindergarten „Regenbogen".
	herzlich	....	Wir laden alle herzlich ein.
	• der Gast, ¨e	....	Wir freuen uns auf viele Gäste.
D2	• der Grund, ¨e	....	Nennen Sie den Grund für die Einladung.
	• die Antwort, -en	....	Bitten Sie um Antwort.
	bitten (hat gebeten)	....	Bitten Sie um Antwort.

E

E1	• das Weihnachten (Sg.)	Zu Weihnachten bekommen alle Geschenke.
	• das Ostern (Sg.)	Zu Ostern gibt es Ostereier.
	• das Silvester (Sg.)	Zu Silvester gibt es ein Feuerwerk.
	• das Neujahr (Sg.)	Am 1. Jänner ist Neujahr.
	• der Maibaum, -bäume	Im Mai sieht man viele Maibäume.
E2	gewinnen (hat gewonnen) 	Dann hast du gewonnen!
	• der / • die Verwandte, -n	Man macht Besuche bei Freunden und Verwandten.
E3	• die Karte, -n	Ich schreibe eine Karte zum Geburtstag.
	• die Hochzeit, -en	Wir gratulieren zur Hochzeit.

Feste

• die Hochzeit, -en

• das Ostern (Sg.)

• das Silvester/Neujahr (Sg.)

• der Geburtstag, -e

• das Weihnachten (Sg.)

• der Fasching (Sg.)

TiPP
Suchen Sie Wörter mit gleicher oder ähnlicher Bedeutung.

die Feier – das Fest

Artikelwörter und Pronomen

Possessivartikel Lektion 10

	Nominativ				Akkusativ
	Singular			Plural	Singular maskulin ⚠
ich	• mein Termin	• mein Lied	• meine Mutter	• meine Ohren	• meinen Termin
du	dein	dein	deine	deine	deinen
er/es	sein	sein	seine	seine	seinen
sie	ihr	ihr	ihre	ihre	ihren
wir	unser	unser	unsere	unsere	unseren
ihr	euer	euer	⚠ eure	⚠ eure	⚠ euren
sie	ihr	ihr	ihre	ihre	ihren
Sie	Ihr	Ihr	Ihre	Ihre	Ihren

ÜG 2.04

Pronomen: *man* Lektion 9

Zuerst muss man das Ziel wählen.
= Zuerst müssen alle das Ziel wählen.

ÜG 3.01

Personalpronomen Lektion 13, 14

Nominativ	Dativ	Akkusativ
ich	mir	mich
du	dir	dich
er/es	ihm	ihn/es
sie	ihr	sie
wir	uns	uns
ihr	euch	euch
sie/Sie	ihnen/Ihnen	sie/Sie

ÜG 3.01

für mich/dich ...

Demonstrativpronomen: *der, das, die* Lektion 13

	Nominativ		Akkusativ	
• der Gürtel	Der	ist schön.	Den	finde ich fesch.
• das Hemd	Das	ist schön.	Das	finde ich fesch.
• die Jacke	Die	ist schön.	Die	finde ich fesch.
• die Schuhe	Die	sind schön.	Die	finde ich fesch.

ÜG 3.04

Frageartikel: *welcher?* – Demonstrativpronomen: *dieser* Lektion 13

Nominativ		Akkusativ	
• Welcher Mantel ...?	Dieser.	• Welchen Mantel ...?	Diesen.
• Welches Hemd ...?	Dieses.	• Welches Hemd ...?	Dieses.
• Welche Jacke ...?	Diese.	• Welche Jacke ...?	Diese.
• Welche Schuhe ...?	Diese.	• Welche Schuhe ...?	Diese..

ÜG 3.04

Adjektive

Komparation: *gut, gern, viel* Lektion 13

Positiv ☺	Komparativ ☺☺	Superlativ ☺☺☺
gut	besser	am besten
gern	lieber	am liebsten
viel	mehr	am meisten

ÜG 4.04

Verben

Konjugation Lektion 9, 13, 14

	helfen	mögen	werden
ich	helfe	**mag**	werde
du	hilfst	magst	wirst
er/es/sie	hilft	**mag**	wird
wir	helfen	mögen	werden
ihr	helft	mögt	werdet
sie/Sie	helfen	mögen	werden

ÜG 5.01, 5.16

Präteritum: *sein* und *haben* Lektion 8

	sein		haben	
	Präsens	Präteritum	Präsens	Präteritum
ich	bin	war	habe	hatte
du	bist	warst	hast	hattest
er/es/sie	ist	war	hat	hatte
wir	sind	waren	haben	hatten
ihr	seid	wart	habt	hattet
sie/Sie	sind	waren	haben	hatten

ÜG 5.06

Modalverben: *müssen, dürfen* und *sollen* Lektion 9, 10

	müssen	dürfen	sollen
ich	muss	darf	soll
du	musst	darfst	sollst
er/es/sie	muss	darf	soll
wir	müssen	dürfen	sollen
ihr	müsst	dürft	sollt
sie/Sie	müssen	dürfen	sollen

ÜG 5.11, 5.12

Grammatikübersicht

Imperativ Lektion 9

		⚠	⚠
(du)	Komm mit! Schau einmal!	Fahr langsam!	Sei leise!
(ihr)	Hört zu!		Seid leise!
(Sie)	Warten Sie bitte!		Seien Sie leise!

ÜG 5.19

Höfliche Aufforderung: Konjunktiv II Lektion 12

	Position 2		Ende
Könnten	Sie	mir bitte	helfen?
Würden	Sie	mir bitte das Geld	zurückgeben?
Könntest	du	mir bitte	helfen?
Würdest	du	mir bitte das Geld	zurückgeben?

ÜG 5.17

Verben mit Dativ Lektion 13

Der Mantel	gefällt	mir.
Das Hemd	steht	dir.

auch so: *gehören, passen schmecken*

ÜG 5.21

Präpositionen

Temporale Präposition: *für* + Akkusativ Lektion 8

Für wie lange?	Singular			Plural	
Ich suche für	• einen Monat	• ein Jahr	• eine Woche	• zwei Wochen	eine Arbeit.

ÜG 6.01

Temporale Präpositionen: *vor, seit* + Dativ Lektion 8

	Singular			Plural	
Wann?					
Ich habe vor	• einem Monat	• einem Jahr	• einer Woche	• zwei Monaten	die Ausbildung gemacht.
Seit wann? / Wie lange?					
Ich bin seit	• einem Monat	• einem Jahr	• einer Woche	• zwei Jahren	selbstständig.

ÜG 6.01

Temporale Präpositionen: *bis, ab* Lektion 12

Wie lange ...?	Bis morgen / Montag / siebzehn Uhr / nächste Woche.
Ab wann ...?	Ab morgen / Montag / siebzehn Uhr.

ÜG 6.01

Temporale Präpositionen: *vor, nach, bei, in* + Dativ Lektion 12

Wann?				Plural
vor	dem Kurs	dem Training	der Hausübung	den Tests
nach	dem Kurs	dem Training	der Hausübung	den Tests
bei	beim Kurs	beim Training	der Hausübung	den Tests
in	einem Monat	einem Jahr	einer Woche	drei Jahren

ÜG 6.01

Lokale Präposition: *bei*, modale Präposition: *als* Lektion 8

Wo arbeiten Sie?	Ich arbeite	als Hausmeister.
		bei TerraMax.

ÜG 6.03

Modale Präposition: *mit* + Dativ Lektion 11

				Plural
	der → dem	das → dem	die → der	die → den
mit	dem Zug	dem Auto	der U-Bahn	den Kindern

ÜG 6.04

Lokale Präpositionen auf die Frage „Wo?" + Dativ Lektion 11

				Plural
neben	dem Bahnhof	dem Hotel	der Post	den Häusern

auch so: *an, auf, hinter, in, neben, über, unter, zwischen, vor; bei*

Wo ist Sofia?

Person: beim Arzt | bei der Freundin | bei Walter

„Haus"/Ort/Geschäft: im Kindergarten | im Bett | in der Apotheke

Land/Stadt: in Österreich/Wien | im Jemen | in der Schweiz | in den USA

an + dem = am

bei + dem = beim

in + dem = im

zu Hause (oder: daheim)

ÜG 6.02, 6.03

Lokale Präpositionen auf die Frage „Wohin?" Lektion 11

Wohin ist Paulo gefahren?

Person: zum Zahnarzt | zur Freundin | zu Walter

Geschäft / „Haus"/Ort: in den (auch: zum) Supermarkt | in die (auch: zur) Apotheke
in den Kindergarten | ins Kino | in die Ordination

zu + dem = zum

zu + der = zur

Land/Stadt: nach Österreich/nach Wien
in den Jemen | in die Schweiz | in die USA

nach Hause
(oder: heim)

ÜG 6.02, 6.03

Grammatikübersicht

Zahlwörter

Ordinalzahlen: Datum Lektion 14

1.–19. → -te				ab 20. → -ste	
1.	der erste	5.	der fünfte	20.	der zwanzigste
2.	der zweite	6.	der sechste	21.	der einundzwanzigste
3.	der dritte	7.	der siebte	...	
4.	der vierte	...			

Wann?

Am zweiten Mai.
Vom zweiten bis (zum) zwanzigsten Mai.

ÜG 8.01

Sätze

Modalverben im Satz Lektion 9, 10

	Position 2		Ende
Er	muss	einen Antrag	ausfüllen.
Sie	dürfen	in der EU Auto	fahren.
Sie	sollen	daheim	bleiben.

ÜG 10.02

Konjunktion: *denn* Lektion 14

Sie feiern Abschied. Lara und Tim fahren heim.
Sie feiern Abschied, denn Lara und Tim fahren heim.

ÜG 10.04

Wortbildung

Nomen: Wortbildung Lektion 8

	-in
• der Mechatroniker	• die Mechatronikerin
• der Arzt	• die Ärztin
	⚠ • die Mechatronikerinnen
⚠ • der Hausmann	• die Hausfrau
• der Krankenpfleger	• die Krankenschwester

ÜG 11.01

Lösungen zu den Tests

Lektion 8

1 **a** Ausbildung **b** studiert, Job, Taxifahrer **c** selbstständig, eigene **d** arbeitslos, Stelle, Bewerbungen
2 **b** hatte **c** war **d** war **e** Waren **f** hatten **g** wart **h** waren
3 **a** Vor **c** seit **d** / **e** für **f** Seit
4 **b** Ist die Stelle noch frei **c** wir suchen eine Aushilfe **d** Und wie sind die Arbeitszeiten **e** wie ist der Stundenlohn **f** Wir zahlen elf Euro

Lektion 9

1 **a** die Behörde **b** der Führerschein, der Ausweis, der Reisepass
2 **a** telefonieren **b** rauchen **d** parken
3 **a** müsst **b** Darf, darfst **c** musst, muss
4 **b** Hört bitte Frau Dollinger zu. **c** Gib bitte das Formular ab. **d** Sei bitte pünktlich. **e** Zeigen Sie bitte den Pass her.
5 **a** Können Sie das bitte wiederholen? **b** Darf ich Sie etwas fragen? **c** Können Sie das bitte erklären?, Ich kann noch nicht so gut Deutsch.

Lektion 10

1 **b** die Tablette **c** die Schritte **d** schicken **e** der Boden **f** das Bussi
2 **b** meine **c** unser **d** unseren **e** Unsere **f** Seine **g** ihren **h** euer
3 **b** Ich soll eine Salbe kaufen. **c** Wir sollen Sport machen. **d** Ida soll viel Tee trinken. **e** Du sollst dein Bein kühlen. **f** Flavia und Sofie sollen im Bett bleiben.
4 **von oben nach unten:** 3, 4, 8, 7, 5, 2

Lektion 11

1 **b** Haltestelle **c** Zug **d** Ampel **e** Autobahn
2 **b** geradeaus **c** rechts **d** links
3 **a** dem **b** in die / zur **d** dem **e** den **g** zum **h** ins **i** die
4 **b** auf dem **c** unter dem **d** in der **e** zwischen den **f** vor der
5 **b** Fahren Sie mit dem Bus bis zum Barbaraplatz. **c** An der Ecke, neben der Apotheke. **d** Nein, das ist viel zu weit. **e** Da gehen Sie zur Bücherei.

Lektion 12

1 **a** reparieren, kaputt, drücken **b** zumachen, aufdrehen **c** reservieren, Urlaub
2 **a** nach dem, in **b** vor der, Ab, Bis, beim
3 **b** Würdest du bitte das Licht abdrehen? **c** Könntest du mir bitte helfen? **d** Würden Sie bitte heute noch einen Techniker schicken?
4 **a** 4 **b** 5 **c** 1 **d** 3

Lektion 13

1 **a** Jacke, Schuhe, Anzug, Mantel **b** Berg, Wald, Dorf, See, Schnee
2 **a** Welcher, Der, Den **b** Welche, diese **c** Das, das, dieses **d** Welche, Diese, Die
3 **a** Mir **b** uns, euch **c** ihr
4 **a** am liebsten **b** besser, am besten **c** mehr, am meisten
5 **b** 5 **c** 2 **d** 1 **e** 3

Lektion 14

1 **a** August **b** Blumen **d** Geschenk **e** Einladung **f** feiern **g** Glückwunsch
2 **b** ersten, siebten **c** dritten **d** elfte
3 **a** es **b** euch, sie **c** ihn, dich
4 **b** Bob feiert seinen Geburtstag nicht, denn er findet Geburtstage nicht wichtig. **c** Herbert fährt am Montag nach Villach, denn es ist Fasching. **d** Mandy organisiert eine Party, denn sie hat eine neue Wohnung.
5 **von oben nach unten:** 5, 7, 2, 1, 6, 3

Quellenverzeichnis

Cover: © Alamy Stock Photo/Jacek Nowak
U2: © Digital Wisdom

Kursbuch

S. 12: A2: A © Thinkstock/iStock/monkeybusinessimages; B © Thinkstock/Wavebreakmedia Ltd; C © PantherMedia/Christian Fickinger; D © PantherMedia/Christian Fickinger; E © PantherMedia/Christian Fickinger S. 14: Antonio © Thinkstock/Digital Vision; Zola © Thinkstock/iStock/lucian coman; Kurs © fotolia/Robert Kneschke; Pictos © Thinkstock/iStock/Azaze11o S. 15: C2 © Thinkstock/Digital Vision/Jochen Sand S. 16: D1: 1 © PantherMedia/iloveotto; 2 © Thinkstock/Digital Vision/John Rowley; 3 © Thinkstock/iStock/EpicStockMedia S. 17: © iStockphoto/Shannon Fagan S. 21: © Thinkstock/Stockbyte/Brand X Pictures S. 22: Führerschein © georg bodenstein/Österreichische Staatsdruckerei GmbH S. 24: Pass © Thinkstock/Zoonar S. 25: B3 © Thinkstock/iSTock/Frank Merfort S. 28: Warnschild © fotolia/moonrun S. 29: Warnschild © fotolia/moonrun S. 33: © Thinkstock/Digital Vision/Siri Stafford S. 36: A2: A © Hueber Verlag/Erika Wegele; B © Hueber Verlag/Tatiana Mendonça S. 38: C2 © Thinkstock/iStock/AlexRaths; C3 © Thinkstock/iStock/Horsche S. 39: © Thinkstock/iStock/michaeljung S. 45: Ü1 © iStock/Marlonneke; Würfel © iStock/hocus-focus S. 51: D2 © Thinkstock/iStock/shironosov S. 52: D6: A © iStockphoto/Stefano Lunardi; B © imago/Thomas Frey; C © Thinkstock/Purestock; D © Thinkstock/Wavebreakmedia Ltd S. 53: E2 © dpa Picture-Alliance/Arno Burgi S. 57: Porträt Frau © Thinkstock/Creatas/Jupiterimages S. 60: A3 © Thinkstock/iStock/JackF S. 63: D1: Autohaus © iStockphoto/tomeng; Schülerhilfe © Thinkstock/iStock/monkeybusinessimages; Amt: Florian Bachmeier, Schliersee; Privatperson © Thinkstock/Purestock S. 64: Friseur © iStockphoto/targovcom; Nachhilfe © Thinkstock/iStock/fuchs-photography; Hausmeister © fotolia/bernanamoglu; Reparatur © Thinkstock/FogStock/Vico Images/Erik Palmer S. 65: E2 © Thinkstock/Goodshot/Jupiterimages; E4 © Thinkstock/Photodisc/Rayes S. 68: Fahne Österreich © Thinkstock/iStock/Physicx S. 69: A © Thinkstock/iStock/cohlmann; B: Tagesmutter © Thinkstock/Stockbyte/Jupiterimages; Kindergarten © Thinkstock/Comstock; Mittagsbetreuung © Thinkstock/Photodisc/Chad Baker/Jason Reed/Ryan McVay S. 71: 4 © Thinkstock/Wavebreak Media S. 72: A1 Hintergrund © Thinkstock/iStock/Goodshoot; A2: Jacke © Thinkstock/iStockphoto; Brille © Thinkstock/iStock/badmanproduction; Stiefel © Thinkstock/iStock/popovaphoto; Schuhe © Thinkstock/iStock/lofilolo; Kleid © Thinkstock/iStock/Lalouetto; Hemd © Thinkstock/iStock/demidoffaleks; Tasche © fotolia/PhotoMan; Schirm © Thinkstock/iStock/berents; Anzug © iStockphoto/timhughes; Gürtel © Thinkstock/iStock/andrewburgess S. 75: C2b © Christian Adam, Lübeck S. 76: D2: Thomas © Thinkstock/iStock/tetmc; Sonja © Thinkstock/iStock/Jacob Wackerhausen; Tina © Thinkstock/iStock/Aleksander Kaczmarek; Tom © Thinkstock/Stockbyte/George Doyle; Koffer von links: © iStockphoto/srebrina; © Thinkstock/iStock/yevgenromanenko; © Thinkstock/iStock/Volodymyr Krasyuk; © Thinkstock/iStock/PixelEmbargo; Schuhe von links: © Thinkstock/iStock/zhaubasar; © Thinkstock/iStock/MaleWitch; © fotolia/klickerminth; © Thinkstock/iStock/Naborahfatima; Räder von links: © Thinkstock/iStock/arquiplay77; © Thinkstock/iStock/Grzegorz Petrykowski; © iStockphoto/gradts; © Thinkstock/iStock/OCTOGRAPHER; Taschen von links: © Thinkstock/PhotoObjects.net/Hemera Technologies; © Thinkstock/iStock/zhekos; © Thinkstock/iStock/Pavel Zaytsev; © Thinkstock/iStock/sunstock S. 80: 1: A © Thinkstock/iStock/stask; B © fotolia/W. Heiber Fotostudio; C © Thinkstock/iStock/moodboard; D © Thinkstock/Wavebreak Media S. 81: Shirt © Thinkstock/Hemera/Alexandru Dobrea; Frau © iStock/esolla S. 84: A3: Rosen © fotolia/Corinna Gissemann; Karneval © irisblende.de S. 86: Maria © Thinkstock/iStock/Mervana; Eduardo © Thinkstock/iStock/mocoo; Sibel © Thinkstock/iStock/Daniel Ernst; Pawel © Thinkstock/iStock/IPGGutenbergUKLtd S. 87: Vanessa © Thinkstock/Fuse; Kinder © Thinkstock/iStock/Nata_Snow S. 88: E1: A © Thinkstock/iStock/SamRyley; B © Thinkstock/Image Source; C © PantherMedia/Walter Quirtmair; D © Thinkstock/iStock/juefraphoto; E © Thinkstock/iStock/edenwithin; F © PantherMedia/Carina Hansen; E2b: 1 © Thinkstock/iStock/Christian Carroll; 2 © Thinkstock/iStock/dlugoska; 3 © iStockphoto/betoon S. 89: Mia © Thinkstock/iStock/Christian Carroll; Vladimir © Thinkstock/iStock/dlugoska; Nikolaus © iStockphoto/NGvozdeva; Pinar © iStockphoto/betoon; E3: A © Thinkstock/iStock/fotohunter; B © fotolia/Joerg Rofeld Picture-Factory; C © fotolia/Tobilander; D © fotolia/Fotowerk S. 92: Krapfen © fotolia/gradt; Karpfen © Thinkstock/iStock/witoldkr1; Rauchverbot © iStock/designalldone S. 93: Würfel © iStock/hocus-focus

Arbeitsbuch

S. AB 10: 4 © fotolia/Kzenon S. AB 11: 7: a © Thinkstock/Digital Vision/David Oldfield; b © Thinkstock/iStock/monkeybusinessimages S. AB 12: © Thinkstock/iStock/StockRocket S. AB 13: 16 beide © Thinkstock/BananaStock; 17 © PantherMedia/andresr; 18 © fotolia/fotosmile777 S. AB 14: 19 © Thinkstock/iStock/Daniel Ernst S. AB 16: © Thinkstock/iStock/Juanmonino S. AB 17: 27 © Thinkstock/Photodisc/Jules Frazier S. AB 18: 29: links © Thinkstock/iStock/VladislavStarozhilov; rechts © Thinkstock/Photodisc/Getty Images; 30: a © Thinkstock/Hemera/Bartomiej Magierowski; b © iStockphoto/gawrav S. AB 21: Porträts von links: © Thinkstock/iStock/NADOFOTOS; © Thinkstock/Stockbyte/Jupiterimages; © Thinkstock/Photodisc/Jack Hollingsworth; © Thinkstock/iStock/Monkey Business Images Ltd; © Thinkstock/Monkey Business Images Ltd; © Thinkstock/iStock/Arkady Chubykin S. AB 23: 7: A © PantherMedia/arenaphotouk; B © georg bodenstein/Österreichische Staatsdruckerei GmbH; C © iStock/ProjectB; E © fotolia/Petra Beerhalter; F © fotolia/Angela Kausche; G © Wiener Linien GmbH & Co KG; H © BM.I/Alexander Tuma; 8 © Thinkstock/iStock/AlexRaths S. AB 26: a, d © fotolia/xiver; b, c © fotolia/vektorisiert; e © fotolia/LaCatrina; f © Thinkstock/iStock/zager S. AB 27: links © fotolia/vasilisa_k; rechts © iStockphoto/UygarGeographic S. AB 28: © Thinkstock/iStock/Andreas Rodriguez S. AB 29: 27: a © Thinkstock/Purestock; b © Thinkstock/iStock/NevAnder; c © iStockphoto/Vyacheslav Shramko S. AB 30: 2: a © fotolia//LaCatrina; b © fotolia/Wolfgang Meyer; c © fotolia/Alex White; d ©iStockphoto/Philip Barker S. AB 34: 5: A © Thinkstock/iStock/Jowita Stachowiak; B © Thinkstock/iStock/Dragon-Images; 6 © Thinkstock/iStock/Juanmonino; 8 © Thinkstock/Eyecandy Images S. AB 35: 11 © PantherMedia/Kirill Ryzhov S. AB 38: 20: 1 © Thinkstock/Fuse; 2 © Thinkstock/iStock/waldru S. AB 40: 25: links © Thinkstock/Monkey Business Images; rechts © Thinkstock/Design Pics S. AB 43: © Thinkstock/iStock/monkeybusinessimages S. AB 44: 1 von oben: A, C, E © Thinkstock/iStock/Baz777; B © fotolia//LaCatrina; D © fotolia/Wolfgang Meyer; 3: A © fotolia/Marem; B, E © fotolia/markus_marb; C © fotolia/T. Michel; D © iStockphoto/Bytedust; F ©Thinkstock/Hemera/Julius Orpia S. AB 46: © Thinkstock/Photodisc S. AB 50: © Thinkstock/iStock/Milenko Bokan S. AB 55: 1 © Thinkstock/Fuse; 3 Schwimmer © Thinkstock/iStock/bubaone S. AB 56: © Thinkstock/iStock/Minerva Studio S. AB 57: 1 © iStock/mevans; 4 © Thinkstock/iStock/melis82 S. AB 60: 14 © Thinkstock/iStock/m-imagephotography; 15: links © PantherMedia/auremar; rechts © PantherMedia/wavebreakmediamicro S. AB 63: © iStock/largeformat4x5 S. AB 64: © iStockphoto/targovcom S. AB 67: Ordner © Thinkstock/iStock/vladru; Papier © fotolia/Andreas Mueller; Kulis © Thinkstock/iStock/Volga2012 S. AB 73: 18 © Christian Adam, Lübeck; 20: a © iStockphoto/Cameron Whitman; b © Thinkstock/Amit Somvanshi; c © Thinkstock/iStock/william87 S. AB 75: © Thinkstock/iStock/Minerva Studio S. AB 77: © fotolia/vbaleha S. AB 80: Hose © Thinkstock/iStock/NAKphotos; Schuhe © Thinkstock/iStock/zhaubasar S. AB 81: 1 © Thinkstock/iStock/AndreyPopov; 2: A, B, C, E © Thinkstock/iStock/Baz777; D © fotolia/T. Michel S. AB 82: © Thinkstock/Blend Images/John Lund S. AB 86: © Thinkstock/iStock/Manuta S. AB 87: 18: A © Thinkstock/iStock/Yulia-Images; B © Thinkstock/iStock/tonivaver; C © Thinkstock/iStock/gpointstudio; D © Thinkstock/Design Pics/Tomas del Amo; 19: A © fotolia/Fotowerk; B © fotolia/Joerg Rofeld Picture-Factory; C © Thinkstock/iStock/fotohunter; D © fotolia/Tobilander S. AB 88: 20 © Thinkstock/iStock/JackFrog; 21: a2 © Thinkstock/iStock/monkeybusinessimages; b1 © Thinkstock/iStock/Artranqb; b2 © fotolia/Patrick Hermans; c1 © Thinkstock/iStock/JiAA-HodeAek; c2 © Thinkstock/iStock/Brand X Pictures S. AB 90: 2: 1 © iStockphoto/alvarez; 2 © Thinkstock/iStock/IPGGutenbergUKLtd; 3 © Thinkstock/iStock/m-imagephotography

Lernwortschatz

S. LWS 5: Journalistin, Pfleger © iStockphoto/jonathandowney; Ärztin, Arbeiter © Thinkstock/iStock/monkeybusinessimages; Mechatroniker, Koch © Thinkstock/Wavebreakmedia Ltd; Polizistin © fotolia/MAST; Fahrer © fotolia/Kzenon; Kellner © fotolia/WavebreakMediaMicro; Architektin © Thinkstock/Jupiterimages; Sekretärin © iStock/Silvrshootr S. LWS 22: Mann © Thinkstock/iStock/moodboard S. LWS 26: Hochzeit © PantherMedia/Ralph Rösch; Ostern © Thinkstock/iStock/kzenon; Silvester © Thinkstock/iStock/SamRyley; Weihnachten © PantherMedia/Carina Hansen; Karneval © irisblende.de

Alle anderen Fotos: Matthias Kraus, München
Zeichnungen: Jörg Saupe, Düsseldorf
Bildredaktion: Nina Metzger, Hueber Verlag, München